NÓS, NOSSO MUNDO E NOSSO COMPORTAMENTO

Editora Appris Ltda.
3.ª Edição - Copyright© 2023 do autor
Direitos de Edição Reservados à Editora Appris Ltda.

Nenhuma parte desta obra poderá ser utilizada indevidamente, sem estar de acordo com a Lei nº 9.610/98. Se incorreções forem encontradas, serão de exclusiva responsabilidade de seus organizadores. Foi realizado o Depósito Legal na Fundação Biblioteca Nacional, de acordo com as Leis nos 10.994, de 14/12/2004, e 12.192, de 14/01/2010.

Catalogação na Fonte
Elaborado por: Josefina A. S. Guedes
Bibliotecária CRB 9/870

B457n
2023
	Benício, Valmir
	   Nós, nosso mundo e nosso comportamento / Valmir Benício.
	   3. ed. - Curitiba : Appris, 2023.
	   316 p. ; 23 cm.
	
	   Inclui referências.
	   ISBN 978-65-250-3945-9
	
	   1. Problemas sociais. 2. Reflexão (Filosofia). 3. Ponto de vista. I. Título.
	
	                                                          CDD – 361

Livro de acordo com a normalização técnica da ABNT

Appris editora

Editora e Livraria Appris Ltda.
Av. Manoel Ribas, 2265 – Mercês
Curitiba/PR – CEP: 80810-002
Tel. (41) 3156 - 4731
www.editoraappris.com.br

Printed in Brazil
Impresso no Brasil

VALMIR BENÍCIO

NÓS, NOSSO MUNDO E NOSSO COMPORTAMENTO

3ª EDIÇÃO

FICHA TÉCNICA

EDITORIAL	Augusto Vidal de Andrade Coelho
	Sara C. de Andrade Coelho
COMITÊ EDITORIAL	Marli Caetano
	Andréa Barbosa Gouveia (UFPR)
	Jacques de Lima Ferreira (UP)
	Marilda Aparecida Behrens (PUCPR)
	Ana El Achkar (UNIVERSO/RJ)
	Conrado Moreira Mendes (PUC-MG)
	Eliete Correia dos Santos (UEPB)
	Fabiano Santos (UERJ/IESP)
	Francinete Fernandes de Sousa (UEPB)
	Francisco Carlos Duarte (PUCPR)
	Francisco de Assis (Fiam-Faam, SP, Brasil)
	Juliana Reichert Assunção Tonelli (UEL)
	Maria Aparecida Barbosa (USP)
	Maria Helena Zamora (PUC-Rio)
	Maria Margarida de Andrade (Umack)
	Roque Ismael da Costa Güllich (UFFS)
	Toni Reis (UFPR)
	Valdomiro de Oliveira (UFPR)
	Valério Brusamolin (IFPR)
SUPERVISOR DA PRODUÇÃO	Renata Cristina Lopes Miccelli
ASSESSORIA EDITORIAL	Débora Sauaf
REVISÃO	Pâmela Isabel Oliveira
PRODUÇÃO EDITORIAL	Raquel Fuchs
DIAGRAMAÇÃO	Bruno Ferreira Nascimento
CAPA	Sheila Alves
REVISÃO DE PROVA	William Rodrigues

APRESENTAÇÃO

Esta obra é decorrente do livro *Nós, o nosso mundo e o nosso comportamento*, lançado pela Editora Garcia Edizioni em 2012, no Brasil. No livro, o autor promoveu considerações sobre temas, polêmicos ou não, que frequentemente são discutidos e debatidos, e preocupam todas as esferas da nossa sociedade.

Problemas sociais, propostas de reflexões, qualidade de vida e relacionamento conjugal foram algumas das questões abordadas.

Os aspectos tratados na primeira edição do livro ganharam dimensão no conteúdo, e o autor resolveu dividi-lo em dois. A primeira parte aborda questões sobre a realidade da vida da mulher; e a segunda, os demais temas. Esse último é considerado a segunda edição do livro.

Assim, a nossa proposta é promover uma abordagem diferenciada, sem fugir do cerne da questão, de modo que consigamos repensar e dar mais amplitude a tais indagações. "Provocações filosóficas", como diz o professor **Mario Sergio Cortella**.

De qualquer forma, vale a pena discorrer sobre esses tópicos, que de uma maneira ou de outra estão sempre presentes nas nossas vidas.

A elaboração dos textos partiu da observação e da pesquisa do autor.

Não tivemos a pretensão de esgotar ou mesmo fazer uma abordagem científica e aprofundada das questões. Como dissemos, a ideia é focar de uma maneira diferenciada e promover a reflexão, como uma conversa diferente dos nossos problemas sociais mais comuns. Enfim, acreditamos que é sempre interessante o debate, a discussão reflexiva de tudo o que envolve as nossas vidas. Afinal, o mundo é para nós o que dele fazemos.

Boa leitura a todos!

SUMÁRIO

CAPÍTULO I
COMPORTAMENTOS 11
    Humilhação social 11
    Introdução 11
    Quadros de humilhação 13
    Agentes 13
    Situações 14
    Considerações – Estudo de caso: 16
    O vencedor e o vencido 16
    A questão da diferença 17
    O excluído 18
    A questão social: o rico e o pobre 20
    Qualidade de vida: um modo bom de viver bem 21
    Roleta-russa 25
    Espiritualidade 25
    Conclusão 27

CAPÍTULO II
REFLEXÕES:
CIÊNCIA E FÉ – ANÁLISE DE UM PARADOXO 29
    O poder da mídia 36
    Introdução 36
    Redes sociais 38
    WhatsApp 40
    A TV na vida de todos nós 43
    Luto 54
    O luto nas redes sociais 58
    Violência – MMA e o UFC 60
    Origem – Como tudo começou 60
    Noções conceituais – O que é o nocaute? 64
    Contusões graves 68
    Conclusão 75

CAPÍTULO III
PROBLEMAS SOCIAIS 77
Aspectos da corrupção na realidade brasileira 77
Introdução 77
Noções conceituais 78
Histórico 79
Perfil do corrupto 83
Prejuízos com a corrupção 91
Personagens 95
O fator Maluf 98
Frases de Maluf 101
Governo Collor 101
O homem e a arma 103
Tropa de Elite – O filme 105
Lava Jato 107
Alguns dos principais personagens do esquema 109
Os presos 110
Outros 113
Consequências 113
Causas 115
Mecanismos de combate 116
Decisão "excepcionalíssima" 121
Novos cenários 122
Causas 128
Consequências 130
Medidas 130
Cenário atual 134
Questão de Justiça II 135
Nossa Justiça 135
Decisões controvertidas 145
Assassinato cometido por homônimo 146
Episódios 153
Desvio de função? 156
Caso Lula Livre 157
Desemprego – aspectos de um drama social 160
Noções conceituais 160
Panorama geral 161
Desemprego – Um mal do mundo globalizado 162

- Desemprego entre mulheres e jovens.................................163
- Consequências sociais...166
- Medidas – O que se pode fazer?....................................170
- Uma ideia – a Super Cooperativa...................................174
- Fundo da Infância e Juventude (FIA)...............................175
- Direito ao Trabalho...176
- Situação atual e perspectivas.......................................177
- Privilégios..177

REFÉNS DO DESEJO – A PROSTITUIÇÃO.........................181
- Aspectos gerais...183
- Pequeno histórico da atividade....................................185
- A prostituta..187
- Bruna Surfistinha...192
- O filme..194
- O usuário...195
- Por que os homens pagam por sexo?.............................196
- As diversas facetas da atividade..................................199
- Acompanhantes de luxo...200
- A visão da atividade pelo mundo..................................201
- Regulamentação..202
- Os exploradores e a vitimização...................................203
- Holanda...207
- Itatinga..207
- Depoimentos e vida de algumas profissionais do sexo........208
- Outros depoimentos..212
- A gueixa...217
- "Mulheres de conforto" – escravas sexuais do Oriente........218
- Um drama social: a exploração sexual infantil..................222

DISCRIMINAÇÃO E PRECONCEITO.................................226
- Panorama...226
- Noções conceituais...229
- Preconceito tupiniquim...229
- O papel das sociedades recreativas de negros e negras no pós-emancipação 231
- Rotina preconceituosa – Onde você guarda o seu preconceito?........236
- Preconceito ou preferência?...237
- Preconceito na escola..240

Personagens: a importante e necessária contribuição de negros que se sobressaem......241
Martin Luther King......243
Trecho......245
O homem que venceu Hitler, mas não conseguiu vencer o preconceito...246
Grada Kilomba......249
Bolt......250
Fator Pelé......251
Ali......253
Stevie Wonder......255
Episódio Daniel Alves......258
O Mundo de Soffia......260
Minorias que se impõem......262
Gays que adoramos......268
O nazismo contra os homossexuais e o antissemitismo......270
Holocausto......272
Consequências......276
Medidas contra o racismo e a discriminação racial......278
Plano Nacional de implantação da Lei 10.639/2003......280
A questão das cotas nas universidades......281
Autodeclaração......285
Salvador – Cidade negra......286
Racismo hoje......288

REFERÊNCIAS......291

CAPÍTULO I

COMPORTAMENTOS

HUMILHAÇÃO SOCIAL

Introdução

A proposta deste texto é mostrar quadros da vida humana que revelam situações de humilhação, pelas quais passam ou que promovem algumas pessoas e segmentos da sociedade.

Propomos a reflexão sobre essas situações muitas vezes odiosas e deprimentes, para as quais o ser humano tende a se enveredar, e, quem sabe, podemos tentar promover a reversão de conceitos enraizados em cada um de nós.

O ato de humilhação pode decorrer da tendência humana de sentir-se melhor, mais forte, mais bonito; enfim, superior ao outro. Decorre também da necessidade de manter ou promover status ou da situação e comportamento dos "humilhados".

Cabe sempre lembrar dos princípios que norteiam a nossa vida e o convívio entre as pessoas. A igualdade e fraternidade estão entre eles.

Aspectos gerais – primeiro vejamos aspectos conceituais. O que é tecnicamente a ação de humilhar?

Humilhação – Ação pela qual alguém humilha ou é humilhado; afronta: receber uma humilhação, tratar desdenhosamente, com soberba; rebaixar, vexar, submeter, oprimir (DICIONÁRIO..., 2020).

A situação de humilhação pressupõe sempre duas figuras contrastantes ou antagônicas, sendo que normalmente uma está em situação superior à outra.

O estudo da humilhação implica analisar a questão das emoções – os sentimentos do ofensor e do ofendido. Envolve a questão da "fronteira moral da intimidade", definida assim por alguns autores. Envolve também a vergonha, a impotência e o abatimento do humilhado.

O sentimento de humilhação refere-se ao fato de ser e sentir-se inferiorizado, rebaixado por alguém ou grupo de pessoas.

Aqueles que são humilhados normalmente não conseguem ter uma reação à altura da ação que humilha.

A humilhação social envolve, na sua essência, de um lado, os pobres, os excluídos, os diferentes, as minorias, os deficientes, os desafortunados, os incapazes, os derrotados ou malsucedidos; e do outro, os ricos, os bem apessoados, os vitoriosos, os prepotentes e dominadores.

O conceito reflete a desigualdade existente no nosso meio e implica uma exclusão social. Envolve ainda a angústia, a frustração, a depressão, a depreciação, o desprezo e o encolhimento. Por fim, envolve também o fenômeno conhecido pelos sociólogos como "invisibilidade".

Inúmeras são as situações no nosso meio social em que aquele que é teoricamente inferior se torna imperceptível, mistura-se com o cenário, confunde-se com as coisas e com o nada.

É nessa situação que pode haver a humilhação subjetiva ou introspectiva.

Mas entendemos que para que ela seja configurada é necessário que uma das partes seja afetada, frustrada ou angustiada.

Com o fenômeno da invisibilidade, verificamos mais uma passividade, uma acomodação. Nem sempre, nesse caso, está presente a humilhação. Talvez a possamos enquadrar como situação humilhante.

Assim como no mundo jurídico, onde para configurar crime contra a honra é necessário ser provada a capacidade de entendimento da vítima, na humilhação é necessário que o ofendido tenha entendido a ofensa contra ele dirigida. Por outro lado, mesmo que a pessoa humilhada não compreenda a humilhação, outras pessoas fazem-no, e isso interfere nas relações.

Portanto, há que se preocupar também com o efeito social do ato da humilhação. Essas questões envolvem o que os estudiosos do assunto chamam de honra, sob o ponto de vista "subjetivo" (a honra "interna") e "objetivo" (honra "exterior"). O primeiro caso envolve o sentimento da própria honorabilidade pessoal, a dignidade individual, o decoro, o sentimento que todos nós temos e pelo qual exigimos respeito. O segundo, a face exterior da honra de alguém, o respeito que se deve merecer daqueles que cercam o sujeito, a boa fama, a estima pessoal – enfim, a maneira pela qual é reconhecido em sociedade. Cabe lembrar que o ideal da visão disseminada pelos princípios religiosos é justamente o de colocar a humildade como o ideal da honra. É inerente a busca da santidade.

Porém há que não se confundir a postura humilde com a situação de humilhação. Aos olhos da sociedade, da moral, da ética e dos bons costumes, ações de humilhação são reprováveis e merecem a repulsa de todos.

Quadros de humilhação

Agentes

Talvez pudéssemos citar figuras ilustrativas presentes em situações passíveis de humilhação que ocorrem no nosso meio social. Por exemplo:

1) o magro esbelto e o gordo desajeitado;
2) o rico arrogante e o pobre modesto;
3) o branco bem apessoado e o negro maltrapilho;
4) o falante extrovertido e o recalcado tímido;
5) o atleta malhado e o deficiente raquítico;
6) o machão sem escrúpulos e o homossexual afetado;
7) o patrão e o empregado;
8) o jovem ativo e o idoso impotente;
9) o veterano e o caloiro;
10) o vencedor e o vencido.

Se analisarmos os exemplos citados, podemos elencar alguns aspectos:

a) Envolvem basicamente a questão do status, da estética, da hierarquia e condição socioeconômica.

b) São exemplos ilustrativos. Os aspectos envolvidos podem não ser determinantes – o gordo pode ser o rico arrogante; e o magro, o pobre modesto. O negro pode ser o atleta machão, falante, bem apessoado e extrovertido; e o branco, o deficiente tímido, maltrapilho e homossexual – e assim por diante.

Na verdade, são exemplos de figuras ou agentes passíveis de promover ou sofrer a humilhação. Às vezes a situação de humilhação pode dar-se subjetivamente com uma das partes. Por outro lado, pode haver a intenção e a ação de humilhar, sem que isso cause alguma reação na outra parte. Veremos mais detalhes sobre esses aspectos adiante.

Situações

Podemos também citar outras situações passíveis de configurar humilhação:

a) o vencido perante a torcida (adversária ou a própria);
b) o filho adotado perante a família adotante;
c) a mulher separada perante amigos e familiares;
d) o sujeito zombado perante amigos e colegas;
e) o demitido perante os colegas de trabalho;
f) o falido perante os colegas empresários;
g) o convidado no acesso a clubes, discotecas, festas;
h) excluído ou isolado das rodas e dos grupos sociais.

De qualquer forma, a situação caracteriza uma humilhação quando uma figura é comparada à outra, quando, em determinada situação, uma figura é exposta em detrimento de outra.

Vejam também que nas situações passíveis de humilhação em algum aspecto o agente que pode sofrer a humilhação difere-se dos demais. Ou seja, a diferença está presente e pode ensejar a ação de humilhar.

Curiosamente o diferente poderia apresentar-se como *especial* justamente por ser diferente. Os Reis eram considerados especiais justamente em razão da diferença. Eram considerados criaturas divinas. O convidado no clube e o filho adotado podem ser considerados especiais por sua condição e terem atenções especiais.

Outro aspecto a salientar é que o ser humano parece estar constantemente a colocar-se – ou a tentar colocar-se – numa situação superior, em relação a algum aspecto de outrem para se sentir realizado.

Enfim, pode-se dizer que o ser humano parece alimentar-se da necessidade de superar o outro, de lhe ser superior, de estar em posição de destaque em relação aos outros.

Isso faz-nos lembrar Freud (1929/1930-1976), que escreveu que os homens não são criaturas gentis e amáveis, e sim dotados de uma tendência à hostilidade – que o "homem é o lobo do homem".

Podemos concluir que o contraste é inerente à configuração da humilhação. Que seria do rico no meio de milionários, dos bonitos no meio de beldades e do atleta no seu meio desportivo, que não se destaca tanto quanto fora dele?

O que é o recordista se ele não tiver superado outros atletas? O que é o belo se ele não tiver uma referência para ser contrastado?

O que será do rico se a riqueza não significar poder e status sobre outros?

Essa tendência de se contrapor ao outro, de figurar em comparação com terceiros, talvez explique as diversas rivalidades entre torcidas, categorias profissionais e até entre irmãos.

Cabe aqui até fazermos um exercício de reflexão quanto a esse detalhe. Como em outros aspectos, as pessoas procuram ou alimentam-se da diferença e a lei e os princípios morais e éticos recomendam a igualdade. Como em quase tudo neste mundo, estamos sendo levados pelas tendências emocionais e instintivas. Somos apenas contidos na proporção da valorização e dos sentimentos que temos em relação a esses princípios.

As formas de humilhação podem apresentar-se por meio de grosseria pura e simples ou por meio de humilhação sutil, velada.

É comum verificarmos na escola as primeiras situações passíveis de humilhação, onde o "diferente" já é alvo de grosserias, chacotas e de ironias.

Inicia-se aí a traumática experiência humana com esse deprimente sentimento.

Por fim, citemos a humilhação que ocorre em ambientes profissionais. Há um trabalho sobre o tema elaborado pela médica do trabalho Margarida Barreto, na tese de mestrado "Jornada de Humilhações", concluída a 22 de maio de 2000. A médica, que é mestre em Psicologia Social pela Pontifícia Universidade Católica (PUC), em pesquisas promovidas, concluiu que o número de ocorrências desse tipo é extremamente alto.

Esse tipo de humilhação tem o nome de assédio moral e consiste na degradação das condições de trabalho, mediante estabelecimento de hostilidades contínuas que um superior ou colega desenvolve contra um indivíduo. Essa situação envolve a questão do temor do empregado e o poder de mando e desmando do patrão.

Considerações – Estudo de caso:

O vencedor e o vencido

Algumas das situações que podemos citar são aquelas que envolvem competição. Como foi dito, para ocorrer a humilhação uma das partes precisa sofrer com a situação.

Numa competição, numa luta, numa batalha ou guerra ou num jogo, a parte vencedora terá a glória, o reconhecimento, a reverência, e à outra caberá o sentimento humilhante de derrota, de incompetência, da frustração causada à plateia, ao espectador ou àqueles que torcem por si.

Lembremos o público do Estádio do Maracanã na final da copa do mundo de 1950, quando cerca de duzentas mil pessoas se sentiram humilhadas pela derrota da Seleção Brasileira, franca favorita, perante o Uruguai. Lembremos, ainda, a famosa derrota de George Foreman, também favorito, perante o lutador Muhammad Ali. Perder com Ali foi extremamente humilhante para Foreman, diante das circunstâncias que envolveram o evento, que ficou conhecido como a luta do século, segundo palavras do próprio lutador.

Na competição, cria-se uma expectativa em relação aos competidores, por parte deles e do público. No final, o vencido sentir-se-á incompetente, inoperante, incapaz e impotente.

A questão da diferença

Agora falaremos sobre a questão da diferença, no que concerne a situações ou figuras passíveis de humilhação. Estamos a falar da diferença de cor, capacidade física, da diferença estética e da orientação sexual.

Primeiro trataremos da questão racial, no que se refere ao tema da diferença de raças, em especial em relação aos negros.

Hoje pode-se dizer que a questão do preconceito felizmente mudou muito, mas o problema ainda existe e merece atenção. Por isso, até desenvolvemos um capítulo sobre o tema, que veremos mais adiante. Como a discriminação e o preconceito acabam por envolver a questão da humilhação, discorreremos um pouco sobre esse aspecto.

Até bem pouco tempo atrás, a questão do negro envolvia o estigma da inferioridade social, além da questão estética. O negro era associado à pobreza, era o feio, o estranho, o diferente, e isso, por muitos anos, foi interiorizado pelos pertencentes da raça negra, o que inevitavelmente implicou um "complexo de inferioridade" e de incapacidade, vergonha e inibição. Essa situação social promovia, entre os negros, frustrações e preterições, e, por consequência, limitações para o seu desenvolvimento.

Negro lindo – Felizmente um levante e uma visão crítica dessa situação, o questionamento, a promoção dos valores étnicos, não só por parte de representantes dos negros, mas também por parte de todos os segmentos sociais, foram gradativamente promovendo a reversão dessa situação em boa parte do nosso meio social.

Há alguns anos, uma reportagem da *Revista Época* indagou sobre o que a figura daquele que seria o primeiro galã negro representaria em termos de mudanças sociais (MENDONÇA; SEGADILHA, 2011). Estamos a falar do ator Lázaro Ramos, protagonista da novela *Insensato Coração*, da Rede Globo de Televisão. Abordaremos mais sobre a questão do preconceito e da discriminação num tópico específico, no qual também falaremos sobre o novo cenário que felizmente vislumbramos para o negro na sociedade atual.

Falemos agora sobre a questão do diferente quanto à sua apresentação física.

O excluído

O deficiente, o portador de deformidades, de marcas ou quaisquer outras características que causem rejeição, constrangimento, isolamento, é constantemente submetido a uma vida de limitação social. Talvez esteja presente aqui um problema ainda mais complicado, por muitas vezes tratar-se de aspectos irreversíveis.

É o mesmo problema que envolve o obeso, porém, nesse caso, trata-se de um aspecto que pode de alguma maneira ser revertido, salvo em alguns casos patológicos.

De qualquer maneira, em quaisquer dos aspectos citados em que a pessoa se enquadrar, terá sempre a sua autoestima, o seu poder de desenvolvimento e a sua integração social seriamente comprometidos.

Há um princípio japonês que diz que o ser humano cresce na direção do seu elogio. O que ocorre quando é o contrário? O que ocorre com o ser humano que cresce sendo obrigado a sentir-se inferior, feio, rejeitado e discriminado? Como conviver com esse estigma de as pessoas estarem sempre a olhar-nos de modo diferente, a indicar-nos com os olhos? Como lidar com o fato de pessoas evitarem encarar-nos ou mesmo ficar perto de nós?

Esse é um aspecto muito triste da realidade humana. E esse processo inicia-se desde cedo, quando menino. Aquela criança alva, loura, bonita e fisicamente saudável certamente terá mais facilidades e portas abertas do que aquelas crianças obesas, negras ou portadoras de alguma deficiência ou deformidade. Ou seja, o mundo tratará melhor os mais bonitos, os mais claros e os mais ricos (normalmente essas características são coincidentes).

É aqui que temos uma situação de humilhação social permanente.

Essa questão também envolve o aspecto do império da estética, dos ditames predefinidos da preferência social-padrão. Estamos a falar da predefinição de que o mais belo é o alto, o magro, o branco, o liso do cabelo ou o azul dos olhos.

Que bom que existe o esporte, a dança e a música! São atividades nas quais, por exemplo, os negros têm como mostrar suas habilidades e serem enaltecidos, independentemente da cor ou capacidade física, mas nem sempre isso acontece. E quando não acontece? Que estrago deve causar na personalidade das pessoas! Alguns negros acabam por mostrar reflexos desse processo no olhar de desconfiança, no comportamento mais agressivo e na postura mais defensiva e tímida.

Curiosamente, no caso da homossexualidade ocorre algo diferente. Também aqui há o olhar de reprovação, de desdém e de constrangimento. Também as pessoas são olhadas e apontadas, mas, ao contrário do que ocorre nos outros casos, muitas vezes não acontecem demonstrações de incômodo com a situação. Aliás, parece que, em determinadas situações, demonstra-se ou se procura demonstrar um certo orgulho da condição de gay, e em geral ocorre um certo alarde e uma promoção da orientação sexual por meio de gestos, roupas ou fala. Aqui também entendemos haver uma situação passível de humilhação, ainda que, algumas vezes, o sujeito passivo da ação não reaja ou não seja afetado por ela.

Cabe observar que o tema *homossexualidade* é um dos preferidos dos comediantes e humoristas. É comum usarem essa condição para ridicularizarem e é tema frequente em boa parte do repertório de programas de humor e comédias.

A questão social: o rico e o pobre

Também verificamos a humilhação na questão da desigualdade de classes, que envolve a angústia dos pobres e a tranquilidade dos ricos – a contínua preocupação com as finanças e a segurança do primeiro e a ostentação do segundo. Mas a configuração das situações de humilhação ocorre em circunstâncias em que membros das duas classes têm que compartilhar o mesmo espaço, os mesmos bens ou serviços.

Ocorrerá, primeiro, na escola, quando os filhos dos ricos chegarem em automóveis e os pobres forem levados pelos pais a pé ou em vans escolares. Ocorrerá nas festas, nos salões de dança, nas viagens e no ambiente de trabalho. Nesse caso, ocorrendo o já referido assédio moral – quando o patrão hostiliza o empregado de várias formas de intimidação e humilhação.

Ocorre também nos clubes sociais, onde há sempre os espaços e privilégios para os sócios mais ricos, e até na forma diferenciada com que são atendidos.

Nos hospitais, quanto às acomodações. Por exemplo, alguns têm até quarto privativo, enquanto os demais... Sabemos como são tratados os demais, não é?

Ascensão social – Felizmente, em quase todos os casos citados, é possível haver uma reversão do quadro, conforme a ascensão social dos representantes de segmentos minoritários ou diferenciados.

O negro, o obeso, o deficiente e o homossexual podem, por um motivo ou outro, ascender de classe social. Há vários exemplos de celebridades que pertencem a cada um dos grupos citados.

Dificilmente o ex-atleta Pelé, o ex-comediante Jô Soares e o comediante com deficiência visual Geraldo Magela estarão sujeitos à situação de humilhação.

Nessa situação, é como se inexistisse aquele aspecto que pudesse distinguir ou, em tese, inferiorizar a pessoa.

Os fatores *celebridade* ou *sucesso* parecem prevalecer, e, felizmente, pelo menos nesses casos, não há que se falar em situações de humilhação. Isso ainda serve de exemplo para mostrar que todos, independentemente da cor, do sexo, da orientação sexual e da condição socioeconômica, podem ser bem-sucedidos e conseguir o reconhecimento social.

QUALIDADE DE VIDA: UM MODO BOM DE VIVER BEM

Em seguida, daremos uma trégua aos textos mais áridos e vamos promover uma conversa mais descontraída em relação a outras questões do nosso comportamento. Que tal falarmos sobre qualidade de vida?

Não é que chega uma certa fase das nossas vidas em que pensamos: "quanta coisa errada eu já fiz!".

Ainda há tempo! Por que não aproveitar os próximos anos para viver e viver melhor? Evitar os enganos e acertar muito mais do que errar? Vamos fazer isso antes que seja tarde demais. Pequenas sutilezas da vida às quais nunca damos importância podem significar a melhoria das nossas vidas. Só que é preciso um mínimo de disciplina e sistematização em relação ao que se vai propor. Concessões são sempre perigosas, é bom ter isto em mente.

Para falar a verdade, parece que a vida só toma um rumo e se arranja mesmo à hora que você para, revê tudo o que faz rotineiramente e dá uma guinada. Às vezes, mudanças simples já representam melhorias, ainda que pequenas. Basta mudar a postura – física, moral, emocional, social, econômica, espiritual, religiosa ou mesmo sexual. Por que não? Algumas pessoas não sabem por que a vida delas é tão ruim. E, pior ainda, estão sempre a fazer de tudo para torná-la pior!

Vamos conversar sobre os "princípios básicos" para se viver bem, ou, pelo menos, tentar melhorar a vida. Vamos partir do pressuposto que, na verdade, não precisamos de muito para viver, certo?

Ora, o pessoal que vive no campo, com uma vida simples, que come e bebe produtos do próprio trabalho, que tem o verde, as águas, os animais silvestres e o sol à sua disposição não parece estar muito bem e feliz? Sei de muita gente que não troca essa vida pela das grandes cidades – com violência, barulho, poluição, trânsito etc.

Claro que não precisamos ser radicais assim, mas podemos concluir que, na verdade, desejamos muito além do que realmente precisamos para estar bem e felizes. Comemos mais do que precisamos, trabalhamos muito, ganhamos pouco e adquirimos vícios e maus hábitos desnecessários e nocivos à nossa saúde.

Há que se ter em mente que muitas das nossas "necessidades contemporâneas" são decorrentes da vida moderna atual e algumas foram criadas por puro consumismo.

De qualquer forma, podemos dar uma ajudinha ao destino se quisermos melhorar a nossa vida. Isso envolve aquelas regrinhas básicas sempre lembradas pela mamãe e o papai. Por exemplo, estudar e estudar bastante será o diferenciador para um futuro bem próximo. Além disso, envolve cultura, discernimento, disciplina, esclarecimento e uma forma a mais de se impor ou "defender" socialmente.

Seguem então algumas dicas que podem fazer toda diferença na vida das pessoas:

- Motivação – Acreditamos que para tudo em nossa vida precisamos ter motivação. Tudo que fazemos direta ou indiretamente envolve alguma motivação. Trabalhar, estudar, se cuidar. Tudo tem algum objetivo. Isso é tão importante que um dos fatores da depressão é justamente a ausência de motivação. E no sentido contrário, recomendações de tratamentos sempre envolvem atividades que motivem a pessoa deprimida. Que a faça a reagir. Então nossa dica é sempre colocar uma meta, uma motivação em tudo que fazemos para fazermos melhor. Tudo que fazemos despretensiosamente ou sem foco não fica bem ou não traz um bom resultado;
- Percebemos que é muito importante em nossas vidas termos sempre um foco em tudo que fazemos. Temos que evitar ligar o "automático". É sempre ter uma boa motivação e razão de ser em tudo que fazemos;
- E é também importante termos respeito por nós mesmos. Isso envolve sermos corretos e ter um mínimo de integridade;
- Uma outra coisa importante que precisamos ter em toda nossa vida – foco. Claro que o foco variará conforme a fase de nossa vida. Precisamos sempre desligar o "automático". Ou seja, temos sempre que levar em consideração o nosso objetivo e para onde estamos nos direcionando.

Quem é que se lembra daquela frase: "O mundo trata melhor quem se veste bem"? As pessoas deveriam dar mais importância a esse indispensável item do VIVER BEM. Deixem que digam que o importante é o conteúdo das pessoas. Mas, comercialmente, sabe-se que nada como um produto bem embalado para ter uma melhor imagem de apresentação e venda. Claro que sabemos que nem sempre é possível, mas uma boa apresentação visual pode fazer toda diferença.

Um outro item, ao qual muitos não dão a devida importância, é a nossa comunicação. Refiro-me à nossa forma de nos comunicarmos com as pessoas em geral, seja por escrito e, principalmente, pela fala.

Por que investir em comunicação? Em qualquer atividade do mundo moderno em permanente evolução, as melhores oportunidades são aproveitadas pelos indivíduos que se comunicam bem. Os indivíduos com habilidade e coragem de apresentar ideias e informações conseguem mais espaço, têm o poder de persuadir e motivar as pessoas e são mais respeitados.

De um modo geral, as pessoas evitam falar em público, por uma série de razões: inibição, medo de se expor, falta de desenvoltura e articulação. Uma vez o humorista Jerry Seinfeld comentou: "De acordo com a maioria dos estudos, o temor número 1 das pessoas é falar em público; o número 2 é a morte. Se isso estiver correto, a maioria das pessoas que tem que ir a um funeral prefere estar no caixão a fazer o discurso de despedida!". Isso acaba configurando um lamentável limitador para as pessoas, tanto na vida profissional quanto na pessoal. Será um fator dificultante tanto para se declarar à pessoa amada quanto para apresentar aquele projeto aos superiores hierárquicos. A boa notícia é que esse limitador pode ser perfeitamente controlado, minimizado ou até mesmo abolido, mediante uma cuidadosa preparação. Treinamento, exercícios de respiração e preocupação com a saúde vocal vão ajudar. Sem dúvida vale a pena investir na Comunicação Pessoal.

Dentro do item *saúde*, há excessos até certo ponto muito bons, como sexo (seguro, é claro), beber água, dar boas gargalhadas, caminhar, ler (saúde mental) – quanto mais, melhor. Por outro lado, vamos tentar evitar tudo o que dá estresse e tudo aquilo que aborrece. Dirigir, por exemplo, para alguns causa estresse. Que tal, de vez em quando, deixar o carro na garagem e ir de bicicleta? O que mais gosta de fazer? Jogar *snooker* com os amigos, caminhar, ver futebol, jogar as cartas? Procure incorporar essas atividades na sua rotina. Que tal nadar? Uma boa massagem de vez em quando, ouvir uma boa música, degustar aquele prato que você adora, viajar... Ou mesmo ficar um dia sem fazer absolutamente nada. Enfim, precisamos dar importância a essas coisas, para uma boa qualidade de vida.

Uma coisa importante que nos esquecemos de melhorar é o nosso sono. Muitos de nós dormimos mal posicionados e insuficientemente. Passamos uma boa parte das nossas vidas a dormir, então que tal melhorarmos as nossas noites de sono?

Exercícios, alimentos saudáveis e sem exagero, muitos líquidos – tudo irá influir na qualidade da sua vida.

Ainda dentro da linha bem-estar, que tal não gritar, não discutir, não agir ou falar por impulso ou em momentos de tensão? Muitos dramas, desgastes e até tragédias teriam sido evitadas se houvesse um momento a mais para respirar e pensar melhor no que fazer.

Em um debate, ou em alguma eventual discussão inevitável, tentemos sempre escolher bem as palavras. Uma técnica muito boa é não fazer considerações afirmativas que podem soar agressivas. Ao invés disso, soará melhor se apresentar a questão como interrogativa: "Se conversarmos em tom mais baixo, não será melhor?" Em vez de: "Você está falando muito alto".

Lembram do "contar até dez???". Pois bem, a experiência nos mostra que a precipitação nunca traz bons resultados. Revidar um insulto na hora, responder uma mensagem malcriada, discutir com a cabeça quente. Sim, melhor contar até dez. Nessa linha de conduta, também acrescentaríamos a questão de sempre contermos nossa impulsividade. Muitas coisas que fizemos na vida poderiam ter sido melhores se fossem mais planejadas, elaboradas, repensadas. Também nessa linha, entendemos importante estarmos sempre conversando com a gente mesmo. Até dando bronca quando for o caso.

ROLETA-RUSSA

Por fim, não devemos fazer da nossa vida uma roleta-russa; por exemplo, quando pensamos: "isso nunca vai acontecer comigo." Lembre-se disso quando for atravessar uma rua fora da faixa, quando for conduzir após beber e quando for fazer sexo desprotegido.

ESPIRITUALIDADE

Claro que dentro do contexto de qualidade de vida não podemos esquecer-nos da espiritualidade, e isso não só pelo nosso bem viver, mas pensando também no bem comum, na harmonia da vivência em comunidade. Sim, porque espiritualidade envolve princípios religiosos; estes implicam valores éticos, reflexão, bons sentimentos, fraternidade, oração e renovação. Estamos vivos, queremos viver, queremos o prazer e a alegria, mas a devoção espiritual também é importante e traz-nos benefícios: paz, consolo, mansidão. Também nos traz freios. Como dissemos, precisamos estar sempre no comando do nosso corpo e dos nossos instintos, para não nos enveredarmos por excessos e caminhos sem volta.

Realmente há muitos ensinamentos que só uma longa trajetória de vida pode nos trazer.

Talvez seja um dos nossos grandes patrimônios.

Ensinamentos que adquirimos, às vezes, a duras penas, em experiências nem sempre agradáveis.

Bom seria se tivéssemos essa maturidade na nossa juventude. Mas que tal então tentar passar algumas dicas para o pessoal mais jovem? Quem sabe podem incorporar essas experiências e tirar bons frutos delas.

Memória – Sabe quando não podemos esquecer alguma coisa e você conta com sua boa memória para lembrar na hora certa? Melhor garantir de alguma forma que vai lembrar ou se antecipar a providência antes que esqueça. A experiência demonstra que você vai acabar esquecendo de pôr algum item na mala antes de viajar (que tal ter uma lista?), de cumprimentar aquela pessoa pelo aniversário (faça logo de manhã), de abastecer o carro (já entre no primeiro posto de gasolina)... Incluiríamos aqui também um outro item: a necessidade de termos um mínimo de organização. Isso também pode evitar muitos problemas: pagar contas atrasadas com acréscimos legais por esquecimento, deixar de lado tarefas que vão se acumulando etc.

Filhos – Não há curso para ser pai ou mãe, não é mesmo? Principalmente quando nos tornamos pais, não estamos preparados para exercer devidamente esse papel tão sublime. O ideal é que definamos um período ideal para nos tornarmos pais. Levando-se sempre em conta toda responsabilidade que envolve esse papel e lembrando que o pai sempre representará uma referência para os filhos.

Claro que algumas recomendações são viáveis. Outras precisam de uma boa dose de boa vontade, e outras são mais complicadas.

Pandemia – Uma expressão muito usada durante a pandemia foi *protocolos*. Além da questão de cuidados com a saúde, é uma coisa que poderíamos incorporar em nossas vidas a partir de então. Adotar protocolos para quase tudo. Sim, não temos protocolos que devem ser seguidos pelas empresas, bares, comércio e demais instituições? Então, por que não adotarmos "protocolos pessoais" quando vamos viajar, quando vamos conhecer uma pessoa, quando vamos comprar ou alugar um imóvel, quando vamos fazer uma entrevista de trabalho, na nossa rotina de casa etc.? Enfim, acreditamos que ao adotarmos protocolos (procedimentos definidos e rotineiros para cada caso) poderíamos evitar diversos problemas.

Bem, eram essas as dicas gerais para termos um modo bom de viver bem. Claro que não há nenhuma novidade. Apenas pincelamos os principais itens que podem fazer toda a diferença na qualidade das nossas vidas. Lembrando que são dicas – na verdade, soaria pretensioso alguém tentar dizer o que é bom para mim ou para você. Que tal vermos tudo apenas como lembretes? Sim, porque na verdade sabemos, em essência, o que é bom para a gente.

Estamos a ouvir coisas como essa a todo instante. Apenas não lhes damos a devida importância. São lembretes para nos ajudar a policiar as nossas perigosas autoconcessões no decorrer das nossas vidas.

CONCLUSÃO

"Nós somos a soma das nossas decisões" — Woddy Allen

"Viver é isso aí mesmo, ficar se equilibrando entre escolhas e consequências" — Paulo Coelho

"A vida é a soma de todas as suas escolhas" — Albert Camus

"A escolha é a alma gêmea do destino" — Sarah Ban Breathnach

"Viver é isso: ficar se equilibrando o tempo todo entre escolhas e consequências" — Sartre

Eu diria que: "A vida é uma sucessão de escolhas e suas consequências".

Todas essas frases traduzem bem o que é a vida de todos nós – é realmente o resultado de todas as sequências de escolhas e decisões que tomamos em todos os momentos e assim será até o fim da nossa trajetória. Toda escolha, até aquela que fazemos no nosso dia a dia, determina o rumo da nossa vida. Nós, literalmente, colhemos as consequências pelas escolhas que plantamos.

Enfim, podemos concluir que a vida será o resultado das nossas escolhas no decorrer da nossa jornada. Teremos muitos momentos em que optaremos pelo caminho A ou B, que procederemos dessa ou daquela maneira, teremos a conduta X ou Y.

Entrando por situações comuns a quase todos nós, podemos mencionar as seguintes opções:

- Acataremos ou não a série de recomendações feitas pelos pais baseadas nas suas experiências?
- No convívio em sociedade, ao observarmos o que ocorre com as pessoas e a conduta de boa parte delas, optaremos por agir como todos ou teremos a nossa própria conduta, baseada nos nossos valores?

E quanto a casos mais específicos:

- Adotaremos a conduta monogâmica e cristã, ao respeitarmos valores morais e éticos ou entraremos "na onda"?
- Entre os vários vícios sociais, optaremos por ser adeptos do álcool e do tabagismo ou teremos uma vida mais saudável?

Portanto, toda a nossa vida é feita de escolhas, em cujas consequências teremos a nossa trajetória.

É claro que muito do que decidimos ou escolhemos, nesse ou naquele momento, é fruto das nossas características pessoais e da nossa personalidade – de toda a nossa bagagem cultural, de vida e mesmo de experiências já vividas. No entanto muito pode ser decidido no "seguir o fluxo". Por influências diversas, muitas vezes somos atingidos pelas escolhas alheias. Nesse momento, é hora de refletir sobre o que queremos para nós. É importante determinar alguns valores para se viver feliz e em paz, assim como para promover tranquilidade e felicidade para os que estarão conosco. Reflitamos quais valores são importantes e de quais não devemos abdicar. Temos que ter isso previamente definido na mente e no coração para que, num momento de conflito em que precisarmos tomar uma decisão, ela seja segura, natural e de acordo com os valores que incorporamos.

Claro que podemos optar por nos enveredarmos pelos caminhos predeterminados pelo destino, pelo mundo, pelas pessoas. Adotar uma conduta construída pela tradição social-histórica ou ter a conduta que me identifica e que legitima?

Mas há que se ter em mente que o resultado disso talvez não seja o que queremos pra nós. Aliás, quem fez ou tomou aquelas decisões não fomos exatamente nós. Aqui entra o aspecto do "Roubo da identidade", que o Padre Fábio de Mello menciona no seu livro *Quem me roubou de mim?* (Editora Canção Nova, 2011).

E há mais. Uma boa notícia: podemos mudar de rumo a qualquer momento. E, consequentemente, mudar o nosso destino. Não adianta reclamar o tempo todo da vida se nada fazemos para mudá-la. Não adianta fazer tudo do mesmo jeito e esperar por resultados diferentes.

A forma como fomos criados, as experiências que tivemos, os conselhos que recebemos, as circunstâncias da vida – enfim, todo o contexto da nossa realidade de vida pode conduzir-nos a resultados e consequências indesejadas. No entanto, como dissemos, podemos a qualquer momento corrigir essa rota e, por conseguinte, a nossa vida.

CAPÍTULO II

REFLEXÕES: CIÊNCIA E FÉ – ANÁLISE DE UM PARADOXO

A ciência e a religião realmente trilham caminhos excludentes? Até que ponto um se contrapõe ao outro? Qual é a lógica ou razão de ser da religião? Qual é o fundamento da fé? O que seria do mundo sem a fé?

O professor Felipe Aquino afirma que ciência e fé não são excludentes.

Segundo o professor, se a ciência oferece ao ser humano o conhecimento das leis do mundo natural, a fé transporta-o à transcendência do sobrenatural. Ela, então, teria outro papel na vida do homem, que exigiria aceitação, abandono, renúncia a valores e dogmas.

A *Gaudium et Spes* (GS), do Concílio Vaticano II, afirma:

"Se a pesquisa metódica, em todas as ciências, proceder de maneira verdadeiramente científica e segundo as leis morais, nunca será oposta à fé. Tanto as realidades profanas quanto as da fé originam-se do mesmo Deus. Mais ainda: aquele que tenta perscrutar com humildade e perseverança, os segredos das coisas, ainda que disto não tome consciência, é como que conduzido pela mão de Deus, que sustenta todas as coisas, fazendo que elas sejam o que são" (GS, 36).

Contrapontos históricos – As argumentações citadas anteriormente sobre a ciência e a religião possuem um histórico secular de contrapontos. A ciência, na sua linha de condução, acaba por se contrapor à maioria das doutrinas religiosas, que veem na fé a razão de ser e aceitar, sem questionamentos, todas as disposições, crenças e convicções religiosas tradicionais clássicas.

Inevitavelmente, quanto mais se avança em pesquisas e conhecimentos científicos, maior o número de dogmas e crenças religiosas que são colocadas em xeque. Curioso que, ainda que regras, definições, entendimentos e conclusões científicas já sejam pacíficas e indiscutíveis, em relação a algumas questões religiosas a credulidade geral parece que é inabalável, e tais contrapontos passam a ser tidos como investidas do "inimigo" da fé, por alguns segmentos religiosos.

É bom que se diga que tais contrapontos são em relação a alguns aspectos da fé religiosa, não em relação ao dogma cristão como um todo.

Certamente há pontos que o mais incrédulo e cético cientista não tem como deixar de reconhecer. Eu citaria a importância fundamental dos princípios religiosos ou da formação religiosa, seja ela qual for, para a vida das pessoas e até para o convívio em sociedade.

Mas a discussão é sempre mais abrangente. Neste tema podemos fazer como no Direito, quando perguntamos a um jurista qual a sua opinião sobre determinado assunto jurídico, e ele te responde: "Você escolhe, quer uma interpretação contra ou a favor?" Sim, podemos encontrar material de todo gênero, de estudiosos, cientistas, pesquisadores e religiosos, com variados graus de credibilidade, tanto defendendo os dogmas e fatos religiosos quanto questionando e refutando alguns pontos aceitos como fundamentos de cada segmento religioso. Alguns deles seriam capazes de apresentar teses bem fundamentadas para defender as suas posições em cada ponto questionável. Há entre os religiosos aqueles que conseguem argumentos para defender cada item questionável da Bíblia. Até mesmo a possibilidade de questionar é justificada pelos religiosos. A própria Bíblia é a principal ferramenta usada para essas argumentações, como no caso da inspiração divina dos autores bíblicos, prevista nas escrituras sagradas.

Para tentar ilustrar mais a linha da reflexão, como compatibilizar a origem do mundo e da humanidade definida pela ciência com a crença sagrada descrita no Gênesis? Há estudiosos religiosos que aceitam a ideia de possível forma figurada da exposição dos fatos do Gênesis, bem como de todos os fatos sobrenaturais da Bíblia, mas o religioso ou o cristão, pelo menos que se considere como tal, jamais admitiria a hipótese de que Adão e Eva não tenham realmente existido e vivido aqui no nosso mundo e tenham sido a origem de mais de 7 bilhões de descendentes.

Assim como este, inúmeros outros eventos bíblicos sofrem questionamentos – o dilúvio, o êxodo e a travessia do Mar Vermelho, as aventuras heroicas de Sansão e David, a Torre de Babel e muitos outros eventos acabam por se tornar fantasiosos, se não considerados sob a visão da fé. Na linha científica, Jesus enquadrar-se-ia como figura histórica, à semelhança de Alexandre Magno, Ciro, Dario, Herodes e outros.

Até mesmo muitos fatos atribuídos a Jesus são passíveis de questionamentos para pesquisadores e estudiosos. Na verdade, muitos dos fatos históricos bíblicos, nos quais se fundamenta boa parte dos segmentos religiosos, seriam questionáveis pela ciência.

Devido a esses pontos questionáveis, são apresentados argumentos que em tese fragilizariam a aceitação, como verdade absoluta, de todo o material e dogmas apresentados pela Bíblia.

Escritos religiosos são diversos. Alguns mais ou menos aceitos como sagrados para determinados povos. Alguns são considerados apócrifos, por terem a sua natureza questionável. No caso da Bíblia, temos uma coleção de 66 livros que se consideram escritos por homens com evidências de inspiração divina. As razões dos questionamentos da Bíblia e dos dogmas religiosos são inúmeras. Algumas delas: impossibilidade de realização de eventos sobrenaturais, contradições cronológicas, incompatibilidade de personagens, locais e fatos, e equívocos de dados e datas.

Realmente seria impossível a Bíblia passar por um crivo rigoroso de análise, sem constatações enquadradas como equívocos e sem falibilidade das suas disposições. Ainda assim, tanto a ala defensora como a crítica têm argumentos para justificar até mesmo as incorreções. Por outro lado, também cada uma das linhas de argumentação tem os seus "trunfos". Algumas pesquisas científicas e descobertas arqueológicas já confirmaram e outras incompatibilizaram vários fatos bíblicos. O mais conhecido trunfo religioso foram os pergaminhos do Mar Morto, encontrados no final da década de 1950. Trata-se de rolos e fragmentos que foram descobertos entre 1947 e 1960, em sete locais ao longo da margem noroeste do Mar Morto, na Palestina. A importância dos manuscritos deve-se à autenticidade que deram aos escritos cristãos atuais, considerando o mesmo conteúdo deles sem alterações drásticas.

Segundo consta, tais pergaminhos acabaram por confirmar, de certa maneira, o conteúdo considerado sagrado contido nos escritos bíblicos.

De fato, são consideráveis os eventos bíblicos confirmados, seja pela sua previsão em outros registros históricos ou por descobertas arqueológicas.

De qualquer forma, é inegável a importância de tudo o que nos trouxe esses escritos e os princípios que disseminaram, e é impossível deixar de considerar que há realmente algo sublime na proposta, no roteiro, nos acontecimentos – enfim, de tudo aquilo que envolve toda a história da cristandade.

Verificamos a importância ideológica para o convívio e até mesmo para a saúde física e financeira dos povos, tão abrangentes eram (e são) os princípios propostos nos dispositivos sagrados. De modo que acaba por ser de menor importância se realmente houve a travessia do Mar Vermelho da forma descrita, ou se o dilúvio ocorreu daquela forma.

"A diferença entre ciência e religião é a seguinte: religião é crer para ver. Ciência é ver para crer. Precisamos separá-las. Elas não são incompatíveis, são apenas diferentes"

(Cortella)

Para Mario Sergio Cortella, de maneira geral, a ciência busca os "comos". "A arte, a filosofia e a religião buscam os 'porquês', o sentido. A arte, a filosofia e a religião são uma recusa à ideia de que sejamos apenas o resultado da junção casual de átomos, de que sejamos apenas uma unidade de carbono e de que estejamos aqui só de passagem. Como milhões de pessoas no passado e no presente, acho que seria muito fútil se assim fosse. Eu me recuso a ser apenas algo que passa. Eu desejo que exista entre mim e o resto da vibração da vida uma conexão. Essa conexão é exatamente a construção do sentido: eu existo para fazer a existência vibrar. E ela vibra em mim, no outro, na natureza, na história".

Entendemos como Cortella. A ciência tem o seu papel quando queremos entender o "como". Mas não terá sentido se não soubermos o "porquê". E por que não aceitar os fundamentos cristãos que fundamentam? Concordamos também com Cortella quando minimiza possíveis fragilidades de alguns fundamentos. A importância maior está no sentido geral de toda a existência que só quando aceitamos os fundamentos religiosos conseguimos ter.

A existência de Deus – É sempre delicado tocar nessa questão pelo que ela implica, mas até mesmo a existência de Deus é questionada por alguns, cientistas ou não.

Aqui não temos como deixar de ter uma posição. Para nós é praticamente impossível não reconhecer a existência e o propósito de Deus pela observação de fatos, da vida e até mesmo pela lógica. Céticos existem aos montes. Existem ainda os adeptos do evolucionismo e das teorias do acaso, mas como aceitar serem obra do acaso as maravilhas que acontecem a cada minuto neste mundo? Estarmos agora a ler, pensar e refletir. O sol, o Sistema Solar, os olhos, a respiração, o cérebro, ou, mais ainda, a vida, o sentimento, o amor.

A complexidade, a variedade, a forma maravilhosa e incomensurável da natureza e da vida são a afirmação do capricho de um Criador detalhista e talentoso.

Há vida em toda parte ao nosso redor. A variedade e a complexidade dela é verificada em todos lugares, nas gélidas regiões polares, nos escaldantes desertos, na superfície ensolarada do mar, nas mais escuras profundezas e na nossa atmosfera.

Alguns fenômenos naturais seriam inexplicáveis se não os atribuíssemos a um Criador caprichoso, tamanha a engenhosidade e complexidade de cada um deles.

Que tal citarmos a surpreendente fotossíntese? Desta resulta a transformação da atmosfera, que não teria nenhum oxigênio livre em um ambiente no qual a cada cinco moléculas uma é de oxigênio, elemento vital para as criaturas da Terra. E a complexidade incrível de uma célula? A instrução contida no ADN (ou DNA) da célula, "se escrita por extenso, ocuparia mil livros de 600 páginas cada um", explica a *National Geographic* (Revista Geográfica Nacional). Em relação a outras coisas infinitesimais – os átomos –, vemos também uma maravilha de engenharia constitutiva que faz parte de todas as coisas. A constituição do átomo assemelha-se ao Sistema Solar, no sentido em que inclui um núcleo que contém partículas chamadas prótons e nêutrons, cercadas por diminutos elétrons orbitantes. E por falar em Sistema Solar, há nesse item também outras maravilhas impressionantes.

Entre as muitas condições precisas que são vitais à vida na Terra, acha-se a quantidade de luz e de calor recebida do sol. A Terra obtém apenas ínfima fração da energia solar. Todavia trata-se exatamente da quantidade certa, exigida para a sustentação da vida. Talvez nenhum de nós parou para pensar nisto, mas entre os cientistas sabe-se que, caso a Terra estivesse muito mais próxima ou mais distante dele, as temperaturas seriam ou quentes ou gélidas demais para haver vida. Além disso, a velocidade de movimento da Terra também está na medida exata para contrabalançar a atração gravitacional do sol e situar a Terra na distância apropriada.

Esse foi um exemplo de engenhosidade, complexidade, de magnitude. O ciclo da vida, a variedade da natureza, as emoções, o amor, a arte – enfim, toda a criação – levam-nos a buscar uma origem, um idealizador, um Criador. E por que não seria Deus? Cá entre nós, que bom que seja esse Deus apresentado pela Bíblia, que passa a ideia de justiça, de perfeição, de compaixão, de piedade.

Que bom saber que temos um Ser maior a zelar por nós.

Fundamentos da fé religiosa – O homem tem origem animal por natureza. Em muito se assemelha aos animais selvagens se considerarmos os seus instintos e as suas fraquezas fisiológicas. Por outro lado, apresenta características que o distinguem do mundo bestial: os sentimentos, o poder de interferir no cenário e no mundo e o poder de criar.

Entre os sentimentos, alguns apresentam caráter sublime, como o amor, o afeto, a fraternidade, a gratidão. Outros seriam de caráter tempestuoso como a ambição, a vingança, o sentimento de conquista. Há ainda os de caráter negativo, como o ódio ou a inveja.

O propósito da fé seria distanciar o homem, ao máximo, dos seus instintos bestiais, para aproximá-lo daquilo que mais se assemelharia ao Criador. A fé seria um instrumento de transformação? De redenção, dirão os religiosos. Talvez um instrumento de continência.

O homem religioso seria a criatura que luta contra seus instintos e as suas tendências naturais a todo o tempo.

Em relação a isso, o responsável pela disseminação da fé foi determinante. Definiu os seus maiores princípios por meio dos dez mandamentos e, segundo os relatos bíblicos, fez-se homem para demonstrar como deve ser um verdadeiro filho de Deus. Demonstrou a grandeza da sua intenção por meio do sacrifício de Jesus. Esse seria o ponto alto desse propósito, sendo o grande símbolo da redenção dos homens, ou seja, o propósito de fazer a humanidade abnegar de tudo o que se referir à sua natureza bestial e aceitar como novo modo de ser todo aquele comportamento de renúncia, de continência, de elevação espiritual. Aliás, está aí o ponto crítico: o corpo e o espírito. Deus investe naquilo que mais aproxima o homem de Si.

Assim, todos os princípios girariam em torno da razão, dos bons sentimentos, da devoção.

Analisemos algumas das ações condenadas pelos mandamentos: matar, roubar, desejar a mulher do próximo. Ações que envolvem impulsos negativos. Por outro lado, a determinação de amar a Deus acima de todas as coisas incentiva o homem à sublimação das suas ações, à devoção.

Um mundo sem Fé – Vamos tentar fazer um exercício de reflexão ecumênica e pensar que na verdade não há nada de mal em nenhuma religião, seita ou grupo religioso, se o objetivo principal for a devoção aos propósitos de Deus. Porém é bom que se diga que, num sentido amplo, há religiões mais e outras menos atuantes no seu meio, e nisso não há como deixar de diferenciar. Essa diferenciação também é uma das recomendações divinas, mas o principal mesmo é a autenticidade e o comprometimento com o propósito de Deus. Há muita demagogia e hipocrisia no meio religioso e muita iniquidade, mas o convívio em grupos com os mesmos propósitos e as mesmas afinidades é importante para o alimento espiritual de cada um.

Se há um forte propósito de renúncia ao mundo e à sua natureza, todo o comprometimento com as coisas de Deus é indispensável. A pessoa estará a todo momento a lutar contra a sua natureza, as suas tendências naturais e contra as provocações e tendências do mundo. É uma escolha se você deseja servir a esse propósito e renunciar a tudo que o afasta desse caminho. O melhor é procurar a comunidade religiosa mais atuante e eficiente nisso, e há muitas delas no nosso meio.

É claro: há os que querem fazer de conta – fazem de conta que creem em Deus. Fazem de conta que seguem os princípios religiosos e escolhem essa ou aquela regrinha mais conveniente, e preterem a outra que não lhes interessa. Estes normalmente escolherão segmentos religiosos mais tolerantes ou omissos, nos quais terão chance de escolher os princípios que aceitarão cumprir e os que não lhe são convenientes.

Sempre é bom lembrar que, por via das dúvidas, a ideia de queimar no "fogo do inferno" não é agradável para ninguém, não é mesmo? Como sabemos, o destino para os que vivem na "iniquidade", no "mundo pecaminoso", não é nada bom.

O PODER DA MÍDIA

Introdução

O poder da mídia para influenciar as pessoas é claramente intenso e cada vez mais amplo. É indiscutível a sua capacidade para induzir as pessoas para este ou aquele direcionamento, comercial ou não, sem que elas percebam. A mídia e todos seus canais de comunicação são poderosos formadores de opiniões, que agem de modo a trazer aos seus negócios, em geral, maiores retornos financeiros. O marketing empresarial, por intermédio da mídia, consegue com facilidade criar e promover para os consumidores necessidades, interesses e aspirações que muitas vezes nem existem.

As ferramentas para esse fim são variadas e de diversas naturezas, como comerciais fantasiosos, slogans, vinhetas e bordões altamente cativantes; aproveitam-se do carisma, da penetração e do apelo popular de artistas, celebridades, pessoas bonitas, charmosas, crianças ou mesmo animais; exploram bastante a sensualidade masculina e feminina, e se utilizam de técnicas mais dissimuladas, como cores, disposições no ambiente de venda e embalagens. Ainda contam com as técnicas da psicologia empresarial. A tática é promover a fórmula necessidade-satisfação.

A massa consumidora acaba por ter um papel ingénuo nesse processo. Parece não haver limites para as investidas mercadológicas. O limite na verdade é o próprio mercado, quando algum material promocional é rejeitado. Porém, tal rejeição, quando polémica, também pode servir aos propósitos de marketing, como os materiais de publicidade da marca Bennetton, que há alguns anos atrás chocavam e causavam discussões pela natureza ousada das suas campanhas.

Os canais dos meios de comunicação modernos – Os meios de massa são organizações que atuam geralmente nas áreas de jornalismo e entretenimento.

Teoricamente os meios de comunicação social teriam a função de informar, entreter e educar. Pelo menos, seria essa a expectativa da sociedade e é o que o governo deveria garantir que fosse promovido. Na verdade, a mídia e os seus canais acabam por ter uma atuação muito mais abrangente. O poder de incutir, manipular ou quebrar conceitos, valores e comportamento em geral é tão determinante e significante que acaba por despertar interesses dos mais variados segmentos, que podem servir a ideologias políticas, ao poder económico e ao mundo poderoso do entretenimento.

Diante disso, faz-se necessária certa forma de intervenção ou regulamentação governamental, que permita aos meios de comunicação desempenhar um ou outro dos papéis antes mencionados. Na verdade, já existe uma ampla legislação e órgãos reguladores que tratam da questão, mas na prática não se consegue obter um resultado de modo a atender aos objetivos dessa estruturação de controle. O desafio é promover um controle compatível com os princípios de liberdade de manifestação de pensamento e imprensa, que jamais se aceitaria que tivesse as restrições de outrora.

Talvez o caminho realmente não seja retroagir ao controle severo da comunicação e seja caso de ampliar, dar alternativas, opções mais qualitativas.

Uma opção positiva atual é a das redes sociais, nas quais o público-alvo possui importante espaço para se manifestar, se organizar, atuar e participar. E o mais importante: influir em todas as esferas dos segmentos envolvidos nesse processo.

Redes sociais

O uso das redes sociais teve um incremento gigantesco nos últimos anos. A sofisticação dos celulares com a disponibilização de diversos aplicativos contribuiu muito para isso.

Realmente boa parte da população brasileira se tornou usuária de redes sociais. E curiosamente os brasileiros estão entre os maiores usuários em todo o mundo.

Entre as redes sociais mais acessadas pelos brasileiros está o YouTube, o Facebook, o WhatsApp e o Instagram.

Nos últimos meses, a utilização das mídias digitais incrementou-se ainda mais com as novas modalidades disponibilizadas.

Sabemos que o poder das redes sociais influencia as motivações das pessoas conectadas, aumentando a probabilidade de que informações importantes espalhem-se, proporcionando mudanças de pensamento e comportamento.

Em 2016, o Facebook atingiu a marca de 1 bilhão de usuários todos os dias. E seguindo esse crescimento, temos o WhatsApp, que ultrapassou a marca de 1 bilhão de indivíduos trocando mensagens; o Messenger, com 900 milhões de conectados; e o Instagram, que possui 400 milhões de pessoas compartilhando fotos pelo app.

São números gigantescos que mostram que a maioria das pessoas tem acesso a algum tipo de rede social.

O poder das redes sociais vem interferindo em nossos relacionamentos interpessoais.

A primeira grande vantagem que podemos pensar sobre o poder das redes sociais nas nossas relações com outras pessoas é a forma como elas podem diminuir as distâncias.

É claro que a gente precisa tomar um pouco de cuidado para não permitir que as redes sociais substituam os relacionamentos presenciais, mas com certeza elas estreitaram um pouco mais os laços entre pessoas que vivem distantes.

Em um tempo não tão distante, as pessoas se comunicavam, muitas vezes, por meio de cartas. Alguns vão se lembrar que as redes sociais de outrora eram clubes de amizade, associações e instituições que promoviam namoros ou amizades por meio de catálogos ou revistas. O intercâmbio era promovido mediante cartas. Havia, por exemplo, a International Youth Service (IYS).

A IYS foi fundada em 1952 com sede em Turku (Finlândia). Era uma organização internacional de amigos por correspondência que promovia intercâmbio de jovens por correspondência estrangeiros para crianças e adolescentes entre 10 e 20 anos de idade. Em troca de uma taxa, o IYS fornecia endereços de um ou mais amigos por correspondência considerando afinidades por idade, idiomas e interesses por meio de um sistema de computador. Infelizmente, o IYS fechou em 2008, quando explodiu o uso de redes sociais digitais.

"Eu fui associado da IYF durante anos. Através dela conheci amigos em todo mundo. Alguns mantenho amizade até hoje. Recentemente encontrei uma amiga daquela época no Facebook"

(Valmir Benício – autor)

Quem poderia imaginar que contaríamos com ferramentas de comunicação que nos permitem estar em qualquer lugar sem ao menos levantar da cama? Quem poderia imaginar que, algum dia, teríamos a possibilidade de estar em contato com pessoas queridas o tempo todo, sendo a distância entre elas um mero detalhe?

Hoje, ao contrário da época das revistas e da IYS, os contatos são instantâneos, e as alternativas, inúmeras.

Mudanças assim causam impactos na sociedade capazes de mudar o comportamento, os hábitos e os costumes das pessoas.

Essa intensificação das possibilidades de interatividade não passou despercebida de todo tipo de segmento. O empresarial, o institucional e o governamental.

O mercado viu-se com a necessidade de reestruturar todo o seu posicionamento e plano de comunicação, para se adequar ao consumidor da era digital e incorporar em definitivo todo o aparato de mídias para interatividade com os clientes.

É bom que se diferencie a noção que temos de mídias sociais e redes sociais.

Mídias sociais têm um conceituação mais ampla, englobando todos os canais que permitem o compartilhamento de informações de maneira descentralizada. É o ambiente on-line onde podemos compartilhar informações, como o YouTube e o Twitter.

As redes sociais englobam apenas canais com foco em promover relacionamento. São canais que permitem o compartilhamento de conteúdo, ideias, conexão e interação entre as pessoas. Trata-se apenas dos canais com foco em relacionamento e relações entre pessoas normalmente com interesses em comum. A rede social é uma parte da mídia social.

Exemplos de redes sociais ou sites de relacionamento são o Facebook e LinkedIn.

Parece que todo dia nasce uma nova palavra relacionada à internet. Fica quase impossível acompanhar todas e saber o significado de cada uma delas.

Hoje ouvimos termos como *podcast*, *Playplus* e muitos outros que são novas modalidades de mídias sociais.

WhatsApp

Quem de nós hoje não aderiu à onda do momento, o famoso e popular WhatsApp?

Trata-se de uma aplicação criada em 2010 por Jan Koum, que é usada para mandar mensagens e arquivos de texto e voz, fazer ligações, enviar fotos, entre outros, por meio da internet, instalada num smartphone.

Sucesso total, o WhatsApp acabou por virar um canal de comunicação e interação entre as pessoas, também mediante a criação de grupos, nos quais o administrador (criador do grupo) agrega outros utilizadores, que podem conversar entre si.

Em resumo, a aplicação funciona como um serviço de mensagens instantâneas instalado nos telemóveis.

Hoje a aplicação já bateu a casa dos 100 milhões de usuários no Brasil e são bilhões de usuários em todo o mundo.

Atualmente, o WhatsApp já tem algumas aplicações concorrentes como o Viber, o Telegram, o Snapchat, o Hangouts e o próprio Skype. No entanto, indiscutivelmente, o WhatsApp é o mais procurado e caiu no gosto popular.

Tanta popularidade chamou a atenção do gigante Facebook, que acabou por comprar o WhatsApp por uma "pechincha" de US$ 16 bilhões, em 2015.

Vejam algumas curiosidades sobre o uso da aplicação:

- Estima-se que 80% dos smartphones, no Brasil, tenham uma aplicação do WhatsApp instalada;
- Os utilizadores do WhatsApp trocam cerca de 30 bilhões de mensagens todos os dias;
- Cada utilizador verifica, em média, 23 vezes por dia o seu smartphone para ver mensagens no WhatsApp.

Claro que a aplicação tem alguns inconvenientes, assim como em outros tipos de redes sociais. Há que sempre preocupar-se com o excesso de exposição, com a privacidade e com a conduta adequada na comunicação. Mas, indiscutivelmente, as vantagens de aplicações como essa são inúmeras. Hoje, inclusive, o WhatsApp tornou-se até ferramenta de trabalho, no sentido de que facilitou a comunicação e o envio de documentos entre empresas e clientes.

Com a facilidade de estarmos on-line 24 horas, desde que haja uma conexão 3G ou wi-fi ativa, os seus amigos e familiares sempre estarão ali, disponíveis e prontos para receber a sua mensagem.

Sim, o WhatsApp é uma excelente forma de comunicação, que auxilia e ajuda tanto na vida profissional quanto na pessoal, mas as pessoas devem policiar-se para não haver abusos e excessos.

O psicólogo Pablo Viudes explica que "a pessoa precisa saber administrar sua conectividade. Do contrário, o WhatsApp pode vulnerar a privacidade".

Segundo Mireia Fernández, pesquisadora da Universitat Oberta de Catalunya e especialista nas implicações sociais da telefonia móvel, "os casais usam os telemóveis – seja via SMS ou WhatsApp

– para trocar mensagens de carinho, para organizar o dia e tomar decisões menores, como, por exemplo, comprar algo para a casa".

Mas queremos salientar um dos fatores positivos mais importantes da aplicação: os grupos familiares e de amigos. O WhatsApp pode aproximar pessoas por causa da facilidade e rapidez das mensagens. Hoje podemos falar com os nossos filhos a todo momento, e eles agora têm um canal para falar entre si e conosco quando quiserem. Os membros de um grupo social ou familiar podem compartilhar momentos, informações, imagens, sons, emoções, de tudo a todo instante. É agregador. É construtivo. É salutar. É realmente uma revolução. Aproximar pessoas distantes ao se utilizar tecnologia móvel e permitir que elas compartilhem o seu dia a dia é o diferencial do WhatsApp. A popularidade do serviço acaba por funcionar como um catalisador: mais pessoas conectadas geram um "mundo com fronteiras menores". Nem precisamos lembrar como o App deve ter sido ainda mais usado nesse período de pandemia.

A facilidade com que a aplicação une as pessoas, mesmo as mais distantes, reflete uma mudança estrutural na maneira como a internet age no dia a dia dos internautas. De acordo com o diretor-presidente do Núcleo de Informação e Coordenação do Ponto BR (NIC.br), Demi Getschko, a mudança principal verificada nos últimos anos foi a troca de papel entre pessoas e computadores na rede.

O WhatsApp teve importância fundamental para essa mudança. Ele também uniu as pessoas ainda mais e permitiu que elas se comunicassem com mais frequência e de maneira mais veloz e simples. Apesar de ter apresentado diversas polêmicas ao longo de 2014, o "zap-zap", como é vulgarmente chamado no Brasil, tornou-se uma parte importante na vida dos brasileiros e deve manter esse posto por ainda muitos anos.

No final de 2015, um juiz da cidade de São Bernardo do Campo resolveu bloquear a aplicação no país inteiro, por 48 horas, impedindo que os cidadãos usassem a aplicação. O país quase entrou em comoção, tamanhos os transtornos que a suspensão causou.

Em 2016, houve novo pedido de suspensão da aplicação acatado por outro juiz. Os transtornos e inconvenientes gerados mereceram até uma reportagem do jornalismo da Rede Globo.

A TV na vida de todos nós

O Departamento de Justiça e Classificação (Dejus), do Ministério da Justiça, tem promovido pesquisas para avaliar o impacto nas crianças e adolescentes de imagens veiculadas nos programas de televisão.

A influência da TV e dos seus programas implicam muito mais que entreter. É uma arma poderosíssima para influenciar e promover homogeneização de aparências, modo de vestir, modos de pensar, de se divertir e até de votar. Quem não se lembra da determinante articulação tendenciosa da mídia em prol do candidato Fernando Collor de Mello, em detrimento da candidatura de Luiz Inácio Lula da Silva, nas eleições para presidente do Brasil de 1989? Muitas marcas e modas acabam por ser introduzidas no mercado por serem citadas ou reproduzidas por algum protagonista de programa de TV. Isso leva-nos a refletir sobre como fica a questão da individualidade e da espontaneidade de muitos.

Evidentemente, dentro desse contexto há que falar-se de influência positiva também. Mas o poder para o mal, digamos assim, pode ser tão preocupante que não se pode deixar à mercê da política dos donos das difusoras. É positivo quando a TV promove o debate de questões polêmicas, quando promove a família, a educação, a bondade, o altruísmo. Lembro, por exemplo, que antes de Barack Obama, considerado o primeiro presidente negro da história dos Estados Unidos, muitos filmes já tinham negros como protagonistas no papel de presidente, como o *Impacto Profundo*, com Morgan Freeman, e Dennis Haysbert, na série de televisão "24 horas". "Francamente, o que esse papel conseguiu e o modo com o qual o interpretei abriram os olhos do público americano", afirmou o ator ao jornal Los Angeles Time.

"A TV no Brasil tem um poder político incomparável. Em países com renda mais alta, o poder da TV é relativizado pela possibilidade de acesso a outros meios", afirmou o professor da Escola de Comunicações e Artes da Universidade de São Paulo (ECA-USP) e diretor da ONG Tever, Laurindo Leal Filho.

Como dissemos, a proposta que entendemos mais adequada é a de apresentar opções qualitativas. Porém seria difícil equilibrar as forças numa balança, pois, ao contrário do alcance das demais opções de comunicação, como livros, jornais, revistas e internet, a televisão está presente em um número maciço de residências brasileiras.

Há também os que veem na escola uma forma de estimular o desenvolvimento de telespectadores críticos. Realmente há uma grande discussão, e a questão é bem controversa quanto ao controle do conteúdo dos programas de rádio e TV. De qualquer forma, é indiscutível que a qualidade de programação merece a atenção de todos, em especial no que se refere à educação. Uma outra ideia é a determinação de um índice maior de conteúdo cultural para cada difusora, além da ampliação das funções das TVs educativas.

Precisamos que seja constantemente trabalhada a conscientização do papel da mídia como instrumentos de transformação da sociedade e não só de publicidade, em harmonia com o artigo 221 da Constituição Federal. Sim, as difusoras devem obedecer aos princípios constitucionais pertinentes.

> Art. 221. A produção e a programação das emissoras de rádio e televisão atenderão aos seguintes princípios:
>
> I – preferência a finalidades educativas, artísticas, culturais e informativas;
>
> II – promoção da cultura nacional e regional e estímulo à produção independente que objetive a sua divulgação;
>
> III – regionalização da produção cultural, artística e jornalística, conforme percentuais estabelecidos por lei;
>
> IV – respeito aos valores éticos e sociais da pessoa e da família. (Art. 221, CF).

Essa conscientização precisa ser da sociedade como um todo. Hoje, de um modo geral, podemos classificar o público como alguém que exerce um papel ingênuo nesse processo. Estamos todos à mercê do comércio e da indústria em geral. A intervenção, se devida, deve ser promovida pela sociedade de modo organizado e atuante.

O jornalista e crítico de TV Eugênio Bucci, autor dos livros *O Peixe Morre pela Boca* e *Brasil em Tempo de TV*, diz que "saber ver criticamente a televisão é condição básica para o exercício da cidadania".

Há também os que relativizam os malefícios da influência da TV, em especial para as crianças – como é o caso da disseminação da violência e do sexo nas programações televisivas. Para a psicanalista Angela Vorcaro, do Departamento de Distúrbios da Comunicação da Universidade de São Paulo (USP), a mídia não pode ser responsabilizada pelo comportamento violento da criança e pelo aumento da violência na sociedade. Ela concorda que a criança acolhe a violência dos desenhos animados e dos filmes que vê, mas diz que ela liga-os à sua fantasia. É o que pensa também o educador inglês David Buckingham, um dos pesquisadores mais respeitados no campo da relação entre televisão e criança. Para ele, não se pode atribuir o comportamento violento da sociedade aos meios de comunicação. A tese é que cada criança pode receber de formas diferentes tudo o que vê e desenvolver diferentes interpretações sobre o que lhe é passado.

Um aspecto interessante nessa questão da TV é a audiência. Na verdade, é ela que determina o conteúdo e a qualidade do que é oferecido aos consumidores. É o caso do Big Brother Brasil (BBB), que há mais de dez anos engrossa os lucros das empresas envolvidas no programa. Outro exemplo interessante é o futebol. Saudável, divertido e todos nós temos o nosso clube e gostamos de curtir um bom jogo desse esporte. No entanto é muito curioso o espaço que o futebol tem na TV brasileira. Chega a ser engraçado ver pessoas cultas – jornalistas sérios e atuantes – empolgarem-se na hora de falar sobre o jogo do fim de semana, por exemplo. É curiosa a seriedade com que lidam com o polêmico pênalti marcado numa situação duvidosa. O Campeonato Brasileiro, a Libertadores e a Copa do Brasil são assuntos presentes no ano todo, na TV e fora dela. Isso, é claro, atende aos patrocinadores, que movimentam milhões nos negócios futebolísticos.

Qualidade e interatividade – Um dos fatores que tem se destacado atualmente na TV é a interatividade, que tem sido crescente.

Alguns programas com mais liberdade de ousar, no entanto, aproveitam a internet para aumentar a comunicação com o público. Em Pernambuco, o Estéreo Clipe usa, além do blog, uma estratégia interessante: um chat para comunicação com os telespectadores.

Um programa pioneiro que utilizava a interatividade é aquele famoso *Você Decide*, da Rede Globo, que também passou em Portugal na SIC. Esse modelo tem sido otimizado nos programas como o Big Brother. Hoje a interatividade com o público televisivo já ocorre em larga escala e em variados formatos. A interatividade ganhou um grau ainda maior com os canais de internet como o YouTube e os programas de *podcast*.

Questiona-se também quando os programas de TV priorizam e promovem as brigas pela audiência em detrimento da qualidade, do bom gosto e da conveniência da programação.

Felizmente, parece que as manifestações críticas acabaram por repercutir a ponto de haver uma certa moderação. De qualquer forma, quando os principais programas, alvos preferidos das polêmicas da mídia, são comentados entre os telespectadores, algumas vezes causam constrangimentos àquele que admite vê-los, ocorrendo sempre aquelas repreensões: "por que é que não mudas o canal?" ou "Tu vês isso?". É claro que temos um poder grande com o comando da televisão. Porém por vezes queremos mesmo assistir certos programas, pelo seu formato, pelos seus convidados, pela sua dinâmica etc. Ou, às vezes, não somos nós realmente, mas os nossos pais, os nosso filhos. Assim, independentemente do motivo pelo qual não mudamos de canal, não podemos prescindir da qualidade, do bom gosto e da conveniência do conteúdo dos programas de TV.

O Amanhã dos Nossos Filhos (Oanf) é uma organização criada para criticar a programação da TV e alega que algumas podem afetar o desenvolvimento moral dos seus filhos.

Em face da programação imoral promovida pelas difusoras de TV, e preocupados com a formação dos seus filhos e netos, pais e mães de famílias de todo o Brasil mobilizaram-se de uma forma jamais vista anteriormente no país.

Uma pesquisa realizada pelo Oanf, em 1989, sobre a qualidade dos programas de TV, revelou que 95,6% das pessoas criticavam a degradação moral promovida pela televisão. Diante dessa realidade, o Oanf começou a organizar as suas ações e a promover campanhas de protesto dirigidas aos patrocinadores; a encaminhar petições às autoridades públicas e a enviar reclamações à direção de difusoras de TV.

O efeito multiplicador – Chamamos de efeito multiplicador a repercussão e a reação do imaginário coletivo após a exposição a determinado conteúdo programático. Já encontramos quem enquadrasse esse fenômeno como uma espécie de síndrome.

Destacamos esse aspecto pelas dimensões em que podem dar-se essas reações. Em especial, em relação aos eventos, às ocorrências e aos fatos apresentados na TV, devemos ficar atentos ao que ocorre em termos de repercussão em algumas circunstâncias. Um episódio de sequestro, um assassinato diferenciado e chocante, uma agressão atípica, ou qualquer situação apresentada na TV que cause alguma comoção, curiosidade ou polêmica, parecem ter um efeito multiplicador na sociedade. Diante disso, temos que ter atenção às consequências que dele se podem implicar. Devem lembrar-se do recente caso do Lázaro, que dominou o conteúdo dos noticiários por vários dias.

Lázaro Barbosa, acusado de cometer crimes em série no Distrito Federal e Goiás, 32 anos, chamado de "serial killer do Distrito Federal", foi morto pela polícia de Goiás após busca que já durava 20 dias.

Cabe lembrar os casos de *serial killers* e aqueles assassinatos em massa que ocorreram nos EUA – muitos deles tiveram influência de filmes, seitas ou dogmas, religiosos ou não. Lembramos do caso da repercussão do filme *Matrix*, que influenciou agentes criminosos com problemas psicóticos e que resultou em assassinatos.

A mídia e os seus representantes não avaliam esse aspecto, mas sempre há um efeito sugestivo, ainda que não intencional, quando se mostra o sequestro daquela menor pelo namorado ciumento, ou daquele irmão do cantor famoso, ou quando se dá todo um sensacionalismo para aquele assassinato sinistro da criança atirada pela janela, ou mesmo quando se mostra aquela gangue que ateou fogo no mendigo ou espancou o homossexual ou o negro na discoteca. Com a consternação pública, poderia esperar-se até um efeito de intimidação. Mas será que um outro efeito, o multiplicador ou sugestivo, não ocorre também? Sim, pode ocorrer, dependendo do agente. Numa mente doentia e psicótica, pode haver reações imprevisíveis.

O efeito de sugestão existe e está presente em inúmeras circunstâncias das nossas vidas e certamente acontecerá diante de polêmicas apresentadas especialmente na TV. Portanto, é um aspecto que deve ser levado em conta pela mídia, antes de insistentemente priorizar ocorrências bestiais em função da audiência. Infelizmente sabemos que essa preocupação não existe, e pelo sistema que temos hoje não há como funcionar.

Talvez, também nesse caso, os órgãos reguladores deveriam atuar. Aí entra a discussão sobre a intervenção pública paternalista, que implicaria considerar a existência de uma incapacidade social para avaliar, interpretar e se autoproteger das consequências nocivas de determinadas programações.

Estamos a falar de consequências que não se limitam ao ambiente doméstico e extrapolam as fronteiras dos lares para as ruas, as discotecas, o mercado de trabalho, os grupos sociais, os esportes e, enfim, todos os segmentos.

O efeito multiplicador é praticamente a bola branca, o motor principal da indústria e do comércio. Quando aparece uma atriz de sucesso a usar este ou aquele cosmético, a tomar este ou aquele refrigerante ou a dirigir determinado carro, como é que isso repercute nas pessoas?

O que acontece na sociedade quando aparece o destaque jornalístico de um traficante influente que controla os seus negócios, mesmo da prisão (como o caso de Fernandinho Beira-Mar)? O que acontece quando aparece um preso que vira um *superstar* e recebe até cartas de amor (o caso de Leonardo Pareja – 1995)? Ou então, o que ocorre quando uma figura sempre envolvida em tabu e com a imagem socialmente depreciada pela questão moral envolvida, como a da prostituta, acaba por virar um livro de sucesso e depois um filme de grande bilheteria, tendo no papel uma atriz de grande apelo popular? E mesmo quando a mídia enaltece a figura do mulherengo, do malandro e do golpista? Claro que vão dizer que também há o efeito no aspecto positivo, quando vemos a humilhação do corrupto, que é apanhado e preso pelos seus crimes, e quando vemos a figura do polícia, juiz ou promotor honesto e perseguidor de infratores. Sim, é verdade. Mas o que causa mais estrago? O que realmente acaba por afetar os lares, o convívio e a carreira das pessoas? Uma coisa positiva é uma pessoa resolver estudar Direito porque viu a Bruna Lombardi no papel de uma charmosa juíza ou mais recentemente a agente policial honesta e atuante vivida por Paola Oliveira. Ótimo! Outra coisa é um adolescente ver um filme como *Matrix* e resolver metralhar as pessoas de um cinema ou de uma escola, porque viu o reflexo da sua tendência patológica num filme de sucesso. Mas o que fazer? As pessoas precisam receber as notícias. Ter detalhes do que ocorre no mundo. Talvez devamos não dar tanta notoriedade para determinados fatos apenas porque renderão audiência.

Já falámos também dos atuais ídolos do momento – os lutadores de MMA. A mídia conseguiu impor esse esporte, que já foi clandestino e proibido em várias partes do planeta, de modo a ser aceito pelo público e ser um dos produtos de maior sucesso crescente na TV mundial.

Enfim, devemos, sim, preocupar-nos com os reflexos do conteúdo televisivo na nossa sociedade.

Usina de ídolos – Quando falamos em ídolos, vem-nos à cabeça, prontamente, um ser humano inatingível, um semideus ou coisas do gênero. Algumas vezes esquecemos que nem sempre alguém precisa ser assim para conquistar fãs. Todos nós sabemos que os meios de comunicação são capazes de produzir ídolos da noite para o dia, assim como eliminá-los, condená-los e jogá-los no obscuro.

Sabemos também que não há proporcionalidade entre talento, capacidade, habilidade e o nível dos mitos e ídolos.

Parece-nos haver certa facilidade e um certo domínio, por parte da mídia, das ferramentas para construir e promover ídolos, celebridades, e assim lucrarem com esses produtos de sucesso, passageiros ou não. Isso acaba por ocorrer de diversas formas, por exemplo, quando eles aparecem em sucessivos anúncios publicitários, em programas de TV, são comentados em revistas, na internet e nos jornais, e quando têm as suas músicas tocadas ostensivamente em rádios e TVs, ou mesmo quando aparecem em *reality shows*. Hoje há outra forma de produzir celebridades passageiras: as publicações em sites especializados de divulgação de vídeos também têm alçado anônimos ao estrelato. Os meios de comunicação já trataram de incluir mais esse canal de captação de produtos de sucesso. Hoje temos os "influencers" e os "youtubers".

"Influencers" ou influenciador digital é um usuário das redes sociais que sedimentou sua credibilidade em um segmento específico. "Youtuber" é o criador de conteúdo para a plataforma de compartilhamento de vídeos norte-americana YouTube.

Merece atenção a influência que têm no grande público os grandes ícones artísticos, pela popularidade e a idolatria que despertaram em escala mundial. O fascínio que artistas, políticos e atletas exercem sobre o público e a ilusão de conhecer intimamente os famosos é mais uma das ferramentas da mídia para vender os seus produtos. Essa e outras questões são abordadas pelo sociólogo britânico Chris Rojek na sua obra *Celebridade* (2008). O autor traça um histórico do culto às celebridades, enquanto fala sobre a manipulação de situações que alimentam o imaginário de ávidos consumidores de histórias sensacionalistas.

"Por serem venerados e aclamados como são, ídolos pop gradualmente param de sentir a necessidade de obedecer às regras dos homens e mulheres comuns" (ROJEK, 2008, p. 11).

Sabemos que todos somos, em maior ou menor grau, vítimas dessa criação e imposição dos ídolos midiáticos, que são elaborados e manipulados de acordo com este ou aquele segmento econômico, social ou mesmo faixa etária. Não estamos a excluir os casos das figuras de extremo carisma e talento que, evidentemente, existem e só são potencializadas. Quanto mais talento, carisma, apelo popular e penetração nas camadas sociais, mais investimento, exposição e lucro. Tais figuras, não obstante seus talentos e habilidades, acabam sendo endeusados. Acabam se tornando figuras que os distanciam da realidade da grande maioria das pessoas.

Temos exemplos maravilhosos como Beatles, Roberto Carlos, Elvis Presley e Michael Jackson, para citar os mais populares. E temos também: Menudos, Lady Gaga, Justin Bieber, Britney Spears.

E temos ainda o *superstar* religioso chamado Jesus Cristo. Por que falar de Jesus? Ora, porque é interessante o papel de destaque que a figura de Cristo acabou por ter entre os cristãos, apesar de se ter esforçado para que o centro das devoções fosse Deus. Podemos verificar que ele procurou sempre enaltecer terceiros: João Batista, Salomão e até mesmo as crianças ou a natureza.

Parece haver uma necessidade pública de se eleger algo ou alguém que sirva de referência, de inspiração ou apenas para devoção. Isso vem desde os primórdios da civilização.

No caso dos ídolos disseminados pela mídia, na verdade sabemos que todos, apesar de alçados a semideuses, têm defeitos e qualidades como qualquer um de nós. Alguns até abusam dos defeitos. Incrível como a idolatria acaba por superar conceitos e valores em relação a determinadas coisas. Michael Jackson tornou-se ídolo no período de maior perseguição e discriminação dos negros nos Estados Unidos. O mesmo aconteceu com Pelé num período de preconceito entre os clubes brasileiros. Deslizes e até crimes são esquecidos ou colocados de lado em razão da fama do agente (Hugh Grant, Eddie Murphy, Michael Jackson e, mais próximo do público brasileiro, Ronaldo, Edmundo, Maluf).

Aqui também fica a reflexão do papel do superstar no momento em que milhões de pessoas passam a ser seus "discípulos".

Sabemos que poucos são os que acabam por ser realmente uma referência positiva. Drogas e promiscuidade acabam por andar lado a lado com as celebridades.

O brasileiro e as novelas – "O que os personagens de novela fazem vira a visão das pessoas", afirma Dulce Helena Penna Soares, psicóloga e orientadora profissional da Universidade Federal de Santa Catarina.

As novelas, as suas personagens e situações apresentadas por alguns canais da TV brasileira tornam-se uma referência para as atitudes dos telespectadores na vida quotidiana. Ao lado do futebol, é um dos produtos de maior sucesso da TV brasileira e acabou por virar um hábito que se mantém há muitas décadas. Praticamente incorporou-se à vida de milhares de pessoas em todo o mundo.

Hoje já é um produto de consumo internacional. Costumes, tendências de moda, consumo de produtos, comportamento, conceitos e valores sofrem forte influência do que é apresentado nos roteiros das novelas.

Um aspecto positivo que podemos citar é que alguns temas importantes acabam por ser tratados conforme a condução dos enredos novelísticos. Família, homossexualidade, corrupção e drogas têm sido bastante explorados.

O aspecto ruim é que o desenrolar das novelas e o que é apresentado acabam por ficar reféns da aferição de audiência.

Na verdade, todos os aspectos que abordamos sobre controle programático, influência da mídia, lançamento de celebridades e ídolos, efeito multiplicador e papel de disseminação cultural poderiam ser encontrados nesse tema quanto ao papel das novelas na vida dos brasileiros.

Fator *Pânico na TV* – Com um humor nem um pouco convencional, o programa *Pânico na TV*, no Brasil, conquistou um grande espaço na audiência das noites de domingo, na Rede TV! e, posteriormente, na TV Bandeirantes.

Por que falar desse programa, que muitos avaliavam de gosto altamente duvidoso, não obstante os seus índices de audiência?

O *Pânico na TV* lançou uma linha de programa inusitada. Os humoristas fazem entrevistas irreverentes com famosos. Ao contrário da adulação presente na maioria dos programas, ali vemos deboche e até ridicularização dos "semideuses" do show business.

Infelizmente, o citado programa acabou por se enveredar por trilhas desrespeitosas e até grosseiras. Explora também o erotismo e a beleza de algumas de suas componentes, mas despertou a atenção do público, e geral justamente por isto – pela total irreverência, ao contrário do que seria de se esperar em programas em que estariam presentes celebridades. Isso inclui as suas beldades, que também em diversas vezes foram colocadas em situações de ridicularização.

O formato do programa *Pânico* apresenta a irreverência trazida pelos programas de rádio, e já existem programas de outras difusoras na mesma trilha.

Bem, já que falamos do tal programa, devemos lembrar que já foram apresentados episódios de extrema má qualidade e de extremo mau gosto.

Não é muito agradável ver determinadas brincadeiras com pessoas, sejam elas celebridades ou não, que agridem a sua integridade moral e física. Temos a informação de que alguns excessos já renderam condenações judiciais para o programa.

É claro que num programa de sucesso é impossível não conseguirmos peneirar algo de positivo. Certamente podemos divertir-nos em alguns momentos nos quais o talento se faz valer. O quadro do homem-aranha que dança e brinca com as pessoas e o impagável episódio do quadro de homenagem aos ex-integrantes da escolinha do Professor Raimundo são alguns dos que mais marcaram. Porém, infelizmente, são poucos os quadros que podemos selecionar como exemplos de qualidade e bom gosto. Não obstante o formato, o programa se firmou e ganhou público. Apesar de conflitos iniciais, até mesmo as celebridades se renderam a esse sucesso. Como dissemos, o conteúdo e a qualidade acabam por ser reféns da audiência.

Contraditoriamente, o programa já teve diversos prêmios. Um deles foi o Prêmio Revelação 2003 da Associação Paulista de Crítico de Arte (APCA), um dos mais importantes do setor. Hoje o programa não existe mais e só é transmitido na versão para rádio, pela Jovem Pan.

É bom torcer para que, assim como acontece com as novelas e os esportes, o formato dos programas seja gradativamente revisto, com a retirada de alguns dos seus pontos negativos e a respectiva adaptação de modo a blindar o público com o melhor, em termos de qualidade, sem ser refém dos excessos em razão da audiência e lucratividade.

Para encerrarmos, queremos chamar a atenção para uma questão: perguntou-se em determinada pesquisa com que frequência se costuma almoçar e jantar tendo a companhia das outras pessoas da casa. Os resultados revelam que os almoços de fim de semana proporcionam a reunião da família brasileira. Em segundo lugar, ficam os jantares de sábado e domingo. De segunda a sexta, o número dos que costumam reunir-se nas refeições cai expressivamente, principalmente quando se refere ao almoço. Falamos aqui sobre interatividade, não é mesmo?

Gostaríamos de lembrar o quão importante é a interatividade doméstica! Lembrar como é benéfico estar todos juntos algumas vezes ao dia ou na semana para discutir, conversar qualquer coisa, ou mesmo para dar boas gargalhadas em família. Que tal desligar a TV por alguns momentos para acompanhar o filhinho nos trabalhos de casa, para jogar videogame na sala, repassar fotos com a esposa ou filhas? Enfim, atividades alternativas para que a TV não seja o centro de atenção da casa, e sim a vida em família.

LUTO

Por que falar de tema tão deprimente? Porque, inevitavelmente, fará parte de nossas vidas. Teremos que lidar com isso da melhor forma possível. Mas não existe fórmula de nos deixar imunes ao que todos passaremos um dia. Esses momentos terão que ser sentidos, mas temos que limitá-los, pois não podemos mergulhar na morte. Pessoas que amamos se vão, porém a vida para nós continua. Bem, claro que talvez esse tema mereça um trabalho específico à parte. Indubitavelmente, passaremos por isso, mesmo que não queiramos ou que tenhamos temor de tal situação. Então, que tal pensarmos em nos preparar e tentar passar de uma forma mais serena e tranquila... se é que isso é possível.

"Porque metade de mim é partida, mas a outra metade é saudade..." (Oswaldo Montenegro).

Então vamos lá. Esse assunto é tão delicado e sensível que emotiva só de escrever sobre ele.

A perda é uma das coisas mais angustiantes pelas quais passamos. Seja qual for o motivo. E é ainda mais deprimente quando envolve um ente querido. É algo que choca, que machuca, que dói...

Lembramos momentos de alegrias, algumas tristezas, muitas batalhas... E sentimos que caminharemos sozinhos a partir de então. Que nunca mais veremos o sorriso, que não mais ouviremos a voz, que nunca mais tocaremos as mãos... Muitas vezes nos entristecemos pela piedade, por lamentar pelo amigo, pelo parente, ou pelo enlutado que fica. Meu Deus, como tudo é tão triste!

"Aqueles que amamos nunca morrem, apenas partem antes de nós." (Amado Nervo).

Na verdade não aceitamos o evento morte. Em nossa mente, de alguma forma, achamos que viveremos para sempre. Ou pelo menos é o que instintivamente aspiramos. Talvez por isso o trauma, a dor, a angústia, a revolta... É comum nos revoltarmos contra tudo. Alguns chegam a se ressentir de Deus como o responsável pelo evento, ou mesmo pensando no fato de que Ele poderia impedi-lo.

Se refletirmos sobre a questão à luz dos princípios bíblicos, podemos ser levados a entender que o ser humano realmente não foi feito para morrer. A eternidade está inserida nos princípios bíblicos. A Bíblia diz que Deus foi quem colocou um sentido de eternidade nos nossos corações (Eclesiastes 3:11).

Também verificamos em alguns episódios bíblicos do novo testamento algo que nos passa a ideia de minimizar os efeitos do evento morte.

"Ele disse a um outro: Segui-me; e ele lhe respondeu: Senhor, permita-me ir antes enterrar meu pai. Jesus lhe respondeu: Deixai aos mortos o cuidado de enterrar seus mortos, mas vós ide anunciar o reino de Deus." (Lucas, 9, 59 e 60).

A passagem bíblica acima é um dos inúmeros trechos que geram discussões doutrinárias. O que quis dizer Jesus com essa frase?

Não obstante as diversas correntes sobre a questão, podemos concluir que Jesus exaltou, valorizou mais o culto ao espírito do que ao corpo, o que está coerente com toda sua doutrina.

Mas Jesus também se mostrou abalado e sensível para com a morte em muitas passagens. Enfim, é totalmente natural que sintamos tanto nesses momentos.

Que tal então nos apegarmos às coisas que nos dão conforto?

A acolhida dos familiares, dos filhos, dos amigos.

É o que acontecerá? De qualquer forma, teremos que sobreviver e... prosseguir.

Sentimos algo parecido quando nossa querida namorada nos deixa, na separação, e até quando mudamos de emprego ou cidade. Mas em algum momento tudo passará. Haverá novos relacionamentos, novos amigos, novos empregos, novas cidades... novas vidas. E temos que prosseguir.

Um sentimento que sempre nos vem é pensar que poderíamos fazer algo que não fizemos. Acaba sendo ainda mais angustiante saber que poderíamos estar mais próximos daquela pessoa, ter minimizado seu sofrimento, ou mesmo achamos que poderíamos de alguma forma tê-la salvado.

> *Devia ter amado mais*
> [...]
> *Queria ter aceitado as pessoas como elas são*
> [...]
> *Devia ter complicado menos*
> [...]
> *Devia ter me importado menos*
> *Com problemas pequenos*
> *(Epitáfio – Titãs)*

De qualquer forma, não há respostas simples sobre como lidar com a morte, mas praticamente todos os especialistas no assunto entendem que o luto precisa e deve ser vivido.

A psicóloga Maria Helena Bromberg (*apud* OYAMA, 1999), coordenadora do Laboratório de Estudos e Intervenção sobre Luto, na Pontifícia Universidade Católica – PUC de São Paulo, desenvolve interessantes trabalhos sobre o assunto, e também confirma a necessidade de se vivenciar a perda, para realizar o processo do luto.

Segundo a psicóloga Milena Câmara, o luto é um processo normal e natural diante de qualquer perda. "É o tempo que a gente precisa para se adaptar à ausência de algo ou alguém", explica. Segundo Milena, sofrer tudo o que há para sofrer durante esse processo é fundamental para aprender a conviver com a perda. "Depois que a gente vivenciar nossa dor, vai precisar aprender a conviver com a ausência. E aprender a conviver é algo muito pessoal".

Funciona como mecanismo libertador da natureza. No sentido contrário, corre-se o risco de uma psicose.

Mas não se aconselha a melancolia crônica, que pode fazer da pessoa um depressivo ou um introvertido anormal. Não pode ser um caminho sem volta. Temos que retomar a vida.

Todos vão concordar que nada trará mais conforto do que a religião, os princípios religiosos, as mensagens de Deus.

Certamente trarão melhor consolo para os que ficam, de modo a se recuperarem e continuarem a vida tirando ainda lições para um melhor viver.

Vejam abaixo trechos do interessante texto da escritora Lya Luft:

"Foram-se os bons, os ternos, os belos, mas eu não me conformo", foi o que, citando livremente, disse a poeta americana Sarah Teasdale, que estudei nos tempos da faculdade.
[...]
A morte intrusa, indesejada, sobre a qual tanto se fala, se pensa, se escreve, foi personagem de alguns dos meus livros e causa de algumas incuráveis dores. Ela não pede licença, escancara num repelão portas ou janelas, entra num salto, com suas vestes cheirando a mofo e seus olhos de gato escuro. Às vezes pega quem mais amamos. E aí não tem remédio, não tem descanso, não tem nada senão dor – apesar da nossa natural dificuldade de lidar com ela, a dor é necessária nesses primeiros tempos. É preciso chegar ao fundo desse poço escuro para poder sair dele, ou ao menos ter a cabeça à tona d´água. Presenças bondosas, conforto de alguma palavra amiga, saber que os outros estão aí, que ajudam também nas coisas práticas, nos fazem sobreviver...
[...]
E afinal a vida chama, ainda que o no início isso nos pareça um insulto. Pois honrando a vida também estamos honrando os nossos mortos, que, na nossa lembrança não mais crispada, na nossa melancolia não mais indignada, na integração de seus atos e palavras em nós, no que temos de melhor, continuarão vivos.

Em última análise, apesar de todo dilaceramento, solidão e lágrimas, a morte (que não é fim, mas transformação), estranhamente, loucamente, tem um poderio limitado: seu dedo cruel e ossudo não consegue encontrar a tecla com que deletar nossos melhores afetos.

(LUFT, Lya. Elegia do amigo morto. **Veja**, n. 2.256, p. 24, 15 de fevereiro de 2012).

Há uma novidade quanto à forma com que as pessoas estão a tentar lidar com o luto e tem a ver com as redes sociais.

"Eu vi a cara da morte e ela estava viva", cantou Cazuza
em Boas Novas.

O luto nas redes sociais

A estudante de medicina veterinária Ísis Vanilde Leite Souza tinha 24 anos quando morreu vítima de câncer, em janeiro de 2012. Para poupar a mãe de mais sofrimento, o irmão de Ísis removeu a página da jovem do Facebook e trocou o computador da casa, eliminando fotos, mensagens e vídeos pertencentes à jovem. O rapaz não sabia, mas Eliana Rocha Leite Souza, 52, fez exatamente o contrário para lidar com a perda da filha. Ela recorreu a amigos de Ísis e ao Orkut para tentar recuperar imagens e criou um memorial no Facebook, no qual hoje publica textos, fotos e vídeos. "É meu ponto de encontro com minha filha. É onde descarrego toda minha saudade e declaro todo o amor que sinto por ela", afirma. Essa exposição da dor e da saudade sinaliza uma outra forma de lidar com o luto.

"Torço por uma mudança na forma como se encara o luto. A sociedade não autoriza expressões de dor, lamento e saudade. É comum a pessoa enlutada se considerar inadequada e acabar se isolando", explica Elaine Gomes dos Reis Alves, psicóloga do Laboratório de Estudos sobre a Morte da Universidade de São Paulo (LEM-USP). Para ela, a internet cria uma oportunidade de elaborar o luto, compartilhar sentimentos e prestar homenagens. "É altamente necessário um equivalente no ambiente offline. O enlutado deveria ter autorização para sofrer e lamentar enquanto precisasse", completa.

Quem usa ou usou Orkut, Twitter, Instagram e Facebook sabe que a postura de enlutados tem mudado. Por mais que muitos julguem e ainda julgarão como impróprias as demonstrações públicas de tristeza, essas ferramentas têm dado voz àqueles que querem, sim, falar sobre a ausência, homenagear os seus mortos e discutir abertamente a dor da perda, explica Sylvia T. Pupo Netto, psicóloga filiada à Sociedade Brasileira de Psicanálise de São Paulo (SBPSP). "Quando se dá nome aos sentimentos, eles ficam mais naturais. Essa normatização não aplaca a dor da perda, mas facilita a identificação e a troca entre as pessoas", afirma.

O importante é encontrar maneiras de dar forma à dor. "Isso é muito pessoal: pode ser um ritual tradicional, um perfil no Facebook ou até uma tatuagem", diz a psicóloga.

No Google, dá para programar a exclusão de contas inativas e designar herdeiros. A segunda opção existe no Facebook, mas só dos Estados Unidos. Há sites específicos, como o Legacy Vault e o PasswordBox, que prometem cuidar disso.

O Facebook, que se tornou uma poderosa agenda social, que alerta sobre aniversários e eventos, agora também informa e repercute perdas. Hoje, é comum as páginas do falecido e de seus parentes receberem os pêsames. Muitos desses perfis são mantidos ou transformados em memoriais, que recebem atualizações publicadas por antigos contatos. Nessa configuração, a realidade da morte contrasta com as publicações típicas de redes sociais, nas quais geralmente se exalta a alegria. Temos, assim, um novo contexto para o verso de Cazuza "Eu vi a cara da morte e ela estava viva". Nas redes sociais, numa era de fotos e vídeos abundantes, muitas vezes ela realmente parece estar. Não que isso seja positivo para todos, reforçando que o luto é um processo extremamente pessoal. Da mesma forma que esconder a dor pode aumentar o sofrimento, há também quem se incomode com a exposição.

"Cada um vai descobrir como construir esse novo relacionamento com quem se foi. Não tem certo nem errado, apenas formas diferentes de tratar a saudade e a memória", resume a publicitária Mariane Maciel, 38. Cofundadora do projeto **Vamos falar sobre o luto?**, ela enfrentou a morte da mãe em junho de 2008. Exatamente um ano depois, aquele que era então seu namorado morreu no acidente com o avião da Air France. Hoje, ela e mais seis amigas buscam, por meio do projeto, acolher e inspirar pessoas: "A morte e o luto também fazem parte da vida, independentemente da nossa vontade", afirma.

No instituto de psicologia Quatro Estações, especializado no atendimento a pessoas enlutadas, muitas pessoas relatam o uso dessas ferramentas digitais para elaborar a perda. Para a sócia-fundadora Luciana Mazorra, trata-se de uma forma de prestar homenagens diante da escassez de rituais mais tradicionais na sociedade contemporânea. Porém ela alerta para complicações, caso o enlutado deixe de buscar outras relações e fontes de apoio por causa do ambiente virtual.

VIOLÊNCIA – MMA E O UFC

"Se Jesus voltasse hoje para nós, o que ele pediria para a Humanidade?

Com certeza o fim da fome, o fim da corrupção... e com certeza o fim dessas lutas sangrentas"

(Valmir)

O que é MMA e UFC, que estão a ser tão falados nos últimos tempos por tantas pessoas e em tantas esferas da nossa sociedade, envolvendo, inclusive, personalidades importantes, celebridades, jovens e adultos?

Trata-se de combate entre lutadores de diversas modalidades de artes marciais, promovidas inicialmente pela família Gracie, para divulgar o jiu-jitsu brasileiro, uma adaptação tupiniquim da arte marcial japonesa. Vamos falar um pouco mais sobre esse polêmico esporte.

Origem – Como tudo começou

Originário da modalidade da luta chamada "vale-tudo" no Brasil, o Ultimate Fighting Championship (UFC) foi criado nos Estados Unidos, em 1993, com regras mínimas e foi promovido como uma competição para determinar a arte marcial mais eficaz em situações de combate desarmado. Não demorou muito para que os combatentes percebessem a necessidade de incorporar disciplinas complementares oriundas de outras modalidades de artes marciais. Os lutadores de UFC começaram a transformar-se em atletas completos, de habilidades equilibradas, que poderiam lutar em pé ou no chão. Essa mistura de estilos de luta e habilidades tornou-se conhecida como Artes Marciais Mistas (MMA, sigla em inglês). A sigla MMA significa Mixed Martial Arts e é literalmente a mistura de artes marciais em que os competidores têm que ter um conhecimento básico de várias artes marciais, como o Jiu-Jitsu, o Boxe, o Muay Thai, o Wrestling (luta olímpica ou greco-romana), o Judô, o Karatê, entre outras, pois a luta pode desenvolver-se em pé ou no solo.

Hoje, o UFC é a principal organização de MMA e definiu e unificou as regras unificadas de Mixed Martial Arts. Tornou-se a principal organizadora de eventos de lutas, com mais de 20 encontros por ano, e agrega os melhores e mais famosos lutadores tops no mundo. Os eventos são realizados não só nos Estados Unidos, mas em muitos países de todo o globo.

Logo, o UFC tornou-se um sucesso em pay-per-view (sistema televisivo), porém o esporte também chamou a atenção das autoridades, e esses eventos foram banidos de vários estados americanos. Por pressões políticas e pela falta de audiência dos canais, o UFC definiu mais regras para as lutas, começou a ser controlado por comissões atléticas e tornou-se popular.

Entre altos e baixos, o UFC reformulou-se. Foram sendo criadas novas regras que minimizassem o impacto da enorme violência do esporte e que o pusessem sob a supervisão de comissões atléticas, deixando de lado o slogan "não há regras". Isso o tornou um esporte mais aceitável recolocou-o no pay-per-view, divulgando-o cada vez mais até que se tornasse naquilo que é hoje.

Os organizadores também cuidaram de fazer dos eventos grandes espetáculos com efeitos especiais e personalizaram ou tornaram os lutadores mais caricatos e caracterizados, para cativar os adeptos do esporte.

Aos poucos, a mídia gradativamente foi trabalhando no sentindo de diminuir a imagem negativa do esporte e muitas vezes foi usando comentários como:

a) É um esporte, e não uma BRIGA;

b) Os atletas são muito bem preparados para o ESPORTE;

c) Existe todo um aparato MÉDICO para os cuidados com os desportistas;

d) O árbitro está sempre pronto para intervir e assegurar a INTEGRIDADE FÍSICA dos atletas.

E até jargões próprios foram criados, como "gladiadores do terceiro milênio".

É tudo muito fascinante e empolgante. Realmente, paramos para ver Anderson Silva, Vanderlei Silva, Lyoto Machida, Shogun, Cigano, Jon Jones e tantos outros "gladiadores do terceiro milênio".

Após vários anos em que se tornou um caso bem-sucedido nos Estados Unidos, o Ultimate Fighting Championship aterrou no Brasil. Desde que Royce, filho de Hélio Gracie, disputou o primeiro UFC em 1993, os americanos ainda não entendiam como é que ele poderia vencer a luta embaixo de um adversário muitos quilos mais pesado sem levar um soco.

Talvez seja isso uma das diversas coisas que intrigam e fascinam os adeptos do esporte.

É, senhores, o MMA é realmente o esporte que mais cresce no mundo, e o UFC, como dissemos, tornou-se a maior organização promotora de competições da modalidade, em que encontramos os principais nomes internacionais e os melhores lutadores de MMA do mundo.

Mas o UFC não é a única organização que promove lutas de MMA. Toda semana, dezenas de eventos de lutas acontecem no Brasil, e muitos passam longe do glamour e da organização do UFC. É impossível saber quantos são ao certo. Não há uma organização centralizada por federações unificadas. As entidades que existem são concorrentes, e cada uma delas chancela eventos com as suas próprias regras.

Enfim existe todos os tipos de Torneios de lutas, alguns ainda clandestinos. O sucesso do UFC atraiu ainda mais organizadores desse tipo de evento.

Alguns chegam a ser transmitidos por canais de TV. Outros parecem mais circos ambulantes. A maioria não tem médicos no local, não exige exames de sangue. São raríssimos os que têm algum controle antidoping. Alguns não contam nem com ambulância para emergências.

Esses eventos pagam pouco, e os lutadores sobem ao octógono sem saber quanto ganharão: o valor depende de quantos ingressos os próprios atletas vendem. Ainda assim, os eventos acontecem. Até 2008, quando foi proibido pelo Ministério Público, após uma reportagem do jornal *Diário de S. Paulo*, acontecia o maior e mais popular torneio clandestino de luta livre do Brasil: o Rio Heroes. Sem limite de tempo, categoria de peso ou uso de luvas, as lutas eram sanguinárias e só terminavam por nocaute, finalização ou desistência.

Hoje é uma atividade desenvolvida num limbo jurídico entre o esporte e o entretenimento, e os seus praticantes não têm amparo legal.

Esperem aí! Quer dizer que paramos tudo para ficar na TV a ver um ESPETÁCULO SANGRENTO de imprevisíveis consequências para os seus protagonistas? E a mídia, inclusive, a sempre criteriosa Rede Globo, incorporou nos seus programas os tais chocantes e bizarros eventos? Hoje é comum reunir a família e ficar até de madrugada à espera para ver "as lutas do século" (sempre há uma nova).

Vamos tentar analisar de outra maneira?

Vejam as seguintes questões:

- Além das lesões sempre presentes nos combates, microtraumas podem acumular-se e resultar em problemas que se agravam com o passar do tempo;

- Ao contrário do boxe, quando a pessoa cai devido a um golpe, o adversário intensifica a sequência de golpes – tipo acabar de "matar" – até o árbitro achar que deve intervir para resguardar a integridade física do nocauteado;

- Até recentemente, em eventos de MMA existia o tiro de meta. Trata-se nada mais nada menos do que um pontapé muito forte com o peito do pé, enquanto o adversário está

no chão, geralmente na cabeça. Tal procedimento promovia um "plus" ainda mais sanguinário e bestial em algumas lutas com cenas bizarras de extrema violência;
- Cotoveladas e joelhadas, pelas características dessas regiões do corpo, podem abrir verdadeiras "crateras" no corpo do adversário;
- Nocaute – Vamos dar uma atenção especial para este ponto, considerando que se trata do ápice do espetáculo e talvez seja o momento mais extremo na questão dos aspectos que geram discussões pela violência e consequências envolvidas.

Vamos, em primeiro lugar, saber um pouco mais sobre esse momento crucial das lutas, que em resumo configura um "coma temporário".

Noções conceituais – O que é o nocaute?

Método de finalização de uma luta. Ocorre quando um lutador fica impossibilitado por um período especificado de se levantar do chão após um golpe, ou fica sem condições de se defender após uma sequência de golpes. Ou seja, é considerado nocaute, ou *knockout* (KO) na língua inglesa, quando um dos lutadores aplica um golpe que derruba o seu adversário no chão e o incapacita de terminar o combate. Caso o lutador esteja visivelmente atordoado pelos golpes do adversário, mas ainda permaneça de pé, o árbitro pode interromper a luta, o que configura um nocaute técnico, no inglês *technical knockout* (TKO). Caracteriza-se por uma perda temporária de consciência. É considerado completo qualquer golpe ou combinação legal de golpes que torne o oponente incapaz de continuar a lutar.

Enfim, o nocaute é o momento em que um dos lutadores fica em estado de inconsciência em razão da brutalidade do golpe recebido e é também a parte em que o público mais vibra com o espetáculo. Colocamos a questão dessa maneira para provocar a reflexão justamente nesse aspecto.

As melhores lutas para o público são aquelas em que ocorrem mais fraturas, cortes sangrentos, ou em que um dos adversários é levado a um estado de inconsciência temporária, em virtude de um golpe fatal.

Vejamos agora o que médicos e lutadores dizem que acontece no momento do nocaute.

Depoimento do lutador conhecido por Werdum, nocauteado por Cigano, em 2008: "Ficou tudo preto, foi como um flash. Apaguei e depois acordei. Eu perguntei ao médico como foi a luta e ele me contou. Cinco segundos depois, perguntei a mesma coisa... Fiz essa pergunta umas dez vezes seguidas, já tinha esquecido o que ele falou. É uma situação muito ruim".

O depoimento é de Fabrício Werdum, atleta que sofreu apenas uma derrota na carreira por nocaute. O relato retrata o pesadelo de qualquer atleta de MMA. Mas o que realmente acontece na cabeça de um lutador no momento em que ele é "desligado da ficha?"

O médico Dr. Carlos Kossak, neurocirurgião especialista em cirurgias de crânio, dar-nos-á maior noção daquilo que envolve o nocaute, considerado o ponto alto mais esperado pelo público nos espetáculos de lutas de MMA. Para ele, o nocaute pode ter consequências muito piores do que se pode imaginar:

No nocaute clássico, alterações causadas pelo impacto levam à disfunção temporária do sistema nervoso central, dificultando, por períodos curtos de tempo, o funcionamento dos centros que controlam a vigília, em geral relacionadas com movimentos de rotação da cabeça. O nocaute em si normalmente não deixa nenhuma sequela, mas, repetidamente, pode levar a alterações da memória, sequência de raciocínio e outras mais graves, dependendo da intensidade e frequência dos golpes.

Concussão cerebral, demência, contusões cerebrais e até a doença de Mal de Parkinson são alguns dos problemas que podem afetar um atleta, depois de pancadas contínuas na cabeça e de nocautes sofridos.

Ao final dos eventos nos Estados Unidos, a comissão atlética local examina cada atleta e determina, com base nos resultados, quanto tempo ele deverá ficar de fora dos treinos e dos ringues. Em caso de nocaute, esse prazo, normalmente, é de três meses. Porém muitos lutadores ignoram as determinações e voltam a treinar antes.

"É o período julgado necessário para a completa recuperação do trauma que causou o nocaute e previne que um novo trauma possa trazer novas e, em certos casos, lesões definitivas, protegendo o lutador", explica Kossak, que ressalta ainda que o lutador pode retornar aos treinos em menos tempo, desde que com a autorização médica.

A psicanalista Joana Novaes, da PUC-Rio, ao analisar a grande audiência que esses eventos estão a atrair, compara-os às lutas da Idade Média, "onde a violência é espetacularizada e torna-se entretenimento. É como se desse vazão a uma coisa interna do sujeito, que é cerceada".

O deputado federal brasileiro Emiliano José (Partido dos Trabalhadores-Bahia), chegou a apresentar, juntamente com o deputado Sibá Machado, do PT do Acre, um requerimento de audiência pública para discutir o Projeto de Lei 5534/2009, que veda a transmissão de lutas marciais pelas difusoras de televisão. O PL, de autoria do deputado José Mentor (PT-São Paulo), proíbe a transmissão de lutas marciais não olímpicas pelas difusoras de TV e divide opiniões. Afinal, campeonatos de lutas como o MMA e o UFC estimulam a violência no país? Na opinião do deputado Emiliano José, sim. Segundo o parlamentar, tais lutas remontam ao tempo do Coliseu Romano e dos seus gladiadores envoltos na barbárie antiga. Enquanto um tinha de vencer, o outro era morto ou chegava a ferimentos que o impediam de prosseguir a luta – tudo isso sob o delírio dos milhares de espectadores.

Segundo o deputado José Mentor, o objetivo da medida é resguardar, especialmente, crianças e adolescentes. Ele afirma que as difusoras têm transmitido lutas violentas até em horários voltados para esse público. Em Nova York, desde 1997 são proibidas competições e outras atividades do MMA. Na França, elas também já foram proibidas. No Canadá, em 2010, a associação médica concluiu que o MMA provoca traumas e lesões que podem estar presentes pelo resto da vida do lutador.

Há muitos torcedores que passaram a acompanhar o UFC por causa do lutador brasileiro Anderson Silva. Mas também há tantos outros que, pela mesma razão, descobriram e acompanharam diversos lutadores, até mesmo de outras nacionalidades. Spider (apelido do lutador) hoje não é o único brasileiro de destaque nos octógonos, mas é o maior nome, a referência máxima para o público do seu país. A consternação foi também de grande dimensão quando os brasileiros viram a imagem da canela de Anderson partida, em recente luta, quando sofreu uma terrível lesão.

Apesar da popularidade, surgiu uma inquietação intelectual decorrente do notável crescimento do UFC e do MMA nos últimos anos, não obstante a extrema violência do esporte. Nesse sentido, surgiram algumas questões que norteiam a nossa reflexão:

- Como é que uma prática que há alguns anos ainda era vista de forma negativa, por ter vindo do vale-tudo, tornou-se tão atraente para os espectadores brasileiros?
- Já que o antigo vale-tudo era rejeitado pela maioria da população, o que fez do MMA algo mais aceitável?

Como dissemos, a mídia, que passou a apoiar o MMA e segue atrás da audiência e do retorno publicitário que as artes marciais mistas têm rendido, tenta mudar a imagem do esporte para atingir um público ainda maior. A ideia é desassociá-lo da imagem de violência. Logo, criou o slogan de que "quem sobe no octógono não briga, luta". E também disseminaram a ideia de que os lutadores são colegas de trabalho e amigos dos adversários fora do ringue; são profissionais de outras áreas e pais de família – há engenheiros, psicólogos e professores. Há muitas imagens de lutadores abraçados após a luta ainda com todas deformidades e lesões no corpo decorrentes da violência do combate.

Em termos de popularidade e visibilidade, 2011 e 2012 foram anos importantes para o UFC no Brasil.

Em fevereiro de 2011, a luta entre os brasileiros Vítor Belfort e Anderson Silva ganhou grande repercussão nacional. Em agosto do mesmo ano, o Brasil recebeu o UFC Rio, que fez com que a prefeitura do Rio de Janeiro, que já imaginava o retorno, investisse 950 mil reais para trazer o evento para o país. Como esperado, o resultado foi positivo.

O *reality show* chamado TUF (The Ultimate Fighter, em inglês), exibido em 2005, foi um dos responsáveis pelo crescimento do UFC nos Estados Unidos.

Esse crescente processo de popularização do MMA – e principalmente do UFC – mundo afora gerou um negócio bastante rentável. Segundo a revista americana *Fortune*, a marca UFC já vale cerca de 500 milhões de euros, chegando a arrecadar mais de 17 milhões com apenas um evento. Segundo o próprio UFC, desde 2006, mais de 40 lutadores da franquia tornaram-se milionários.

É incrível como conseguem tornar um encontro sangrento entre duas pessoas que desejam aniquilar-se um ao outro num espetáculo tão mais colorido. Tudo pelos valores que envolvem o negócio e pelo crescente público que tem atraído. Como fechar os olhos para essas questões que acabam por ser colocadas de lado? Como deixar de entender o que realmente configura esses embates? Vejam abaixo alguns episódios que demonstram o que pode acontecer nesses eventos:

Contusões graves

Durante o evento UFC 140, realizado em Toronto, terminou com o lutador Lyoto Machida tendo a testa rasgada por uma cotovelada e terminou a luta desacordado em um estrangulamento, ainda em pé, num canto do octógono em cena impressionante e assustadora.

Diante de tantos socos e pontapés entre os atletas, há uma preocupação constante com a saúde e o bem estar do profissional. Segundo o neurocirurgião do Hospital Santa Cruz, Koshiro Nishikuni, os traumas para a cabeça vão desde a laceração do couro cabeludo, a fratura ou o afundamento de crânio, até lesões intracranianas, que podem variar de concussão, contusão, isquemia e hemorragia cerebral. "Os riscos são de distúrbios de memória, atenção, lentidão de pensamentos, confusão mental, alterações de humor, lentidão nos movimentos, rigidez, falta de equilíbrio, coordenação e tremores", explica.

O médico Clóvis de Oliveira Guedes, neurologista do Hospital Nove de Julho, em São Paulo, atenta para as lesões que podem ocorrer no momento da luta, devido ao forte impacto de socos, pontapés e joelhadas. Hematomas na parte externa da cabeça provenientes do forte impacto e da aceleração e desaceleração da cabeça podem comprimir o cérebro e causar grandes estragos, principalmente se o lutador entrar no octógono já com algum tipo de lesão.

Diz o lutador Maurício Shogun: "temos exames de cabeça, entramos na máquina para fazer ressonância, além de exame de sangue e físico. Quando se sofre nocaute é obrigatório ir a um hospital e, mesmo ganhando, existe uma avaliação logo depois da luta".

Analisa o também brasileiro Vitor Belfort: "o UFC sempre zela pela integridade física do atleta. Hoje em dia o evento tem um cuidado muito maior, por ter virado uma grande plataforma. Até por ter mais a perder, eles se antecipam a esse tipo de problema". Nunca foram registradas mortes no maior evento de vale-tudo da atualidade.

Não é bem assim. Há registros de mortes, sim, e há muitos casos de lesões seriíssimas também.

Vejam os pontos de ferimentos mais comuns:

1) Face – 47,9% (em função de lacerações ou cortes);
2) Mão – 13,5%;
3) Nariz – 10,4%;
4) Olho – 8,3%;
5) Ombro – 5,2%;
6) Joelho – 3,1%;
7) Cotovelo – 2,1 %;
8) Tornozelo – 2,1%;
9) Costas – 2,1%;
10) Pé – 1,0 %;
11) Pescoço – 1,0 %;
12) Orelha – 1,0 %;
13) Maxilar – 1,0 %;
14) Braço – 1,0%.

O polêmico pisão frontal no joelho – Depois de o ex-campeão dos Meio Pesados do UFC, Quinton "Rampage" Jackson, ter centrado as suas críticas em Jon Jones pelo uso dos pisões frontais no joelho de Vitor Belfort, no duelo ocorrido recentemente – Rampage acusou Jones de ser um lutador "sem honra" por usar de tal expediente. Vejam outras opiniões sobre o polêmico golpe. Não existiu unanimidade nas manifestações a respeito de o pisão frontal no joelho ter sido um golpe válido ou de dever ser banido do MMA.

José "Pelé" Landy, atleta, afirmou: "entendo que é um golpe normal, só que o lutador que aplicar o pisão frontal no meu joelho irá levar igualmente".

Diego Dal Carobo Demétrio, atleta, também se manifestou: "sou da opinião de que o pisão frontal no joelho deva ser banido do esporte, pois ele visa a lesão do atleta e não finalizá-lo ou nocauteá-lo".

Maiquel Falcão, atleta: "considero o pisão, da forma como o Jon Jones aplica, como sendo um golpe válido, sem motivos para ser proibido no MMA".

Guilherme Trindade, atleta: "esse é um tema polêmico, mas entendo que deva permanecer como um golpe válido. Claro que pode acarretar em uma lesão séria ao adversário, mas uma chave reta de joelho possui a mesma gravidade".

Wagner Mercúrio, árbitro: "creio que deveria ser proibido, pois é um golpe usado para quebrar a perna. Na minha humilde opinião, isso está errado, não deveria existir, senão poderia dar pisão no plexo do adversário".

Elder Lara, atleta: "é uma questão complexa, pois o pisão favorece atletas de grande envergadura como o Jon Jones e o Anderson Silva. Acho que deveria ser abolido, pois uma fratura no joelho pode abreviar a carreira de um lutador".

Danilo Gentilini, líder da Gentilini Fighters: "deveria ser abolido o pisão frontal no joelho do adversário. Esse tipo de golpe pode acabar com a carreira do atleta, além de causar uma imagem muito negativa e impressionante que será usada pelos inimigos do MMA".

André Machado, atleta: "sou da opinião que o pisão frontal no joelho, como o Jon Jones e o Anderson Silva costumam aplicar, deva ser abolido do MMA, transformado em um golpe ilegal, da mesma forma como a cotovelada no chão".

Fernando Kioshi, atleta: "discordo da opinião do Quinto Jackson. Acho o pisão frontal um golpe válido, mesmo não sendo algo que eu use em minhas lutas. Se for abolido, o MMA pode perder a sua essência".

Douglas Del Rio, atleta: "sou da opinião de que esse golpe deveria ser proibido no MMA pelos riscos que representa para o atleta que o recebe".

Rafael Guilosso, líder da Sombra Team: "deveria ser banido. A gravidade do golpe pode deixar o atleta meses parado. E ninguém quer ficar sem trabalhar".

Christiano "Psicopata" Marques, atleta: "sou contra a proibição. É um golpe válido".

Jean "Marrentinho" Duarte, atleta: "considero um golpe válido. É um recurso usado por atletas de grande envergadura e, nada mais justo, que se possa usar as suas armas genéticas". André Benkei, técnico e preparador físico: "o pisão frontal no joelho é um golpe válido, e não teria por que não o ser. É um golpe fácil de ser bloqueado pelo atleta que o recebe".

Alexandre Pantoja, atleta: "Golpe válido e não teria que ser proibido. Daqui a pouco o lutador não vai poder bater de mão fechada também se começarem a proibir certos golpes. Luta é luta". Thiago "Minu" Meller, atleta: "o pisão é um golpe válido, não deveria ser banido".

Mauro Favero, promotor de eventos e árbitro: "o pisão frontal no joelho do adversário é um crime. Pode acabar com a carreira de um atleta e o deixar com graves sequelas. Eu baniria imediatamente do MMA".

Para nós, entendemos que todo esporte em si apresenta riscos sérios para todo lutador. Esse golpe seria mais um. Existem diversos golpes que podem comprometer drasticamente a integridade do adversário. Anderson Silva, Stefan Struve e Chris Weidman sabem muito bem disso.

Quando falta o ar – Além dos socos, pontapés e pancadas que afetam diretamente a cabeça e o pescoço do lutador, um dos golpes mais populares no MMA, o estrangulamento, também oferece perigo à saúde neurológica do oponente. "O estrangulamento é um golpe perigoso. Orientamos o atleta a se proteger de forma segura e, caso o receba, não resistir ao extremo, pois pode causar danos maiores caso ele o faça. Orientamos o adversário bater e usar o bom senso", diz o neurocirurgião Atílio Faedo Neto, coordenador clínico do Complexo Hospitalar Edmundo Vasconcelos e membro titular da Sociedade Brasileira de Neurocirurgia.

Faedo Neto complementa: "o estrangulamento pode causar lesões graves, como o sufocamento do indivíduo, levando-o à parada da oxigenação cerebral, desmaio e edema cerebral. Pode causar hérnias discais traumáticas ou mesmo fraturas da coluna cervical com lesão medular, ou ainda causar lesões de vasos e ligamentos da região traumatizada".

Boxe – O boxe tem regras suficientes e razoáveis, que, em geral, são seguidas e não permitem a lavagem do ringue com sangue. Quando o árbitro percebe qualquer lesão, já interrompe o combate. É raríssimo ver-se sangue nas competições. Outra diferença é quanto ao *knock down*. O lutador que cair por um golpe não pode ser golpeado novamente até que se levante.

Ao praticar MMA, o lutador está exposto ao risco de diversos traumatismos, como os de face (supercílio, maxilar, mandíbula) e o craniano (fratura de crânio e lesões no couro cabeludo); traumas abdominais; fratura de arcos costais; lesões no baço, fígado e outros órgãos internos; traumas torácicos com fraturas de arcos costais e lesões de pulmão (hemotórax ou pneumotórax traumático); lesões cerebrais, como contusões hemorrágicas em áreas superficiais – o córtex – ou mais profundas – o tronco cerebral; ruptura de pequenos vasos, levando a hematomas subdurais ou extradurais e, "em casos mais graves, pelo grande traumatismo provocado, lesões axonais difusas que podem levar o indivíduo à morte", alertam os médicos.

Os lutadores sabem dos riscos que correm. Por outro lado, um estudo realizado por pesquisadores da John Hopkins University School of Medicine, em 2006, e que segue ainda como um dos mais completos sobre o tema, indica que o MMA é menos lesivo para o cérebro do que o boxe, pois apresenta menor incidência de nocautes.

Por causa dos potenciais riscos à saúde e à vida dos lutadores, equipes de paramédicos são designadas para o local das lutas para prestar atendimento imediato, caso os lutadores apresentem sintomas como desorientação, desmaio, confusão mental etc.

> *"Nunca vimos nada tão bestial. Os humanos se divertem com brigas entre membros da espécie. Nós quando queremos um pouco de ação promovemos brigas de robôs ou jogos virtuais. Vimos que quanto mais sangrento mais diversão. Hábitos bizarros hein", comentário do agente intergaláctico VULCAN no conto MISSÃO NA TERRA.*
> *(Valmir Benício, 2021)*

Ainda assim, desde a sua criação e profissionalização, outras mortes já foram relacionadas aos danos cerebrais. Em 1998, Douglas Degde faleceu por causa de lesões no cérebro. Em 2007, Sam Vasquez veio a óbito por hemorragia cerebral, mesma causa que matou, em 2010, Michael Kirkham, depois de uma luta. Depois, Mike Mittelmeier sofreu uma pancada que o levou ao estado de coma e a uma hemorragia cerebral que cessou a sua vida.

O sul-africano Booto Guylain, de 29 anos, morreu após sofrer uma lesão no cérebro durante um combate de MMA em Joanesburgo. O lutador participava de um evento da organização sul-africana Extreme Fighting Championship (EFC) Africa, que promove competições desde 2009. Ele tinha uma mulher e um filho.

Em maio de 2012, o lutador de MMA Dustin Jenson, dos Estados Unidos, morreu devido a uma lesão cerebral causada seis dias antes, durante uma luta.

Organizações rivais de MMA e boxe unem-se para apoiar pesquisas sobre lesões cerebrais em lutadores – UFC e Bellator, Golden Boy Promotions e Top Rank doaram, no ano de 2014, US$ 600 mil para ajudar as pesquisas feitas pelo Cleveland Health Center. A Campanha é liderada por senadores de partidos rivais, inclusive um antigo inimigo do MMA. Interessados em minimizar a imagem negativa em razão da violência do esporte, as organizações citadas uniram forças para financiar estudos sobre repetidos traumas cerebrais em lutadores. Seguem alguns casos mais chocantes e recentes, que mostram a brutalidade das lesões que podem ocorrer nesses combates.

Com apenas 25 anos, Stefan Struve é (ou era) considerado uma das grandes promessas da categoria dos pesados e um dos lutadores com futuro mais claro pela frente, mas depois da última luta o ortopedista especialista em cirurgias na coluna Johnny Benjamin disse em entrevista ao site MMA Mania que acredita que o peso-pesado já deve considerar a aposentadoria.

Nocauteado por Mark Hunt no UFC Japão, Struve teve a mandíbula partida e vai ficar longe do octógono por algum tempo, mas se dependesse do médico Johnny Benjamin o holandês penduraria as luvas. O lutador chegou a publicar a radiografia do seu crânio em mais uma cena chocante desse esporte tão popular.

No entanto certamente uma das cenas mais recentes e chocantes do MMA foi a de Anderson Silva, que, no começo do segundo assalto, tentou acertar um pontapé no seu oponente, Chris Weidman, que até recentemente era o atual dono do cinturão. Weidman tivera uma ligeira vantagem no primeiro *round*, encaixando um soco na altura da orelha esquerda de Anderson, que caiu no chão.

O pontapé de Anderson com a perna esquerda foi defendido pelo seu oponente com a canela direita. A tíbia e a fíbula romperam-se. A perna de Anderson pareceu abraçar a de Weidman.

Por um segundo, ele ainda tentou continuar, como se não houvesse percebido o que aconteceu. Caiu, em seguida, aos berros. Foi retirado de maca e levado ao hospital. Segundo os comentaristas americanos na época, Anderson estaria encerrando a carreira. O que para uns pode parecer uma fatalidade, para os especialistas é uma certeza: os esportes de luta oferecem riscos de traumas sérios que podem trazer sequelas neurológicas graves, como Alzheimer e Parkinson, e até mesmo provocar o óbito do lutador. Se há como evitar? "Do ponto de vista neurológico, não há como prevenir. A prevenção está no indivíduo justamente não se expor a tais agressões", conta o neurocirurgião.

Minotauro x Frank Mir – Uma lesão que causou mais consternação, talvez até mais do que a de Anderson, foi a do lutador conhecido por Minotauro. Ele enfrentou Frank Mir, o primeiro lutador a nocauteá-lo, no UFC 140, e prometeu vingança. Depois de quase nocautear o norte-americano, Minotauro acabou por ser apanhado numa Kimura. Como não bateu, teve o braço deslocado numa imagem chocante. Na cena, pode-se ver o momento exato do deslocamento do ombro, que causou grande impacto no público. A luta ocorreu em Toronto, no Canadá.

Corey Hill x Dale Hartt – Apesar de muito se ter falado de que o UFC nunca viu um acidente tão grave, Corey Hill viveu exatamente o mesmo que Anderson Silva, cinco anos antes. Em 2008, na primeira edição do UFC: Fight for the Troops, ele encarava Dale Hartt, quando aos 20 s do segundo *round* tentou um pontapé baixo. O bloqueio de Hartt e o impacto da pernada deram aquele resultado que todos sabem: fratura feia do lutador, que ficou 13 meses parado e nunca voltou ao Ultimate, apesar de lutar em ligas menores.

CONCLUSÃO

O crescimento da popularidade do MMA é notável, mas muitas pessoas ainda não têm uma opinião formada sobre a modalidade. Este texto busca instigar essas mesmas pessoas a refletirem um pouco mais sobre esse fenômeno de popularidade que está a ganhar a atenção do público brasileiro, em particular.

Até agora, a luta UFC produziu lesões corporais graves, como a fratura de Anderson Silva e de outros lutadores.

O que farão as autoridades quando ocorrer uma morte diante dos olhos da plateia e dos telespectadores? O responsável será preso em flagrante?

A Constituição Federal e o Código Penal são claros. Essa ideia de que entra no ringue quem quer e de que as pessoas são livres é totalmente questionável. Quer dizer que esse mesmo princípio vale para o aborto, a eutanásia, o suicídio e o uso de drogas? A tarefa está com o Supremo Tribunal Federal brasileiro, o guardião da Constituição.

O UFC está a ser tolerado porque é movido por milhões em negócios. Não só as empresas patrocinadoras ganham, como as empresas de comunicação também engordam as suas caixas.

Ah sim, é claro que esse esporte não teria espaço se não houvesse a adesão popular. Como dissemos, parece que reavivamos as lutas dos antigos gladiadores com suas batalhas sangrentas e bestiais. Isso por si só já justificaria a prática de tal esporte? Como dissemos, existe adeptos de todo tipo coisa. Inclusive tráfico ou uso de drogas. Roubos, desvios e corrupção. Há os adeptos da pedofilia também. E então... devemos tolerar tais práticas também?

Claro que são comparações até inadequadas, mas servem para provocar uma reflexão

Mas, mudando de assunto, vocês sabem quando será o próximo UFC?

CAPÍTULO III

PROBLEMAS SOCIAIS

Alguns dos constantes problemas sociais históricos são a corrupção, a discriminação e o desemprego. Ainda que persistentes, para a nossa esperança há indícios de reversão ou mudança de cenário em alguns casos. Outros parecem agravar-se periodicamente. Entre os primeiros, estão o preconceito, a intolerância racial ou sexual e a liberdade.

Entre os que persistem e estão ainda muito presentes, estão a corrupção, a violência e o desemprego.

Vamos discorrer sobre alguns desses contundentes problemas da nossa sociedade.

ASPECTOS DA CORRUPÇÃO NA REALIDADE BRASILEIRA

Introdução

O próximo texto traz algumas noções conceituais bem corriqueiras. Lembra alguns episódios conhecidos e marcantes e ensaia uma reflexão sobre as razões da corrupção, do ato improbo, do descaminho, do desvio de conduta.

O texto aborda também este que é quase uma figura folclórica ligada a episódios de corrupção, a sua curiosa trajetória, a perseguição dos adversários, a fidelidade dos seus seguidores e eleitores e a histórica prisão, em 2005. Falaremos do político brasileiro Paulo Maluf e do verbo "malufar".

É claro que falaremos sobre este episódio que está a ser considerado o maior escândalo de corrupção da história brasileira: o Petrolão, desvendado pela chamada Operação Lava Jato.

Por fim, pincelaremos algumas medidas contra a corrupção e lembraremos alguns trabalhos feitos por organismos internacionais.

Cabe dizer que a corrupção não é apenas uma "prática" do setor público, mas que na Administração Pública o resultado é mais evidente, pela falta de recursos em setores essenciais, como educação, saúde, segurança pública, e pelo controle que precisa ter a gestão pública.

Noções conceituais

Corrupção – Fenômeno pelo qual alguém é levado a agir de modo diverso dos padrões morais e éticos, favorecendo interesses particulares em troca de vantagem. Envolve alguma transação ou um acordo entre quem corrompe e quem se deixa corromper. Existem outras denominações correlacionadas com desvios de conduta: improbidade administrativa, lavagem de dinheiro, nepotismo, suborno, prevaricação, jogatina, favorecimento, desvio, desfalque, peculato.

Corrupção, na perspectiva econômica, engloba tudo aquilo que vicia a concorrência livre e a eficiência produtiva numa economia. Desse modo, ela inclui o uso de bens ou postos públicos para benefício próprio, nepotismo, evasão fiscal, o favorecimento de certos grupos econômicos e a promiscuidade entre o setor público e o privado.

Corrupção institucionalizada – Entre os aspectos mais intrigantes em relação à corrupção, está o fato de nos parecer que, em geral, todos os procedimentos que a envolvem sejam do conhecimento das pessoas, das autoridades, do governo. Parece que precisa haver um gatilho – uma denúncia, uma constatação eventual, um escândalo, uma esposa rejeitada, um sócio enganado ou um descuido dos operadores de expedientes escusos, para que se iniciem averiguações, se abram sindicâncias e comecem investigações, e para que, aí sim, se dê a devida prestação de contas à sociedade, à mídia, às autoridades.

Histórico

Lembram-se de Abel e Caim? Talvez um dos primeiros episódios de corrupção. Sim, porque antes houve também o caso da serpente, em que, por intermédio dela, Eva corrompeu Adão (e, segundo consta, é por isso que estamos nesta). Ou seja, é por isso que o nosso mundo é assim. E Judas? O que teria realmente acontecido para que o discípulo de Cristo o entregasse, sabendo que ele seria apanhado de qualquer forma? Estranho que ele tenha mostrado quem era Jesus por meio do beijo. Não devia ser tão difícil distinguir Jesus dos demais apóstolos. E o Senado de Roma contra Júlio César? E os espiões nas Grandes Guerras? E, no Brasil, que ímpeto teve o coronel Joaquim Silvério dos Reis para trair Tiradentes e o Movimento de Inconfidência?

Quando se estuda a origem de todo esse histórico de procedimentos irregulares, alguns chegam a reportar-se ao legado errático proporcionado por aqueles que aportaram em terras brasileiras há pouco mais de cinco séculos. Fomos colonizados pelos chamados degredados: assaltantes, ladrões, homicidas, vadios – enfim, membros do segmento marginal da sociedade portuguesa foram trazidos para o Brasil no período da colonização. Haveria alguma correlação? Talvez, mas seria só por isso?

E as nossas instituições político-administrativas? Não parece que foram concebidas para proteger e privilegiar os que estão no poder? Quem teve a ideia de estabelecer que os congressistas definiriam os seus próprios ordenados? Todo aquele discurso de servir o povo e pelo povo. Então, para que ordenado? Os valores de ajuda de custo e verbas de representação já são bem generosos. Mas aí há a questão da vulnerabilidade às propostas de corrupção.

Seja na Bíblia, seja em toda a história do mundo, a corrupção e os desvios sempre estiveram presentes. Parece que é inerente aos expedientes criados pelo homem. Será que ninguém está a salvo de se corromper, de cometer deslizes, concessões, acertos, combinações?

Alguns historiadores afirmam que a prática da corrupção no Brasil é uma herança da relação patrimonialista do Estado com a sociedade. O patrimonialismo expressa uma forma de organização estatal na qual os altos gestores – denominados de estamento – são donos dos meios de gestão. Ou seja: é como se o Estado fosse privatizado. O estamento usa o cargo para auferir renda e riqueza. Essas práticas patrimonialistas estenderam-se ao período republicano de diversas formas, o que foi perpetuando a corrupção. A República pressupõe o caráter público das instituições. Se elas são usadas para fins e benefícios particulares, isso caracteriza a corrupção.

Historicamente constam episódios do período colonial. Passavam-se apenas 48 anos do descobrimento do Brasil, quando o então rei de Portugal, dom João III, resolveu pôr ordem na colônia. Mandou construir uma capital, Salvador, e selecionou pessoas para implantar um novo sistema de administração. Começava a longa sina de corrupção do país, que explodiu com a chegada da família real, no século 19, e permanece enraizada até hoje.

Em 1549, Pero Borges desembarcou na Bahia, na comitiva do primeiro governador-geral da colônia, Tomé de Sousa. Foi nomeado ouvidor-geral do Brasil, cargo equivalente hoje ao de ministro da Justiça. O seu salário foi estipulado, pelo rei D. João III, em 200 mil réis por ano, e conseguiu receber toda essa quantia antes mesmo de embarcar. O problema maior é que, às vésperas de vir para o Brasil, Pero Borges estava envolvido num superfaturamento de uma obra em Portugal. Em 1543, encarregado de supervisionar a construção de um aqueduto, passou a receber os pagamentos em casa, sem a presença de um escrivão ou contabilista. O caso foi levado ao rei, as obras foram interrompidas e instalou-se uma comissão de inquérito, já um tipo de Comissão Parlamentar de Inquérito (CPI) da época. A investigação apurou o desvio de 114.064 réis, mais de 10% do total da verba destinada à obra.

Pero Borges teve de devolver o dinheiro desviado, vendeu uma das suas terras e ainda foi execrado de qualquer cargo público durante três anos. No entanto, passados somente um ano e sete meses da sentença, foi nomeado, pelo mesmo rei, para o cargo de ouvidor-geral do Brasil. Em terras de Vera Cruz, além de ouvidor, foi nomeado no governo seguinte provedor-mor da Fazenda, que seria hoje um ministro da Economia.

Por que ele? Quem estaria disposto a deixar a sua terra natal, enfrentar perigos da navegação primitiva em altos mares, para viver num continente ainda selvagem?

Salvador foi construída graças ao investimento de um terço do orçamento da Coroa, equivalente a R$ 400 milhões. Estima-se que pelo menos R$ 160 milhões foram desviados, graças a problemas bem conhecidos nos dias de hoje, como superfaturamento das obras e licitações com cartas marcadas. O primeiro provedor-mor (ministro da Economia) do país, António Cardoso de Barros, teria construído um engenho de açúcar para si só com dinheiro desviado.

Essas e outras histórias estão no livro *A Coroa, a Cruz e a Espada*, do escritor gaúcho Eduardo Bueno (1990). "Nosso modelo de corrupção está totalmente arraigado em nossas raízes ibéricas. Estamos falando de um conceito totalmente diferente do aplicado nos Estados Unidos, no Japão, onde muitas vezes a única saída para o corrupto é o suicídio", diz Bueno.

No Brasil, segundo ele, difundiu-se a cultura de que a corrupção deve ser premiada. "Foi o caso de Pero Borges. Mas depois apareceram outros como o Mem de Sá (terceiro governador-geral do Brasil, entre 1558 e 1569), que lançou a política do 'rouba, mas faz'. Não parece uma notícia de um jornal de hoje?", questiona Bueno.

De mau governante em mau governante, a corrupção explodiu 250 anos depois. No livro *1808*, o escritor Laurentino Gomes descreve a passagem da corte de dom João VI pelo Brasil como o período mais corrupto da história do país. "A nobreza portuguesa chegou ao Brasil muito pobre, precisava de dinheiro, casas, apoio político. Já a Colônia era rica, porém plebeia, e queria poder", descreve ele.

Nos oito anos seguintes à chegada, o rei distribuiu mais títulos de nobreza entre os brasileiros do que nos cinco séculos anteriores em Portugal. Os colonos concederam imóveis, doaram dinheiro, tornaram-se acionistas do Banco do Brasil. Além do direito de se incorporar à Corte, ganharam em troca todo tipo de privilégio em negócios públicos.

Segundo relatos do historiador inglês John Luccock, qualquer levantamento de dinheiro no Tesouro Real envolvia uma quantia desviada de 17%. O responsável pelos provimentos do rei, Joaquim José de Azevedo (o Visconde do Rio Seco), teria praticado tantos desvios que, enfim, recebeu uma punição. Foi proibido de desembarcar em Portugal – no Brasil, porém, seguia próspero e influente.

"Tivemos uma monarquia amparada na prática de concessão de favores e que, em troca, ficava encarregada de prover a vida do cidadão. Mudaram as oligarquias, mas esse é o tipo de patronato que existe até hoje", diz Laurentino Gomes.

Superados os períodos da Colônia, do Império e da República Velha, a indignação com a corrupção só entrou na agenda da sociedade a partir da década de 50 do século passado. A mobilização popular contra o "mar de lama" do governo Getúlio Vargas levou o presidente ao suicídio, em 1954. Começava a fase em que se posicionar contra a corrupção rendia votos.

Embalado pelo jingle "Varre, varre, vassourinha", Jânio Quadros chegou à Presidência em 1960. Renunciou oito meses depois e, em 1964, o golpe militar acabou com qualquer manifestação de combate à corrupção. Em 1989, Fernando Collor, o "caçador de marajás", usou a mesma receita para conquistar o poder. "Foram experiências muito ruins, que levaram o povo a acreditar ainda menos no combate à corrupção", diz o professor de Ética e Filosofia Política Roberto Romano, da Universidade de Campinas (Unicamp).

O histórico de impotência, entretanto, começa a ser revertido graças a ações da sociedade civil organizada. O diretor da ONG Contas Abertas, Gil Castelo Branco, ressalta que o binômio imprensa e participação popular provocou vitórias recentes, que podem ser consideradas como um marco no combate à corrupção e ao desperdício do dinheiro público. Em 2006, a revolta contra o aumento de 92% no ordenado de deputados e senadores foi tanta que eles tiveram que rever a decisão. O mesmo aconteceu com a proposta que criava 7,5 mil novas vagas de vereadores em todo o país.

"Temos um histórico de corrupção que tem mais de 500 anos. Não é uma coisa que vai ser revertida de uma hora para outra. Mas é inegável que existe uma luz no fim do túnel", afirma Castelo Branco.

Atribui-se ao padre Antônio Vieira algumas obras que denunciavam a corrupção na época, como o "Sermão do bom ladrão".

Perfil do corrupto

"O corrupto nosso de cada dia – Quando se perdem os escrúpulos..."
(Valmir)

Uma coisa curiosa é como as pessoas são ágeis, rigorosas, incisivas e contundentes em julgar, condenar e criticar as instituições e as pessoas ligadas a elas por atitudes que entendem ser condenáveis por atos de improbidade e corrupção. No entanto é curioso também como essas mesmas pessoas não enxergam atos tão ou mais condenáveis que fazem todos os dias! Estou a falar de quando nos permitimos passar o semáforo vermelho, quando levamos material do escritório para casa, quando tiramos cópias particulares no equipamento da empresa, quando acessamos sites não profissionais no horário do expediente, quando temos (ou desejamos ter) uma ou mais amantes, quando, nas nossas viagens de negócios, arranjamos uma maneira de ir para a noite, extravasar muito e ainda superfaturar as nossas despesas pessoais, quando "passamos a perna" no colega para conseguir o seu cargo. Os desvios de conduta, se é que podemos chamá-los assim, não param aí – a variedade do "jeitinho brasileiro" e da malandragem não tem fim.

Isso também ocorre quando se assina o nome num trabalho que não se fez ou o do colega que faltou em lista de presença, ou mesmo quando se paga para alguém fazer os próprios trabalhos. Quando se usa o telefone ou e-mail da empresa para contatos particulares, quando se consegue atestado médico sem se estar doente, só para faltar ao trabalho, quando se tenta burlar os impostos, quando se compram produtos piratas, quando se comercializam os auxílios de transporte e refeição recebidos das empresas onde se trabalha – esse tipo de procedimentos, expedientes e esquemas é mais criativo do que se pensa. Quando se imagina que se criaram mecanismos de impedimento para ilegalidades, novos expedientes escusos são criados para burlar tais controles. São institucionalizados de tal forma que basta aproximar-se de alguns locais onde ocorrem para ouvir com riquezas de detalhes como funcionam tais procedimentos.

Jornalistas investigativos não devem ter nenhuma dificuldade para fazer reportagens sobre determinadas irregularidades. Às vezes conseguem os detalhes dos próprios agentes infratores. Pegue também o exemplo de qualquer cidadão alfabetizado e esclarecido e peça-lhe que descreva os variados expedientes iníquos que os espertinhos por aí usam para ganhar uns troquinhos de modo desonesto.

As ilegalidades estão presentes em todo lugar. Os atos irregulares invadem os poderes Executivo, Legislativo e Judicial, e são verificados nas esferas federal, estadual e municipal brasileiras, nas empresas, nas escolas, nas cooperativas, associações, condomínios. Também ocorre na área artística, no mundo esportivo e mesmo na área policial. Enfim, em toda atividade social e econômica.

Ocorrem quando o vendedor ambulante, em barracas montadas nas vias de grande circulação ou nos semáforos, comercializa produtos adquiridos sem fatura, com procedência discutível, e os vende igualmente sem documento fiscal, desprovidos de qualquer garantia. Estão presentes também na atitude de quem adquire tais produtos. Estão estampadas nas embalagens cujo peso aferido não corresponde ao declarado. Estão institucionalizadas nas repartições públicas, nas quais se paga uma tal de taxa de urgência (a famosa TU) para dar maior celebridade a um processo burocrático qualquer.

E os diversos departamentos de compras e licitações de empresas espalhadas pelo Brasil? Poucos resistem a tanto assédio para operações superfaturadas, licitações direcionadas ou simuladas. Quem, entre nós, brasileiros, tirou a carta de habilitação por mérito, sem ter que dar o famoso "cafezinho"? E aquele pessoal que adora ir para Miami, normalmente já com esquemas no aeroporto para passar os computadores, as placas de rede, os relógios e toda a parafernália que, inclusive, já tem até destino garantido? E os esquemas das certidões negativas, dos processos na justiça, da compra e venda de sentenças, esquema dos "sacoleiros", das licenças de funcionamento? As quadrilhas enraizadas na polícia, no fisco, na segurança social, no congresso, na câmara, no esporte, na política e também nas residências? Em todo segmento, há a ala comprometida com desvios de conduta.

Acho que teríamos que fazer um livro só sobre a variedade de expedientes escusos praticados pelas pessoas. Que tal o *Manual da Corrupção*?

Mas, então, qual a distinção entre o empresário que se utiliza de expedientes diversos para reduzir a carga tributária e os profissionais liberais, notadamente médicos, dentistas e advogados, que concedem descontos nos serviços prestados, quando dispensados da emissão de um recibo ou de uma fatura, e o fraudador de licitações milionárias? A diferença é apenas a magnitude do ilícito.

Que tipo de conduta se configura ao dar-se dinheiro para um oficial de justiça, uma autoridade de trânsito, um atendente de repartição pública? O que estamos a fazer quando compramos a aprovação no exame de habilitação ou quando compramos o software e o CD piratas? Entendemos que são coisas da mesma natureza básica. Senhores, analisando tudo o que fazemos de iníquo e escuso diariamente, não teríamos esse desprendimento para julgar e condenar o pessoal esperto dos grandes desvios. A diferença estaria na dimensão e nos cifrões? Ou é questão de lugar e ocasião? Será que o desvio de conduta no homem não seria questão de oportunidade? Ou ainda seria determinado pelo maior ou menor medo da punibilidade?

Muitos de nós não escaparia de uma peneira de adeptos de expedientes reprováveis.

Verifica-se com isso que parece ser inerente ao ser humano tirar proveito das situações e esquecer possíveis escrúpulos – e isso nas mais diversas situações da convivência humana. Seja na empresa, na escola, seja no lar, no condomínio, na estrada, no inventário – enfim, no dia a dia.

Diriam alguns que não se pode comparar pequenos deslizes e desvios de conduta no âmbito domiciliar ou profissional com o que se faz no congresso, na polícia e na administração pública em geral. Mas por que não? Por causa do valor envolvido? Por causa do dano causado? Ou porque simplesmente não somos nós que estamos a cometê-los?

Pode ser que o desvio de conduta em alguns casos realmente leve em conta o valor envolvido no ato:

"Ninguém dará por falta desta pasta", "são só algumas sulfites" e "vou levar um pouco dessas canetas para casa".

Mas isso não justifica o desvio de conduta. Levar embora uma agulha que não lhe pertence e desviar R$ 1 milhão é roubo e ponto.

Os danos da corrupção no setor público afligem mais a população, porque o sentimento de revolta contra o mau uso do Erário Público é maior. Nem sempre a população deixa de comprar um DVD falsificado, porque é ilícito, mas reclama do desvio da verba pública.

Quase um em cada quatro brasileiros (23%) afirma que dar dinheiro a um guarda para evitar uma multa não chega a ser um ato corrupto, de acordo com uma pesquisa realizada pela Universidade Federal de Minas Gerais (UFMG) e o Instituto Vox Populi.

Os números refletem o quanto atitudes ilícitas, como essa, de tão enraizadas em parte da sociedade brasileira, acabam por ser encaradas como parte do quotidiano.

"Muitas pessoas não enxergam o desvio privado como corrupção. Só levam em conta a corrupção no ambiente público", diz o promotor de Justiça Jairo Cruz Moreira.

Ele é coordenador nacional da campanha do Ministério Público "O que você tem a ver com a corrupção", que pretende mostrar como atitudes que muitos consideram normais são, na verdade, um desvirtuamento ético.

Como lida diariamente com o assunto, Moreira ajudou a BBC Brasil a elaborar uma lista de dez atitudes que os brasileiros costumam tomar e que, por vezes, nem percebem tratar-se de corrupção:

1) não dar nota fiscal;
2) não declarar imposto de renda;
3) tentar subornar o guarda para evitar multas;
4) falsificar cartão de estudante;
5) dar/aceitar troco errado;
6) roubar TV a cabo;
7) furar fila;

8) comprar produtos falsificados;
9) no trabalho, bater ponto pelo colega;
10) falsificar assinaturas.

"Aceitar essas pequenas corrupções legitima aceitar grandes corrupções", afirma o promotor. "Seguindo esse raciocínio, seria algo como um menino que hoje não vê problema em colar na prova ser mais propenso a, mais pra frente, subornar um guarda sem achar que isso é corrupção".

Segundo a pesquisa da UFMG, 35% dos entrevistados dizem que algumas coisas podem ser um pouco erradas, mas não corruptas, como não pagar impostos quando as taxas são altas demais.

"Para trair e coçar é só começar"
(Marcos Caruso)

Estudamos e crescemos sempre com aquelas proposições: "bem contra o mal" e "fazer sempre o certo e evitar o errado". Em outras palavras, somos submetidos a noções e princípios básicos que vão nortear toda a nossa conduta para o resto das nossas vidas, mas esses conceitos e princípios terão maior ou menor valor segundo o caráter de cada um de nós e claro com alguns, de acordo com o que nos convém neste ou naquele momento.

É possível que ocorra com alguns aquela justificação (mesmo que se acredite realmente): "eu roubo, mas faço". Para se entregar a desvios de conduta, a pessoa normalmente se autoincentivará pelas vantagens a serem conseguidas e se autopermitirá por meio de outros conceitos que seriam permissivos e justificariam as atitudes desviantes: "todo mundo rouba" ou "não me pagam o que mereço", ou ainda "cansei-me de ser trouxa".

Enfim, entendemos que estão aí os maiores responsáveis pela corrupção do mundo: a facilidade, a ocasião, a oportunidade e a falta do temor da punição. Sabemos de muita gente que sempre critica atitudes corruptas. Quase na totalidade das vezes, certamente tais críticas são manifestações hipócritas e demagogas. Isso vê-se muito no mundo político, onde a oposição crítica de hoje é o corrupto de amanhã.

Não há dúvida de que a facilidade e a impunidade não deixam de ser um incentivo aos desvios, aos desmandos e aos procedimentos escusos, mas também é claro que os atos iníquos serão o resultado proporcional a quanto se valorizam os princípios morais, a idoneidade, a lisura; do que se tem a perder; do risco de punibilidade; do zelo pela própria imagem.

> *"Todo homem tem seu preço, e alguns até dão desconto"*
> *(Eugênio Mohallem)*

Quanto às falhas administrativas que levam à corrupção, elas são extremamente variadas, mas podem-se citar os seguintes exemplos:

- a falta de racionalidade dos mecanismos tributários e de coleta de impostos, o que facilita a ação individual de funcionários sem escrúpulos;
- a existência de rotinas administrativas que criam dificuldades e, assim, propiciam a oportunidade de se venderem facilidades;
- a existência de mecanismos que permitem driblar as exigências de transparência e controle nas contratações e nas despesas do governo e das entidades públicas;
- a pouca transparência sobre as decisões do Estado, o que não apenas dificulta a vigilância da sociedade e dos órgãos de imprensa, como desgasta a eficiência da própria administração;
- a forma como é organizado "o sistema" e as instituições que praticamente engessam e inviabilizam quaisquer modificações mais determinantes.

Os especialistas concordam que a corrupção do quotidiano acaba por ser alimentada pela corrupção política. Se há impunidade no alto escalão, cria-se, segundo a psicóloga Lizete Verillo, diretora da ONG Amarribo (representante no Brasil da Transparência Internacional), um clima para que isso se replique no quotidiano do cidadão comum, com consequências graves.

Como já dissemos anteriormente, há um fato que é normalmente esquecido na cobertura midiática sobre o envolvimento de agentes públicos em casos de corrupção. As irregularidades estão enraizadas não só no setor público, como poderia imaginar-se, mas o setor privado responde por grande parte desses desvios, sendo em muitos casos os promotores ou beneficiários das irregularidades. Talvez a diferença se dê no número de ocorrências e na repercussão e divulgação dos casos. Praticamente toda a luz é lançada sobre a esfera pública – nem sempre aparece a outra ponta –, os beneficiários de todos os esquemas montados. Ora, se há corruptos, há também corruptores. O setor privado, para garantir o lucro, pode até pôr no mercado medicamentos falsificados, que são vendidos clandestinamente e matam as pessoas e pode até cometer irregularidades quanto à qualidade, o peso e as medidas dos produtos. As fraudes, falsificações e adulterações são realizadas em todos os setores de produção industrial e até agrícola.

O senador Pedro Simon (Partido do Movimento Democrático Brasileiro – Rio Grande do Sul) propôs, certa vez, a instalação de uma Comissão Parlamentar de Inquérito dos corruptores. Enfim, é importante sempre verificar qual foi a relação do setor privado com o setor público nesses processos que envolvem corrupção.

Há gente que não pensa duas vezes antes de se fazer valer do poder econômico para ganhar uma eleição. Depois de eleitos, quantos expedientes escusos serão necessários para cobrir todas as despesas de campanha e dar uma força aos "patrocinadores"? E os lobistas?

Quantos valores não são desembolsados para um "incentivo" de aprovação de alguma lei, ou implementação de medidas que podem representar milhões de reais nos cofres de algum segmento empresarial?

Há um filme chamado *Gente Fina: Um Vira-Latas no Parlamento* (The Distinguished Gentleman), com Eddie Murphy, que demonstra bem os "acertos" que podem acontecer nos bastidores do nosso parlamento. No filme podemos ter uma ideia bem ilustrativa do que pode acontecer por trás dessas seções de votação.

Além disso, os financiamentos de campanha configuram um absurdo político. Não faz muito sentido essa famigerada sistemática que, na verdade, é um negócio. Faz parte do "toma lá, dá cá" da política brasileira. Quem financia uma campanha não está interessado em saber se o sujeito é de direita ou de esquerda: ele está a financiar a campanha para ver quem lhe vai trazer benefício financeiro depois, ou seja lucro. O financiador está a fazer um investimento. Então, como fica a imparcialidade, a lisura, a autonomia e o desprendimento do gestor público para administrar? Essa sistemática gera reféns e agentes de "rabo-preso".

O procurador Helio Telho fala aos editores Cezar Santos e Elder Dias: "Quem financia eleição de alguém faz negócio".

Exemplos concretos dessa sistemática que envolve o setor público e privado podemos observar nos desdobramentos da Operação Lava Jato.

A seguir, os mais famosos e escandalosos casos de corrupção do Brasil:

- Coroa Brastel;
- Operações – Uruguai, Anaconda, Diamante, Pororoca, Roupa Suja, Vampiros da Saúde;
- Paulipetro;
- A compra de votos da reeleição;
- A turma do chuvisco no Rio;
- A máfia dos bingos;
- O juiz Lalau e o prédio do TRT;
- O esquema PC;
- Os anões do orçamento;
- A máfia da previdência;
- O escândalo dos precatórios;
- O caso Marka;
- O rombo do Banespa;

- As cestas da LBA;
- A propina de Magri;
- O caso Hildebrando;
- Dossiê Cayman;
- Máfia dos Fiscais;
- Mensalão.

Prejuízos com a corrupção

Por causa dela, perdemos R$ 12 bilhões em investimentos privados em 2011 – o equivalente a R$ 1,2 mil pagos anualmente por cada trabalhador brasileiro. Vejam mais detalhes de alguns dos casos mais notórios dos últimos 20 anos:

Caso: Máfia dos fiscais
Roubo: R$ 18 milhões
Quando: 1998 e 2008
Onde: Câmara dos vereadores e servidores públicos de São Paulo

Comerciantes e ambulantes (mesmos aqueles com licença para trabalhar) eram colocados contra a parede: se não pagassem uma determinada quantia, sofriam ameaças, como ter as mercadorias apreendidas e projetos de obras embargados. O primeiro escândalo estourou em 1998, no governo do autarca Celso Pitta. Dez anos mais tarde, uma nova denúncia deu origem à Operação Rapa.

Caso: Mensalão
Roubo: R$ 55 milhões
Quando: 2005
Onde: Câmara Federal

Segundo revelou o ex-deputado federal Roberto Jefferson, acusado de envolvimento em fraudes dos Correios, políticos aliados ao PT recebiam R$ 30 mil mensais para votar de acordo com os interesses do governo Lula. Dos 40 envolvidos, apenas três deputados tiveram os mandatos revogados. A conta final foi estimada em R$ 55 milhões, mas pode ter sido muito maior.

Caso: Sanguessuga
Roubo: R$ 140 milhões
Quando: 2006
Onde: Prefeituras e Congresso Nacional

Investigações apontaram que os donos da empresa Planam pagavam a parlamentares em troca de emendas destinadas à compra de ambulâncias, superfaturadas em até 260%. Membros do governo atuavam nas prefeituras para que empresas ligadas à Planam ganhassem as licitações. Nenhum dos três senadores e dos 70 deputados federais envolvidos no caso perdeu o mandato.

Caso: Sudam
Roubo: R$ 214 milhões
Quando: 1998 e 1999
Onde: Senado Federal e União

Dirigentes da Superintendência de Desenvolvimento da Amazônia desviavam dinheiro por meio de falsos documentos fiscais e contratos de bens e serviços. Dos 143 réus, apenas um foi condenado e recorre da sentença. Jader Barbalho, acusado de ser um dos pivôs do esquema, renunciou ao mandato de senador, mas foi reeleito em 2011.

Caso: Operação Navalha
Roubo: R$ 610 milhões
Quando: 2007
Onde: Prefeituras, Câmara dos Deputados e Ministério de Minas e Energia

A atuar em nove estados e no Distrito Federal, empresários ligados à Construtora Gautama pagavam a servidores públicos para facilitar licitações de obras. Até projetos ligados ao Programa de Aceleração do Crescimento (PAC) e ao Programa Luz Para Todos foram fraudados. Todos os 46 presos pela Polícia Federal foram soltos.

Caso: Anões do orçamento
Roubo: R$ 800 milhões
Quando: De 1989 a 1992
Onde: Congresso Nacional

Sete deputados (os tais "anões") da Comissão de Orçamento do Congresso faziam emendas de lei, remetiam dinheiro a entidades filantrópicas ligadas a parentes e cobravam a empreiteiras para inclusão de verbas em grandes obras. Ficou famoso o método de lavagem do dinheiro ilegal: as sucessivas apostas na loteria do deputado João Alves.

Caso: TRT de São Paulo
Roubo: R$ 923 milhões
Quando: De 1992 a 1999
Onde: Tribunal Regional do Trabalho de São Paulo

O Grupo OK, do ex-senador Luiz Estevão, perdeu a licitação para a construção do Fórum Trabalhista de São Paulo. A vencedora, Incal Alumínio, deu os direitos ao empresário Fábio Monteiro de Barros, mas uma investigação mostrou que Fábio repassava milhões para o Grupo OK, com aval de Nicolau dos Santos Neto, o Lalau, ex-presidente do TRT-SP.

Caso: Banco Marka
Roubo: R$ 1,8 bilhão
Quando: 1999
Onde: Banco Central

Com acordos escusos, o Banco Marka, de Salvatore Cacciola, conseguiu comprar dólares do Banco Central por um valor mais barato do que o ajustado. Uma CPI provou o prejuízo aos cofres públicos, além de acusar a cúpula do BC de tráfico de influência, entre outros crimes. Cacciola foi detido em 2000, fugiu para a Itália no mesmo ano e, preso no Mônaco em 2008, voltou ao Brasil deportado.

Caso: Vampiros da Saúde
Roubo: R$ 2,4 bilhões
Quando: De 1990 a 2004
Onde: Ministério da Saúde

Empresários, funcionários e lobistas do Ministério da Saúde desviaram dinheiro público ao fraudar licitações para a compra de derivados do sangue usados no tratamento de hemofílicos. Quantias eram pagas à Coordenadoria-Geral de Recursos Logísticos, que comandava as compras do Ministério, e os preços (bem acima dos valores de mercado) eram combinados antes. Todos os 17 presos já saíram da prisão.

Caso: Banestado
Roubo: R$ 42 bilhões
Quando: De 1996 a 2000
Onde: Paraná

Durante quatro anos, cerca de US$ 24 bilhões foram remetidos ilegalmente do antigo Banestado (Banco do Estado do Paraná) para fora do país por meio de contas de residentes no exterior, as chamadas contas CC5. Uma investigação da Polícia Federal descobriu que as remessas fraudulentas eram feitas por meio de 91 contas correntes comuns, abertas em nome de "laranjas". A fraude seria conhecida por gerentes e diretores do banco. Foram denunciados 684 funcionários – 97 foram condenados a penas de até quatro anos de prisão. O Estado obteve o retorno de arrecadação tributária de cerca de R$ 20 bilhões.

Agora selecionamos alguns dos personagens mais famosos ligados à corrupção.

Personagens

Coronéis – Primeiro, que tal mencionarmos os poderosos coronéis do Nordeste? Estamos a referir-nos ao Sarney, no Maranhão, Collor, em Alagoas e ACM (Antonio Carlos Magalhães), na Bahia. Trata-se de famílias tradicionais de estados nordestinos que se instalaram na política local e enraizaram suas famílias graças à grande influência e popularidade de alguns representantes ainda que envolvidos em irregularidades.

Palmério Dória, um dos jornalistas mais respeitados do país, contou num livro toda a história secreta do surgimento, enriquecimento e da tomada do poder regional pela família Sarney, no Maranhão, e o controle quase total, do Senado, pelo patriarca que virou presidente da República do Brasil, por acidente, e que transformou o Maranhão no quintal da sua casa. Segundo consta no livro, beneficiou amigos e parentes.

Além disso, o livro detalha os escândalos que envolvem o clã do presidente do Senado, José Sarney (PMDB-Amapá).

A obra é *Honoráveis Bandidos*, de Palmério Dória (Ed. Geração Editorial).

"Não vi, não li, não me interessa", diz Sarney sobre o livro. Seguem outros nomes com os tipos de irregularidades em que estariam envolvidos. Estes são os mais conhecidos e famosos personagens do tema CORRUPÇÃO:

NOME DO POLÍTICO	CARGO	CRIMES EM QUESTÃO
Eduardo Azeredo	Senador	Improbidade Administrativa
Inocêncio de Oliveira	Deputado	Crime de Escravidão
Jader Barbalho	Deputado	Improbidade Administrativa, Peculato, Crime Contra o Sistema Financeiro e lavagem de dinheiro
João Paulo Cunha	Deputado	Caso Mensalão, Corrupção Passiva, Lavagem de dinheiro e Peculato
Luiz Antônio Fleury	Deputado	Improbidade Administrativa
Mão Santa	Senador	Improbidade Administrativa
Professor Luizinho	Deputado	Caso Mensalão Lavagem de dinheiro
Romero Jucá	Senador	Improbidade Administrativa
Antônio Palocci	Ex-ministro	Violação de Sigilo Bancário
Delúbio Soares	Tesoureiro de partido político (Ex-tesoureiro do PT)	Caso Mensalão
José Dirceu	Ex-deputado	Coordenador do Caso Mensalão
José Genoíno	Ex-deputado	Caso Mensalão Caso Dólares na Cueca
Luiz Gushiken	Ex-ministro	CPI dos Correios

Paulo Salim Maluf	Deputado	Corrupção, Falcatruas, Improbidade Administrativa, Desvio de Dinheiro Público, Lavagem de dinheiro
Roberto Jefferson	Ex-deputado	Caso Mensalão
Severino Cavalcanti	Ex-deputado (renunciou para evitar a cassação)	Escândalo do Mensalinho
Silvio Pereira	Secretário	Caso Mensalão
Valdemar Costa Neto	Ex-deputado (renunciou para evitar a cassação)	Caso Mensalão
Lindbergh Farias	Senador	Improbidade Administrativa
Oreste Quercia (falecido)	Ex-governador e ex-senador	Enriquecimento Ilícito
Fernando Color de Mello	Ex-presidente do Brasil Ex-governador de Alagoas e senador	Peculato Falsidade Ideológica e Corrupção Passiva
Ibrahim Abi-Ackel	Ex-ministro da Justiça	Peculato, Contrabando
João Alves	Ex-deputado	Lavagem de dinheiro
Antônio Carlos Magalhães (falecido)	Ex-prefeito Ex-governador da Bahia e deputado federal	Violação do Painel do Senado

Graças à Operação Lava Jato, essa lista está ainda mais incrementada. Figuras importantes do cenário político que há alguns anos não cogitaríamos incluir, hoje podem ser relacionadas na lista. É o caso do ex-governador do Rio de Janeiro, Sérgio Cabral, Michel Temer e... Lula. Sim, senhores! Luiz Inácio Lula da Silva agora é relacionado entre os praticantes de expedientes ilícitos e já foi condenado e preso por determinação do Juiz Sergio Moro. Quem diria?

Lula, práticas ilícitas à parte, indiscutivelmente foi um dos presidentes mais atuantes e populares da história do Brasil. Resgatou a credibilidade e respeito internacional, quando mostrou que, no Brasil, o sistema democrático possibilitava um cidadão oriundo das classes mais humildes ascender ao posto político mais importante do país. Além de ter sido um dos chefes de Estado que mais receberam prêmios, títulos e honrarias internacionais. Chega a ser lamentável ver a que ponto chegou o antes militante que tinha entre suas bandeiras justamente o combate à corrupção.

Curiosamente, mesmo após ter sido condenado em mais de um instância judicial por irregularidades na sua gestão, por uma questão meramente formal nos processos judiciais o ex-presidente está livre e se cogita que será candidato à presidência em 2022. Há coisas em nosso planeta que realmente são difíceis de explicar.

O fator Maluf

Paulo Salim Maluf, empresário e político brasileiro, foi governador do estado de São Paulo em 1978 e prefeito da cidade em 1992. Em 2006, foi eleito deputado federal por São Paulo, com a maior votação do país nas eleições de 2006.

Por que falar de Maluf ou destacá-lo no meio de um texto de tantos nomes ligados ou envolvidos com episódios de corrupção?

Maluf é um caso curioso de figura carismática, com fiéis simpatizantes, não obstante ter, como se disse, o nome inserido em denúncias de corrupção. Tanto que os seus oponentes sempre tentaram explorar essa conotação para desacreditá-lo perante o eleitorado. Os mais velhos devem lembrar-se da investigação promovida pelo governador de São Paulo em 1982, Franco Montoro, contra o seu antecessor – no caso, o próprio Paulo Maluf. Como se sabe, ela não deu em nada e ainda forneceu a Maluf um atestado de "bons antecedentes" por exclusão, fato que Maluf não cansava de usar em suas entrevistas ou debates.

Maluf acabou por obter um eleitorado cativo e ser uma presença permanente na política de São Paulo, ao suscitar a existência de um movimento de massa em torno da sua pessoa, que veio a ser denominado de Malufismo.

Um divisor de águas na história da política brasileira foi a sua prisão em 2005. Talvez a história da corrupção e da improbidade nas instituições brasileiras possa ser dividida entre antes e depois da prisão de Maluf, tendo em consideração a repercussão nacional.

O ex-prefeito Paulo Salim Maluf e o seu filho Flávio ficaram presos na sede da Superintendência da Polícia Federal, em São Paulo, a 10 de setembro de 2005, acusados de formação de quadrilha, corrupção passiva, lavagem de dinheiro e evasão de divisas. Acusado de intimidar uma testemunha, permaneceu no cárcere da sede da Polícia Federal de São Paulo, de 10 de setembro a 20 de outubro de 2005 (totalizando 40 dias). Esse episódio ocorreu após as graves denúncias de lavagem de capitais, de formação de quadrilha, corrupção e de crime contra o sistema financeiro (evasão fiscal).

Entre todos os episódios que envolveram o seu nome, um dos mais conhecidos é o dos fuscas. Em 1970, doou 25 fuscas (ou carochas, em Portugal) para os jogadores e para a comissão técnica da seleção brasileira de futebol, de 70, que havia vencido o Mundial de Futebol. Foi denunciado, condenado, mas, em 2002, o Supremo Tribunal Federal confirmou-lhe decisão favorável. Mais recentemente, há o episódio das contas irregulares no exterior. A Justiça brasileira possui uma série de documentos que indicavam uma movimentação de US$ 446 milhões em contas em nome de Paulo Maluf no exterior. Numa notícia do jornal O *Estado de São Paulo*, de 10 de setembro de 2005, alega-se que Paulo Maluf já teria enfrentado mais de 150 processos e que, no entanto, até aquele momento, não havia sofrido qualquer condenação.

Por ocasião da prisão dos Maluf, o jornal *Le Monde* publicou a seguinte manchete: "Pour avoir trop 'malufé', les Maluf sont en prison" – algo como "Malufs presos por 'malufar' demais".

O texto comenta que a prisão dos Malufs não ocupou todas as manchetes na imprensa brasileira devido ao escândalo do PT, apesar de o ex-prefeito e ex-governador ser um dos ícones da corrupção brasileira desde a distribuição de fuscas para os tricampeões de 1970.

> *Paulo Maluf est en prison, et ça ne fait pas les gros titres de la presse brésilienne. Pourtant, jusqu'au début des récents scandales qui touchent le Parti des travailleurs (PT, gauche) au pouvoir, l'ancien maire et gouverneur de Sao Paulo personnifiait la corruption au Brésil. Des soupçons nés en 1970 lorsque M. Maluf, alors maire nommé par la dictature militaire (1964 1985), avait offert des voitures Coccinelle Volkswagen à chacun des joueurs vainqueurs de la Coupe du monde de football; sans doute avec des deniers publics. 'Malufer' signifiait depuis voler dans les caisses de l'Etat.*

Foi no início da década de 1980 que surgiu a expressão "malufar". Inicialmente era usada para referir algum político que se aliasse ao ex-governador. Depois, a expressão passou a ser associada também à prática de ilícitos ou mesmo como sinônimo de "desviar", locupletar com dinheiro público e até, de modo jocoso, roubar. Na França e em outros países da Europa, o verbo "malufar" chegou a ser conjugado com algumas dessas referências.

Maluf preso – 20 de dezembro de 2017 – Finalmente, Paulo Maluf é condenado de forma definitiva, pelo desvio, conforme a Justiça, de R$ 1 bilhão na contratação de obras públicas durante o período em que foi prefeito de São Paulo pela segunda vez, há 20 anos. Como dissemos, Maluf e a corrupção tupiniquim sempre andaram lado a lado, mas ele sempre conseguiu prosseguir com as suas atividades empresariais e políticas, não obstante as diversas acusações e os processos judiciais, sempre travados pelos inúmeros recursos de que podia dispor. Parece até um pouco patético ou mesmo deprimente que, agora debilitado, aos 90 anos, tenha um fim tão desonroso, após uma longa carreira política que se confunde com a história política do Brasil. Por outro lado, podemos ver como um alento o fato de que a Justiça realmente tarda, mas algumas vezes não falha.

Maluf é condenado a mais de sete anos de prisão por lavagem de capitais. Ministros do Supremo também determinaram também a perda do mandato. O ministro Luís Roberto Barroso afirmou:

Enfrentar esse tipo de desvio de conduta, que foi beneficiado pelas décadas afora com uma certa impunidade decorrente da ultrapassada sistemática do nosso Direito Penal e instituições envolvidas é um marco na reformulação de nosso país.

Maluf vai ter que pagar multa no valor de R$ 1,3 milhão, com correção monetária desde 2006, e também terá que devolver à União todos os valores considerados objetos do crime de lavagem de dinheiro.

Frases de Maluf

"Pode ter havido prefeito tão honesto quanto Maluf, mas mais do que ele, não".

"A carta é falsa. A letra não é minha" – Declarando que os documentos bancários enviados por autoridades da Suíça à Justiça brasileira seriam falsos (2005).

"O dinheiro que encontrarem em meu nome no exterior – guardem essa fita gravada – eu dou desde já à Santa Casa de Misericórdia de São Paulo".

"Nem mesmo Juscelino Kubitschek foi tão injustamente investigado".

"Tanto não tenho contas no Exterior, que vou passar uma escritura – o primeiro que encontrar a conta, o dinheiro é dele. O primeiro que encontrar algum dinheiro na minha conta ou na conta da minha mulher, o dinheiro é dele" – Quando acusado de manter contas milionárias no exterior.

"Já disse mil vezes e vou repetir, democraticamente, mais uma: não tenho conta na Suíça" – Declarou em 2004, ao rebater denúncias do Ministério Público sobre ter contas ilegais no exterior.

"A minha ficha é a mais limpa do Brasil" – Maluf proferiu a frase durante convenção do PP, em 2010.

Governo Collor

Fernando Collor de Mello foi o ex-presidente cassado pelo processo de impeachment ocorrido em dezembro de 1992. Antes Collor foi prefeito de Maceió, deputado federal e governador do estado de Alagoas, onde valendo-se do *Gazeta de Alagoas*, empresa da família, notabilizou-se criando uma imagem que lhe daria projeção nacional: a imagem do "caçador de marajás".

"Marajás" era um termo pejorativo usado entre os alagoanos para descrever as pessoas que se beneficiavam da burocracia estatal, isto é, funcionários públicos nomeados por influência política, que tinham um gordo salário e quase nenhum trabalho a ser efetivamente executado. A condução de medidas contra a burocracia estatal e as tentativas de tornar a máquina pública mais ágil e eficiente projetaram nacionalmente Collor, o que levou à sua candidatura à presidência, em 1989.

Collor foi o primeiro presidente do Brasil após o período de redemocratização, iniciado em 1979 e concluído com a Constituição de 1988. Foi também o primeiro presidente a ter seus direitos políticos cassados por meio do julgamento de um processo de impeachment.

Outro fato que marcou o governo Collor foi o lançamento do Plano Collor I, cujo objetivo era o combate à inflação herdada dos anos anteriores. Esse programa econômico previa a estabilização monetária a médio prazo, mas dependeria de algumas medidas impopulares, como o bloqueio dos ativos financeiros (movimentações da caderneta de poupança) acima de 50 mil cruzeiros.

Em seu terceiro ano de governo, Collor foi denunciado por seu próprio irmão, Pedro, em uma entrevista dada à revista *Veja*. Nessa entrevista, Pedro Collor disse que o irmão era participante direto do esquema de corrupção montado por Paulo César Farias, ou PC Farias, que havia sido tesoureiro da campanha do presidente. PC Farias já era investigado pela Polícia Federal, mas até o momento da entrevista de Pedro, a investigação não havia chegado ao presidente.

As denúncias de Pedro proporcionaram a criação de uma Comissão Parlamentar de Inquérito contra Collor para investigar os fatos. Houve também a abertura de um processo na justiça comum contra o presidente pelas mesmas acusações. Em 29 de setembro de 1992, o processo de impeachment foi acolhido pela Câmara dos Deputados. Os autores do processo, que foi protocolado no dia 3 do referido mês, eram Barbosa Lima Sobrinho e Marcello Lavanère Machado. A denúncia versava sobre crime de responsabilidade, previsto no art. 85 da Constituição Federal e Lei n. 1.079 de 1950.

O processo foi aprovado na Câmara e seguiu para o Senado, onde foi julgado, no dia 29 de dezembro de 1992, por 79 senadores. Collor optou pela renúncia antes que o impeachment começasse a ser julgado. Os senadores, porém, valendo-se da prerrogativa de que o impeachment é um processo político, decidiram continuar a sessão, que acabou resultando na inelegibilidade (não poderia ser eleito) por oito anos de Fernando Collor, que foi sucedido pelo seu vice, Itamar Franco.

Collor, que esperava-se que entraria para a história com um agente moralizante dos desvios públicos, será lembrado pelas medidas mais traumáticas na memória do brasileiro: o confisco da poupança. Além, é claro, do ruidoso processo de impeachment concluído em 1992.

O homem e a arma

O mundo policial é muito intrigante. É uma área que tem característica peculiares. Daria para elaborar um trabalho só sobre o tema. Não é à toa que o tema está sempre presente em diversos filmes de sucesso.

Vamos tentar discorrer sobre alguns elementos importantes. O policial em todas as esferas são pessoas armadas. Arriscam suas vidas pela segurança pública. Convivem com uma rotina de tensão constante. E tem contato com todo tipo de irregularidades, transgressões, crimes de toda ordem. E com muito dinheiro, drogas e corrupção.

Um policial terá que ter todo uma preparação especial. Em poucos segmentos, uma pessoa terá um nível de exposição, pressão e tensão tão presentes.

"O mundo desaba em você quando chega em casa",
diz policial civil.

Estudo mostra que suicídio é a principal causa de morte de policiais civis; dois investigadores que sofrem de depressão criticam assédio moral, machismo e lógica violenta.

Boletim do Instituto de Pesquisa, Prevenção e Estudos em Suicídio (Ippes) divulga um número preocupante de tentativas de suicídios entre profissionais de segurança pública. Os casos relatados envolvem profissionais da Polícia Civil, Polícia Militar, Corpo de Bombeiros Militar, Polícia Federal, Polícia Rodoviária Federal, Forças Armadas, Sistema Prisional e Guarda Municipal de 23 unidades federativas do país.

A questão é preocupante porque os números chegam a superar as perdas em confrontos.

Para especialistas, o volume de suicídios acende um alerta sobre a necessidade de as corporações prestarem melhor assistência à saúde mental dos agentes.

Segundo a Ouvidoria da Polícia de São Paulo, o estresse inerente à função policial e conflitos institucionais, como assédio moral, são apontados como fatores que, em conjunto com outros, podem contribuir para essas mortes.

Segundo a Organização Mundial de Saúde (OMS), mais de 90% dos casos de suicídio estão associados a distúrbios mentais e, portanto, podem ser evitados com o tratamento certo.

O estudo paulista elenca oito fatores que, em conjunto, podem contribuir para esses casos. São eles: estresse inerente à função policial; falta de suporte de serviço de saúde mental; depressão; conflitos institucionais; conflitos familiares e problemas financeiros; isolamento social, rigidez e introspecção; subnotificação de tentativas de suicídio; e fácil acesso a arma.

Se pudéssemos fazer uma certa comparação com o que ocorre com jogadores de futebol e artistas, poderíamos dizer que, assim como nesses meios, o profissional precisa ter um acompanhamento e apoio assistencial constante diante de tanta pressão, assédio e perigos a que se expõe. São segmentos diferentes, mas estão presentes alguns perigosos atrativos como dinheiro, mulheres e... drogas.

> *"Policiais lidam com o pior da sociedade, em todos os sentidos, e você tem um cara que tem uma arma na mão. Como você trata dessa maneira uma área tão importante?"*, questiona o policial.

Realmente somente um policial sabe o que ocorre nesse meio. É um mundo bem à parte. Perigoso, mal remunerado e estressante.

Interessante como alguns filmes conseguem ilustrar muito fielmente a rotina, a pressão, as ocorrências e mesmo a divisão da ala correta e da ala que acabava se envolvendo com irregularidades. Do policial bom e do policial mau. Ou mau policial.

Que tal esses?

Inferno no Bronx (1981) – com Paul Newman
Dirigido por Daniel Petrie

Justiça Cega (1989) – Direção: Mike Figgis
Elenco: Richard Gere, Andy Garcia, Laurie Metcalf

Os Reis da Rua (2008)
Roteiro: James Ellroy, Kurt Wimmer
Elenco: Keanu Reeves, Forest Whitaker, Hugh Laurie

O sensacional e recente filme *Bronx*
Direção: Olivier Marchal
Roteiro Olivier Marchal
Elenco: Lannick Gautry, Stanislas Merhar, Kaari

E claro o nosso *Tropa de Elite*.

Tropa de Elite – O filme

Em 2007 o filme *Tropa de Elite* chocou o país ao mostrar o lado criminoso do relacionamento da polícia e segmentos da sociedade, em especial com traficantes.

A controvérsia maior, porém, tem se dado em relação ao conteúdo do filme, que inclui a prática de corrupção e tortura por parte da polícia.

A história do filme é baseada no livro *Elite da Tropa*, escrito por dois policiais do Bope e pelo antropólogo Luiz Eduardo Soares, ex-secretário de Segurança Pública do Rio de Janeiro e ex-secretário Nacional de Segurança Pública do governo Lula. O diretor José Padilha, o mesmo do ótimo *Ônibus 174*, constrói a história do Capitão Nascimento, que, em crise com o nascimento do filho, quer deixar o Bope. Antes, porém, dedica-se a encontrar um substituto.

A partir daí, Padilha mostra a corrupção e a incompetência nas entranhas da Polícia Militar. Mostra também as dificuldades que policiais honestos e bem intencionados enfrentam para fazer cumprir a lei. Esses policiais, depois de ver todo tipo de irregularidades na Polícia Militar, conhecem o Bope, que acreditam ser a única saída para continuarem na corporação sem se sujar. O filme mostra, então, o treinamento desses policiais da tropa de elite, que se preparam para enfrentar a guerra contra o crime e para exterminar a bandidagem. Mostra também os policiais da elite em ação e os meios extremos, e quase sempre ilegais, que usam no combate contra os bandidos e a criminalidade.

Além disso mostra o Bope, Tropa de Elite da Polícia Militar, que faz parte dela, mas que na prática é completamente diferente. Ele foi criado para intervir quando a Polícia convencional não consegue dar conta do serviço.

No filme, a missão da Tropa de Elite é a de dar segurança ao Papa na sua visita ao Rio de Janeiro. O personagem principal do filme é o Capitão Nascimento, vivido pelo ator Wagner Moura. Policial honesto que quer deixar a Tropa de Elite e quer encontrar um substituto para poder ficar mais ao lado da família, já que seu filho nasceu. Nascimento é um policial dedicado integralmente à sua função e em virtude disso é extremamente estressado.

Em *Tropa de Elite 2*, Nascimento (Wagner Moura), agora coronel, foi afastado do Bope por conta de uma malsucedida operação. Dessa forma, ele vai parar na inteligência da Secretaria de Segurança Pública do Estado. Contudo ele descobre que o sistema que tanto combate é mais podre do que imagina e que o buraco é bem mais embaixo. Seus problemas só aumentam, porque o filho, Rafael (Pedro Van Held), tornou-se adolescente, Rosane (Maria Ribeiro) não é mais sua esposa, e seu arqui-inimigo, Fraga (Irandhir Santos), ocupa posição de destaque no seio de sua família.

No filme fica ainda mais evidente o quanto a corrupção está enraizada nas instituições públicas. Em uma das tramas, mostra um policial militar corrupto que sai perdendo nessa nova "limpeza" do novo subsecretário porque seu dinheiro deixa de vir dos traficantes e então ele começa a controlar pessoalmente a comunidade. Essa organização controlada por ele é chamada de "milícia", que nada mais é que uma organização criminal.

O grupo corrupto mostrado no filme envolve, além do policial corrupto, o governador do Rio de Janeiro, um deputado estadual e o secretário de Segurança Pública. Parece familiar?

Tropa de Elite e *Tropa de Elite 2* são dois filmes nacionais, de 2007 e 2010 respectivamente, que retratam o dia a dia do Batalhão de Operações Especiais do Rio de Janeiro (Bope) e as diversas facetas do vínculo promíscuo entre a Polícia do Rio de Janeiro, os políticos e o tráfico de drogas.

Entre os cidadãos brasileiros existem índices elevados de desconfiança nas instituições públicas. Ambos os filmes ilustraram bem o nível do relacionamento promíscuo que pode haver entre os setores público, incluindo ai a classe política, o setor privado e grupos criminosos.

Lava Jato

É claro que este caso merece um capítulo à parte. Certamente o desvendamento do caso da corrupção na Petrobras será um divisor de águas para a realidade das instituições brasileiras.

Cabe ressaltar um detalhe lembrado por Pedro Henrique Pedreira Campos, professor do departamento de História da Universidade Federal Rural do Rio de Janeiro (UFRRJ). Campos é autor do livro *Estranhas Catedrais – As Empreiteiras Brasileiras e a Ditadura Civil-Militar* (Editora da UFF, 2014). Na obra, mostra como as mesmas construtoras que hoje estão no banco dos réus da Operação Lava Jato já pagavam subornos e se organizavam em cartéis durante o regime militar. E até antes. É um indicativo de quão incrustadas na Petrobras estão estas construtoras. Muitas dessas empresas prestam serviço para a estatal desde 1953, e existem registros de que essas práticas ilegais já existiam nessa época.

Mas, enfim, o que é essa operação que está a mudar todo o cenário político e econômico do Brasil?

O escândalo da Petrobras ganhou outros nomes como "petropina", uma junção dos termos "petróleo" e "propina". A revista *Veja* foi de uma criatividade sem tamanho ao usar o termo "petrolão".

O presidente do Tribunal de Contas da União (TCU), o ministro Augusto Nardes, considera o escândalo da Petrobras como o maior caso de corrupção do Brasil.

A Operação Lava Jato, conduzida pela Polícia Federal (PF), teve início em março de 2015, para apurar um suposto esquema de corrupção na Petrobras, relativo a desvio e lavagem de capitais que envolveram diretores da empresa estatal, grandes empreiteiras e políticos. O esquema pode ter desviado mais de R$ 10 bilhões. A operação recebeu esse nome porque um dos grupos envolvidos no esquema fazia uso de uma rede de lavanderias e postos de combustíveis para movimentar o dinheiro ilícito.

Segundo a PF, a Petrobras contratava empreiteiras por licitações fraudadas. As empreiteiras combinavam entre si qual delas seria a vencedora da licitação e superfaturavam o valor da obra. Parte desse dinheiro "a mais" era desviado para pagar subornos a diretores da estatal, que, em troca, aprovavam os contratos superfaturados. O desvio é estimado em mais de R$ 10 bilhões, pela PF.

O repasse era feito pelas empreiteiras ao doleiro Alberto Youssef, que distribuía o suborno. De acordo com a investigação, políticos dos partidos PMDB, PP e PT também se beneficiariam do esquema, recebendo de 1% a 3% do valor dos contratos. Os políticos negam o envolvimento. Diretores da Petrobras e empreiteiros foram presos.

> *"De tanto ver triunfar as nulidades, de tanto ver prosperar a desonra, de tanto ver crescer a injustiça, de tanto ver agigantarem-se os poderes nas mãos dos maus, o homem chega a desanimar da virtude, a rir-se da honra, a ter vergonha de ser honesto..."*
>
> *(Rui Barbosa)*

Alguns dos principais personagens do esquema

Paulo Roberto Costa: ex-diretor de Abastecimento da Petrobras (2004-2012), é suspeito de chefiar o esquema de desvio de dinheiro, ao superfaturar contratos e receber subornos. Fez acordo de delação premiada com o Ministério Público Federal (MPF), que prevê a redução de pena em troca de informações sobre os crimes. Foi o principal delator do esquema.

Nestor Cerveró: ex-diretor da área Internacional da Petrobrás (2003-2008) e diretor financeiro da BR Distribuidora (2008-2014). O ex-diretor é acusado de receber US$ 40 milhões em suborno para favorecer a contratação da empresa Samsung Heavy Industries para fornecimento de navios-sonda.

Alberto Youssef: era o doleiro responsável pelo lavagem de capitais. Recebia o dinheiro das empreiteiras e ajudava a fazer a distribuição do mesmo.

A estimativa da PF é que o desvio pode ter passado de R$ 10 bilhões, mas o prejuízo total da empresa, incluindo investimentos errados por causa da corrupção, pode ser bem maior. A estatal não chegou a uma conclusão. No entanto contas apresentadas inicialmente pela ex-presidente da Petrobras, Graça Foster, ao conselho de administração, apontavam perdas de R$ 88,6 bilhões nos ativos da companhia, de acordo com o jornal *Folha de S.Paulo*. A metodologia dos cálculos, no entanto, foi considerada indevida, e os dados foram descartados.

Graça Foster renunciou ao cargo de presidente, junto com diretores da estatal. Ela foi a primeira mulher a ocupar o posto, em fevereiro de 2012, substituindo José Sergio Gabrielli. O nome da executiva foi diretamente envolvido nas denúncias de corrupção na estatal em dezembro, quando a ex-gerente de Abastecimento da Petrobras, Venina Velosa da Fonseca, disse, em entrevista, que alertou pessoalmente a presidente da empresa sobre irregularidades de que teve conhecimento.

Infelizmente a Operação Lava Jato vem perdendo força com o passar dos anos. Podemos dizer vários tipos de manobras, legais ou estratégicas, vêm sendo promovidos para livrar outros possíveis envolvidos.

Os presos

Nunca tantos dirigentes políticos, presidentes, ex-presidentes, governadores e ex-governadores e integrantes do Congresso Nacional estiveram envolvidos em crimes de corrupção. Muitos deles se encontram presos até hoje.

Nos últimos anos e com o advento da Lava Jato, o número de representantes do Congresso eleito alvo de investigações ou mesmo presos tomou uma escala escandalosamente alarmante.

As acusações são as mais variadas como corrupção, lavagem, crimes eleitorais, estelionato, ações por improbidade administrativa com dano ao erário ou enriquecimento ilícito. Mas há muitos respondendo por crimes contra a ordem tributária, calúnia, homicídio, assédio sexual e delitos da Lei Maria da Penha.

Entre os alvos estão nomes conhecidos como os atuais senadores Gleisi Hoffmann (PT-PR) e Aécio Neves (PSDB-MG). O partido com maior número de envolvidos é o PT. Proporcionalmente, o MDB é quem tem mais parlamentares enredados com a Justiça.

Um só deputado, Carlos Henrique Gaguim, do DEM-TO, responde a 153 ações.

"Desses processos, eu já ganhei 46, só faltam uns 100 e se Deus quiser vamos ganhar todos"
(deputado Carlos Henrique Gaguim)

Vamos relacionar alguns dos principais nomes. Alguns deles vêm conseguindo solturas ou liberdade provisória mediante recursos, ainda que já com condenações. Mas o retorno à prisão estará sempre rondando sua porta.

EMPRESÁRIOS	JOESLEY BATISTA
	WESLEY BATISTA
	DEMILTON DE CASTRO
	RICARDO SAUD
	LUCIO FUNARO
	WALDIR ROCHA PENA
	EIKE BATISTA
	Adir Assad
	Alberto Youssef
	André Catão de Miranda
	Carlos Alberto Pereira da Costa
	Carlos Habib Chater
	Dalton dos Santos Avancini
	Dario de Queiroz Galvão
	Dario Teixeira Alves Júnior
	Eduardo Hermelino Leite
	Delúbio Soares
	Leandro Meirelles
	Fernando Schahin
	Gerson Almada
	Marcio Andrade Bonilho
	Marcelo Odebrecht
	Matheus Coutinho de Sá Oliveira
	Milton Schahin
	João Ricardo Auler
	José Aldemário Pinheiro Filho (Leo Pinheiro)
Executivos da Petrobras	Aldemir Bendine
	Pedro José Barusco Filho
	Renato de Souza Duque
	Jorge Luiz Zelada
	Nestor Cerveró
	Paulo Roberto Costa
	Luis Carlos Moreira da Silva

EX-DEPUTADOS FEDERAIS	José Genoíno – (SP) EDUARDO CUNHA (RJ) NERI GELLER (MT) Paulo Maluf (SP) André Vargas (PR) Luiz Argôlo (BA) Pedro Corrêa (PE)
EX-SENADOR	LUIS ESTEVÃO (DF) Gim Argello (DF)
EX-GOVERNADORES	Sergio Cabral (RJ)
	Luiz Fernando Pezão (RJ)
	Anthony Garotinho (RJ)
	Rosinha Garotinho (RJ)
	Agnelo Queiroz (DF)
	Fernando Freire (RN)
	José Roberto Arruda (DF)
	Sandoval Cardoso (TO)
	Silval Barbosa (MT)
	Ronaldo Cunha Lima (PB)
	Beto Richa (PR)
	Siqueira Campos (TO)
	MOREIRA FRANCO (RJ)

Verifiquem o número de ex-governadores do Rio presos.

Outros

Rodrigo Figueiredo	ex-secretário de Defesa Agropecuária
André Puccinelli	ex-chefe do Executivo do Mato Grosso do Sul
JOSÉ DIRCEU	EX-MINISTRO
Tadeu Filippelli	EX- VICE-GOVERNADOR
ANTONIO ANDRADE	EX-VICE-GOVERNADOR
Michel Temer	Ex-Presidente
Lula	Ex-Presidente

Como verificamos no Rio de Janeiro, temos cinco ex-governadores envolvidos com irregularidades. Mais recentemente tivemos o sexto governador investigado. Wilson Witzel é o sexto governador do RJ investigado em menos de quatro anos.

Consequências

A agência da ONU afirma que a corrupção causa perdas equivalentes a 2% do Produto Interno Bruto (PIB) brasileiro. Alguns cálculos indicam que a corrupção pura e simples, aqui entendida como desvio de recursos públicos, chega ao montante de 2,3% do PIB no Brasil. Isso equivale mais ou menos a R$ 85 bilhões. São recursos que deixam de ir para a Saúde, para a Educação, para a Habitação Popular, para o Transporte Público etc. Assim, a corrupção, além de um grave problema moral, é um enorme problema político, pois afeta as políticas públicas de forma negativa.

Em oito anos, a corrupção desviou R$ 67 bilhões dos cofres públicos. Isso aconteceu entre 2003 e 2010, e os dados são da Advocacia-Geral da União, órgão encarregado de cobrar dos devedores o dinheiro perdido.

Segundo alguns estudos como o do coordenador da FGV Renée Pereira, o custo da corrupção seria de cerca de US$ 4 bilhões ao país – valor corresponde à perda de produtividade anual provocada por fraudes públicas. É o mesmo valor segundo estudo feito pelo coordenador da Escola de Economia de São Paulo, da Fundação Getúlio Vargas (FGV), Marcos Fernandes.

"Da mesma forma que estradas e portos bem estruturados melhoram a produtividade do País, instituições ineficientes diminuem o ganho da nação", afirma Fernandes.

Ele explica que o prejuízo foi calculado com base em dados do Banco Mundial (Bird) sobre educação e investimentos de 109 países, além de índices de percepção de corrupção da organização não governamental Transparência Internacional. O efeito disso para a população é muito grande, já que menos investimentos significam menos emprego, renda e piora do bem-estar da população. É o custo social da grande escala dos índices de corrupção.

O economista Reinaldo Gonçalves, professor titular da Universidade Federal do Rio de Janeiro (UFRJ), acrescenta ainda que a corrupção aumenta o risco e a incerteza no ambiente de negócios do país.

Empresários afirmam que a imagem de país corrupto afeta drasticamente os negócios no exterior com empresas nacionais.

O problema da impunidade é largamente sabido. Se não há punição, não há risco para a prática da corrupção. Pelo contrário, a impunidade estimula a corrupção. A função da punição é difundir o temor a práticas criminosas, elevando o risco e desestimulando essas ações.

As estimativas mais conservadoras apontam que escorriam anualmente pelo ralo da corrupção mais de R$ 100 bilhões, o equivalente a pelo menos cinco "bolsas-família".

Devido a isso, a corrupção é uma ameaça ao desenvolvimento econômico de um país, pois desvia a riqueza produzida. Portanto, a corrupção é não só contrária ao funcionamento eficiente da economia de um país, como também da democracia.

Causas

Podemos incluir também, entre as causas da corrupção generalizada, as distorções no ordenamento jurídico, como as penas inadequadas, a lentidão nas investigações, o congestionamento da Justiça, os mecanismos procrastinatórios, a ineficácia dos controles formais, a impunidade e outras dificuldades na punição dos corruptos – o que também, felizmente, vem mudando gradativamente.

> *"A mãe de todas as corrupções é a corrupção no Judiciário"*
> *(Marco Aurelio D'Eça)*

A corrupção que permeia o Poder Judiciário no Brasil é uma das causas da corrupção que se espalha por todos os setores da sociedade.

Além da corrupção, a incompetência, a leniência e a burocracia judiciária também favorecem o crime em todas as suas vertentes.

A advocacia criminal brasileira utiliza muito do expediente de buscar nulidades (atos jurídicos que carecem de requisitos fundamentais, por terem sido produzidos com algum vício). Por muitas vezes, esses expedientes, assim como os inúmeros recursos disponíveis no Direito Processual, contribuíram para o emperramento do judiciário e, por consequência, a impunidade dos acusados.

Exemplo disso foi o caso de Luiz Estevão (senador destituído e com recurso recentemente negado pelo STF contra condenação por falsificação de documentos relativos à construção do prédio do Tribunal Regional do Trabalho de São Paulo): perderam a conta dos recursos que ele interpôs. Até que ele tentou um último recurso, o qual seria prescrito, se o ministro do STF, Dias Toffoli, não tivesse obstado e dito que ali havia um abuso de recursos. O ministro devolveu o processo e expediu o mandado de prisão. Ou seja, o próprio representante do STF percebeu que estava a haver abuso. Esses e outros expedientes judiciais são usados de modo procrastinatório com o objetivo, principalmente, de se conseguir a prescrição do crime envolvido.

Mecanismos de combate

As empresas já há tempo começaram a lutar contra práticas corruptas ao redor do mundo, mas ainda há muito a ser feito. O combate eficiente à corrupção requer ação dos governos na adequação de leis e processos judiciais, ação de associações e instituições empresariais em relação ao respeito a princípios e ao código de conduta comercial e, claro, a um programa sistemático de mudança conceitual e comportamental de toda a sociedade. As próprias instituições públicas têm se conscientizado dessa necessidade.

Para nosso alento, nesta nova edição do livro podemos dizer que o cenário, antes crítico, fora de controle e altamente preocupante, teve uma significativa mudança. Muito graças à repercussão, pelo alcance da operação Lava Jato e seus desdobramentos. Mas claro que certamente a Lava Jato foi um ponto alto de um processo evolutivo de mentalidade de pessoas-chaves em todos os campos da sociedade. Isso foi criando um cenário favorável para mudanças drásticas de conduta, de posicionamento e de ações necessariamente mais contundentes.

O Brasil tem buscado mecanismos de combate à corrupção, como o programa de transparência da União, estados e municípios. A criação de Controladorias, a exemplo da Controladoria-Geral do Município (CGM) de São Paulo, a adoção de mecanismos eletrônicos de gestão, a criação de grupos especializados de recuperação de ativos e punições severas são todos mecanismos que podem melhorar o combate à corrupção. Muitos países aprovaram estatutos específicos de combate. A educação moral e ética nas escolas de ensino básico e secundário e a promoção dos valores morais e éticos são medidas muito importantes para inibir a corrupção. Além disso, é necessária a adoção de sistemas de controle eficazes, a desburocratização, a simplificação das regras, das normas públicas e do sistema fiscal e tributário e o esvaziamento do poder pessoal dos agentes públicos.

A proibição de empresas doarem a campanhas eleitorais também é importante e tem o efeito de punições bem aplicadas. Se a punição é severa e bem aplicada, terá um reflexo positivo, moralizador e educador da sociedade. O exemplo, principalmente o das pessoas públicas, é fundamental para gerar uma moralidade positiva.

Como dissemos, também há a questão cultural. Um exemplo de mudança cultural é a Suécia até o século 18 e também a Singapura até os anos 60 do século 20. Constam entre os países mais corruptos até essas épocas. No entanto ambos conseguiram realizar, com relativa rapidez, uma redução significativa dos níveis de corrupção. Segundo Jakob Svensson (Stockholm School of Economics), esses países seguiram uma estratégia com enfoque em cinco dimensões:

- ordenados, meritocracia e cultura de excelência na função pública;
- unidades de anticorrupção independentes do poder político;
- denúncia dos casos de corrupção;
- vontade política;
- abordagem sistêmica e integrada da problemática da corrupção – sabemos que tais países hoje despontam como os mais desenvolvidos do mundo.

É importante blindar o setor público contra a corrupção. No caso da Suécia, isso foi conseguido por meio da subida das remunerações dos funcionários públicos (que na altura eram muito baixas) para evitar que estes aceitassem "luvas".

Outra medida, que foi uma questão central no caso da Singapura, é o estabelecimento de uma unidade anticorrupção com poderes reais de investigação e independente do poder político e econômico.

Deve-se ainda facilitar as denúncias de casos de corrupção, mediante, por exemplo, a redução de penas àqueles que colaboram com a justiça e da proteção dos direitos daqueles que fazem as denúncias.

No Brasil, há várias propostas legais de medidas contra a corrupção. Uma das propostas feitas no governo Lula tramitou mais de três anos e foi aprovada em julho, para entrar em vigor em fevereiro de 2014. Entre os principais pontos, permite ao gestor público aplicar às empresas multa de até 20% do faturamento bruto por corromper servidores, financiar crimes e usar laranjas para obter benefícios ou fraudar licitações.

O Ministério Público Federal (MPF) apresentou propostas de medidas para aprimorar a prevenção e o combate à corrupção e à impunidade. As propostas de alterações legislativas buscam evitar o desvio de recursos públicos e garantir mais transparência, celeridade e eficiência ao trabalho do Ministério Público brasileiro com reflexo no Poder Judiciário. A íntegra das medidas e a ficha de assinatura estão disponíveis no site da Campanha 10 Medidas.

As medidas buscam, entre outros resultados, agilizar a tramitação das ações de improbidade administrativa e das ações criminais; instituir o teste de integridade para agentes públicos; criminalizar o enriquecimento ilícito; aumentar as penas para corrupção de altos valores; responsabilizar partidos políticos e criminalizar a prática do caixa 2; revisar o sistema recursal e as hipóteses de cabimento de habeas corpus; alterar o sistema de prescrição; instituir outras ferramentas para recuperação do dinheiro desviado.

As propostas consistiriam nas seguintes medidas:

- prevenção à corrupção;
- transparência e proteção à fonte de informação;
- criminalização do enriquecimento ilícito de agentes públicos;
- aumento das penas e crime hediondo para a corrupção de altos valores;
- eficiência dos recursos no processo penal;
- celeridade nas ações de improbidade administrativa;
- reforma no sistema de prescrição penal;
- ajustes nas nulidades penais;
- responsabilização dos partidos políticos e criminalização do caixa 2;
- prisão preventiva para assegurar a devolução do dinheiro desviado;
- recuperação do lucro derivado do crime (acesso: www.10medidas.mpf.mp.br).

As empresas envolvidas no escândalo da Lava Jato deram-se conta de que estavam intimamente envolvidas na promíscua relação com os setores públicos e agora pagam um preço muito alto pela opção. Essa postura está a ser revista até em função da necessidade de sobreviver às consequências das responsabilidades dos expedientes escusos que adotavam.

A Odebrecht chegou a lançar um decálogo anticorrupção para os seus 120 mil funcionários, no qual se compromete a combater todas as formas ilícitas de fazer negócios. O documento antecipou-se às exigências da força-tarefa da Operação Lava Jato para que a empresa adote um novo código de conduta interno.

Conheça os mandamentos:

1) combater e não tolerar a corrupção;
2) dizer não a oportunidades de negócio que conflitem com esse compromisso;
3) adotar princípios éticos no relacionamento com agentes públicos e privados;
4) jamais invocar condições usuais do mercado como justificação para ações indevidas;
5) dar transparência nas informações sobre a Odebrecht;
6) ter consciência de que desvios de conduta ferem as leis e destroem a imagem e a reputação da empresa;
7) garantir a prática do Sistema de Conformidade, sempre atualizado com as melhores referências;
8) contribuir individual e coletivamente para mudanças necessárias nos mercados e nos ambientes onde possa haver indução a desvios de conduta;
9) incorporar nos Programas de Ação dos Integrantes avaliação de desempenho no cumprimento do Sistema de Conformidade;
10) ter convicção de que esse compromisso "nos manterá no rumo da Sobrevivência, do Crescimento e da Perpetuidade".

Numa reportagem da revista *Veja*, edição 2213, sob o título "Corrupção – O dono está de olho", o jornalista Otávio Cabral discorre sobre os métodos eficazes de combate à corrupção que têm sido adotados pelas empresas privadas e que fazem diminuir consideravelmente a corrupção do setor privado, enquanto na administração pública os índices até então só aumentavam.

Pode parecer utopia crer num mundo sem corrupção. Teria sido ingênuo achar que ficaremos livres dela só porque os países membros das Nações Unidas entraram em acordo para criar uma convenção. No entanto a United Nations Convention against Corruption (Uncac) é uma ferramenta poderosa para a prevenção e a criminalização da corrupção – nos setores público e privado – e prevê a participação da sociedade civil na fiscalização de contas e em campanhas de prevenção. Com medidas eficazes – e vontade política –, certamente podemos reduzir o impacto da corrupção nos governos, nas empresas e na vida dos cidadãos.

Como discorremos ao longo do nosso texto, precisamos de uma cultura anticorrupção, de novas diretrizes, novos conceitos, novos horizontes. As primeiras medidas e mudanças devem ser tomadas no nosso âmbito mais pessoal, na nossa vida, com os nossos amigos, no nosso meio social ou no trabalho.

> **Teori afasta Eduardo Cunha do mandato na Câmara**
>
> O ministro do Supremo Tribunal Federal (STF) Teori Zavascki determinou o afastamento do presidente da Câmara Eduardo Cunha (PMDB-RJ) do mandato de deputado federal. Mesmo sendo afastado, Cunha permanece deputado, mas não pode exercer as atividades de parlamentar, deixando, portanto, a Presidência da Casa. Ele continua com a prerrogativa de foro privilegiado, sendo investigado pelo STF.
>
> Relator da Lava Jato, o ministro concedeu uma liminar (decisão provisória) em um pedido de afastamento feito pela Procuradoria-geral da República, em dezembro de 2015.
>
> O ministro afirma que Cunha não tem condições de exercer a Presidência da Câmara diante dos indícios de que pode atrapalhar as investigações contra ele por suposto envolvimento na Lava Jato e também de que sua manutenção fere a imagem da Casa.
>
> "Os elementos fáticos e jurídicos aqui considerados denunciam que a permanência do requerido, o deputado federal Eduardo Cunha, no livre exercício de seu mandato parlamentar e à frente da função de Presidente da Câmara dos Deputados, além de representar risco para as investigações penais sediadas neste Supremo Tribunal Federal, é um pejorativo que conspira contra a própria dignidade da instituição por ele liderada. Nada, absolutamente nada, se pode extrair da Constituição que possa, minimamente, justificar a sua permanência no exercício dessas elevadas funções públicas", diz trecho da decisão.
>
> (LADEIRA, Pedro. Teori afasta Eduardo Cunha do mandato na Câmara. **Folha de S.Paulo**, 16 abr. 2016).

Decisão "excepcionalíssima"

Num longo despacho de 73 páginas, o ministro reconheceu que a sua decisão é "excepcionalíssima", mas apontou que Cunha "não possui condições pessoais mínimas para exercer, neste momento, na sua plenitude, as responsabilidades do cargo de Presidente da Câmara dos Deputados, pois ele não se qualifica para o encargo de substituição da Presidência da República".

A questão da excepcionalidade deve-se, segundo o ministro, ao fato de o afastamento não estar previsto especificamente na Constituição, mas argumentou e fundamentou perfeitamente a necessidade da medida.

"Mesmo que não haja previsão específica, com assento constitucional, a respeito do afastamento, pela jurisdição criminal, de parlamentares do exercício de seu mandato, ou a imposição de afastamento do Presidente da Câmara dos Deputados quando o seu ocupante venha a ser processado criminalmente, está demonstrado que, no caso, ambas se fazem claramente devidas. A medida postulada é, portanto, necessária, adequada e suficiente para neutralizar os riscos descritos pelo Procurador-Geral da República", escreveu.

De qualquer forma, o fato histórico reforça ainda mais o quadro de mudança institucional em relação a agentes de cúpula envolvidos em casos de corrupção.

Novos cenários

Otimismo – Será que as pessoas tendem realmente a sempre querer tirar vantagem de uma situação ou uma oportunidade qualquer? Na verdade, nem sempre é assim. Acreditamos que ainda merecemos um voto de confiança. Uma sondagem estatística mostra dados positivos, como o fato de 84% dos ouvidos afirmarem que, em qualquer situação, existe sempre a oportunidade de a pessoa ser honesta.

Lizete Verillo (Amarribo) afirma que em 12 anos de trabalho com ações anticorrupção ela nunca esteve tão otimista – e justamente por causa dos jovens.

"Quando começamos, havia um distanciamento do jovem em relação à política", diz Lizete. "Aliás, havia pouco engajamento em relação a tudo, queriam saber mais é de festas. A corrupção não dizia respeito a eles. Há dois anos, venho percebendo uma grande mudança entre os jovens. Estão mais envolvidos, cobrando mais, em diversas áreas, não só da política".

Para Lizete, esse cenário animador foi criado por diversos fatores, especialmente pela explosão das redes sociais, que são extremamente populares entre os jovens e uma ótima maneira de promover a fiscalização e a mobilização.

Mas se a internet está ajudando os jovens, na opinião da psicóloga, as escolas estão deixando a desejar na hora de incentivar o engajamento e conscientizá-los sobre a corrupção.

"Em geral, a escola é muito omissa. Estão apenas começando nesse assunto, com iniciativas isoladas. O que é uma pena, agora, com o Mensalão, temos um enorme passo para a conscientização, mas que pouco avança se a educação não seguir junto", diz a diretora. "É preciso ensinar esses jovens a ter ética, transparência e também a exercer cidadania".

Os recentes acontecimentos no país, com prisão e condenação de agentes criminosos envolvidos em ilícitos, aos poucos promovem uma nova forma de agir da sociedade diante da corrupção. As prisões decorrentes do escândalo do Mensalão e as demais na sequência resultaram numa nova postura do judiciário e das instituições. Parece que anteriormente havia uma certa inibição e temeridade em face ao poder do investigado ou acusado.

Sim, senhores, acreditamos que podemos sonhar. Estão a haver significativas mudanças.

Como escreveu o uruguaio Eduardo Galeano, para isso servem as utopias: "para que não deixemos de caminhar".

Edgar Morin, sociólogo francês, autor dos livros *Le Paradigme Perdu*, *La nature Humaine* (1973) e *Profundidade de La Méthode*, selecionou algumas cartas de crianças que achamos interessante colocar no encerramento deste texto. Essa atitude de busca e de questionamentos para a compreensão do mundo que nos cerca está muito presente em crianças. Como disse Jesus: "deixai vir a mim os pequeninos e não os embaraceis, porque dos tais é o reino de Deus. Em verdade vos digo: quem não receber o reino de Deus como uma criança de maneira alguma entrará nele" (Lucas 18, 15-17).

Os textos a seguir tiveram o seguinte título: A Terra-Pátria que desejamos!

Se dependesse somente deles, sem dúvida o nosso mundo estaria muito melhor! Vejam:

Vocês já pararam para olhar como o nosso planeta está? Nosso planeta está sendo destruído! Hoje, vejo-o com violência, raiva, ódio, desonestidade... Às vezes, penso como o homem está por trás disso.

Gostaria que o mundo fosse diferente, bem diferente... sem violência, raiva, mas sim com amor, carinho, alegria e, acima de tudo, PAZ e FÉ!

As plantas estão morrendo, a seca está aumentando, os animais estão diminuindo em grande quantidade.

Podemos ajudar nisso. Fazendo cartazes contra a raiva, violência, desonestidade, tendo fé, amor, carinho, alegria um pelo outro.

Bondade, amizade, confiança, amor, fé, é tudo que precisamos, para ter um mundo melhor.

Aqui na escola estamos trabalhando sobre isto. Precisamos, portanto, salvar a nossa terra amada, cada um fazendo a sua parte.

(Carolina Passos – 4ª A)

Segundo o plano de Deus, o mundo (Terra-Pátria) seria perfeito.

Todos sabem quem criou o homem e lhe deu o poder de criar e destruir. Ultimamente, parece que o homem só destrói, o que é triste... Quando constrói, desmata o verde, a natureza, as florestas que Deus fez.

Será que o homem vai se conscientizar? Ainda há esperança? Não seria tão melhor o mundo sem corrupção, violência e outras coisas ruins? É óbvio que sim!

Ainda tem homens que são conscientes, preservam e protegem a natureza, não poluem o ar e, o mais importante, acreditam em Deus. Contam com Jesus. E rezam, rezam, rezam muito pela Terra-Pátria.

Se pensarmos bem, ainda há esperança de que este mundo seja a Terra-Pátria que sempre sonhamos!

(Lucas Longuitano – 4ª B)

NÓS, NOSSO MUNDO E NOSSO COMPORTAMENTO

Precisamos salvar a Terra-Pátria da violência, que a cada dia está dando um passo à frente. Salvar os animais, que nós, seres humanos, estamos prejudicando. Precisamos arranjar moradia para os pobres.

Precisamos salvar dos alagamentos, que matam milhares de pessoas. Salvar a natureza dos desmatamentos, que prejudicam a nós mesmos. Precisamos salvar a Terra-Pátria do egoísmo, inveja, raiva, ódio, das mentiras...

Precisamos ceder ao próximo amor, carinho, compreensão, dedicação, enfim harmonia!

Assim, o mundo vai melhorar, mas ainda não vai estar perfeito e para melhorá-lo não basta escrever no papel, temos que AGIR!

(Camilla M. Rodrigues – 4ª C)

Eu acho que há muitos anos, no tempo do homem da caverna, eles desejavam ter várias coisas para ajudá-los, como temos hoje.

Assim, nós fomos criando coisas que nos ajudassem no mundo. Depois de muitos e muitos anos, nós conseguimos quase tudo que nós queríamos, afinal não é possível ter tudo que desejamos.

Nós criamos algumas coisas para nos ajudar, como: fogão, micro-ondas, carro para nos transportar de um lugar para o outro, bicicleta... Assim também inventamos fábricas, coisas que poluem o ar e, se respirarmos, não fará bem para o nosso organismo.

O ar ficou tão poluído, que fez parar de chover e quase acabou a água...

Hoje, desejamos um ar sem poluição e algumas outras coisas, que vão nos fazer bem.

(Felipe C. Mesquita – 4ª D)

A Terra-Pátria que eu quero (e acho que muita gente quer!)

É sem violência, sem desmatamento, com muita paz, amor e sem preconceito, de jeito algum, seja com índio, negro, branco, amarelo...

Todos nós dependemos do mundo! Eu amo a Pátria, por isso nunca farei mal a ela e nem a quem a habita, como os animais, plantas, seres humanos...

Eu gostaria de poder ter amigos de raça diferente da minha, sem que os outros me "olhassem torto"! Gostaria de poder conhecer e vivenciar os costumes de outras raças sem problemas!

Queria um mundo melhor para mim e para todos!

Há pessoas mais belas e menos belas... E daí? Quem se importa com isso? Todos se importam, adoraria se não fosse assim! De que adianta reclamar, assim, tenho que me expressar para os outros!

É isso que eu acho e é isso que eu vou fazer... Vou continuar praticando esportes, brincando, estudando, cultivando o mundo e vou me expressar para todos que conheço!

Quem estiver a meu favor, colaborará para um mundo melhor!

(Alinne Le Fosse de Souza – 4ª B)

Será mesmo que o homem vai se conscientizar de tantas coisas ruins que com a sua postura e o seu comportamento causa ao mundo?

Sim, Lucas e demais meninos. Ainda há homens conscientes, que se preocupam com a natureza, com a família, com os pobres, com os animais e com a moral e os bons costumes. Pessoas que acreditam em Deus e nos seus princípios e que jamais sucumbirão diante das (tantas) facilidades e oportunidades.

Questão de justiça – a morosidade da justiça brasileira

Comentários gerais – panorama atual

A morosidade da justiça é um dos nossos problemas mais sérios. O fenômeno detectado há várias décadas passou a constituir uma preocupação permanente.

Apesar de não ser um problema exclusivo do Brasil, aqui os números são dramáticos.

Na Europa, a questão tem sido há alguns anos acompanhada de perto pela Corte Europeia de Direitos Humanos. O tribunal já estabeleceu jurisprudência e reconheceu o direito à indenização de quem demora anos para saber o seu veredito, seja culpado ou inocente. Agora, aos poucos, a corte tem mandado os países atualizarem a legislação para permitir acelerar o andamento processual. Isso poderia corresponder a mais um fator de reversão da situação de morosidade, se não fosse o fato de que tais pedidos de indenização, na verdade, acabam por virar novas ações, contribuindo para o montante já alto de processos em andamento.

Aqui no Brasil, as praxes viciosas, a linguagem complicada e a cultura burocrática são fatores de retardamento da prestação jurisdicional. Só a reforma legislativa não será suficiente para mudar essa situação. Há que se mudar também a postura geral em relação a determinados procedimentos, principalmente por parte do governo e dos operadores do judiciário.

Não obstante essa questão, a Justiça brasileira tem se modernizado bastante, mas ainda é muito lenta e pouco produtiva. Qualquer pessoa que já tenha enfrentado alguma pendência nos tribunais, como autor ou réu, sabe o quanto de tempo se gasta para obter uma prestação jurisdicional dos órgãos de justiça. Pode chegar-se ao absurdo de muitos dos autores ou réus virem a falecer sem que se chegue ao final de uma ação.

O Conselho Nacional de Justiça (CNJ) tem acompanhado o desempenho do trabalho do judiciário desde 2009 e de lá para cá pouca coisa mudou na produtividade. Realmente, trata-se de mal crônico.

O Poder Judiciário possui uma estrutura organizada por procedimentos que não acompanharam as mudanças que ocorreram na sociedade, apesar de muitas inovações positivas como a justiça especial (pequenas causas), inundada por um número imenso de processos que não para de crescer. É necessário fazer alguma coisa para que o caos não se instale de vez, em tão importante setor público que interessa a todos. Um dos exemplos desse fato é o Supremo Tribunal Federal (STF). Os ministros daquela Corte, nos idos de 1997, foram agraciados com a distribuição de 10 mil novos processos, protocolados no primeiro dia de atividade do Tribunal. Naquela oportunidade, o presidente do STF, o ministro Sepúlveda Pertence, informava que o número de novos processos deveria atingir o patamar dos 35 mil. O número assombra, principalmente quando se verifica que em 1996 o Supremo julgou 32 mil processos, o que equivale a quase 3 mil por ministro. Com esses dados apontados há mais de seis anos, o que se dirá dos dias atuais?

Causas

A atrofia do Poder Judiciário aconteceu em razão de vários fatores ligados às grandes mudanças que atingiram o Brasil durante as últimas décadas, com os movimentos a favor dos Direitos Humanos, abrindo, assim, o caminho para o aparecimento de novas correntes, que visam facilitar o acesso à justiça e atenuar as desigualdades socioeconómico-culturais.

Vamos tentar relacionar as razões mais profundas dessa lentidão e os reflexos para a sociedade.

Entre as causas, podemos elencar os seguintes aspectos:

- O fator Estado – Parece um contrassenso, mas o Estado é o maior cliente do Poder Judiciário. O poder público, juntamente com os demais órgãos de natureza pública, contribui consideravelmente para o excesso de processos nas Cortes Superiores e, consequentemente, para a morosidade;

- Fator humano – Falta de juízes em número suficiente. Segundo uma pesquisa conduzida pelo Instituto Paulista de Magistratura (Ipam), a proporção entre juízes e desem-

bargadores por habitantes no Brasil é uma das menores do mundo, sobretudo na comparação com países europeus. Enquanto na Alemanha, há 24 magistrados para cada 100 mil habitantes, São Paulo e Rio têm 6 e 4,5 juízes, respectivamente. Mas, por outro lado, temos que relativar esse fator, pois na atual conjuntura não há que se falar em ampliar ainda mais um corpo funcional que vai onerar ainda mais os cofres públicos;
- Brechas legais que dão margem a expedientes protelatórios;
- Interesse de determinados segmentos na morosidade das ações, como defesas de cobranças, ou tributação, por exemplo;
- Sucessivos planos econômicos na década de 1980, quando milhares de brasileiros procuraram a Justiça para reclamar a correção devida da defasagem salarial ou de proventos, além de restituições de empréstimos compulsórios e outros direitos;
- Aumento populacional – A conscientização por parte dos cidadãos dos seus direitos e a ênfase que se deu na Constituição Brasileira de 1988 aos direitos das pessoas;.
- Falta de estrutura no Poder Judiciário. O Poder Judiciário não está aparelhado para enfrentar tanta demanda dos últimos tempos;
- Descompasso da lei e as mudanças sociais;
- Falta de instrumentos legais ou não para atuação mais ampla dos Juízes. Falta de vontade política é outro entrave. Os projetos de leis, que são encaminhados para o Poder Legislativo, travam pela sistemática e burocracia envolvida. Como exemplo, temos o Código Civil Brasileiro. Lá permaneceu por mais de 30 anos, no entra e sai, para modificações, e só em dezembro de 1997 foi finalmente aprovado.

Consequências

Estudos demonstram que tal mal crônico que caracteriza o Poder Judiciário brasileiro traz consequências desastrosas para as pessoas e para a Economia Nacional, como um todo.

A lentidão do trâmite processual e a demora na execução das sentenças proferidas pelas instâncias inferiores espantam os investidores. Diversos prejuízos são notados, entre eles a diminuição de investimentos, a restrição ao crédito e o aumento do custo das operações de crédito.

Talvez até mesmo no mercado imobiliário haja implicações. Muitos proprietários deixam de disponibilizar imóveis justamente pela demora das discussões judiciais, por exemplo, no caso de retomada de imóvel.

Com a intenção de contabilizar em números o tamanho do dano causado pela morosidade da Justiça brasileira na economia, a Ordem dos Advogados do Brasil (OAB) e o Instituto de Pesquisa Econômica Aplicada (Ipea) realizaram, em 2006, um cálculo com o objetivo de aferir o quanto o setor econômico do país perde com esse problema. Constatou-se um prejuízo de cerca de US$ 10 bilhões por ano.

Alguns estudiosos afirmam que essa estimativa ainda é conservadora, uma vez que acreditam que a perda econômica em decorrência da lentidão na solução dos conflitos e da insegurança jurídica pode ser ainda maior.

Medidas

O que se pode fazer para resolver essa questão que mudaria tanto a vida das pessoas, das empresas e do país?

Como dissemos, o problema deve ser atacado em vários segmentos. Mas tentemos relacionar algumas medidas que ajudariam a minimizá-lo:

- autonomia para os atos meramente ordinatórios;
- mudanças de procedimentos que ensejam recursos, agravos e embargos;

- publicações desnecessárias;
- ampliação do já inchado quadro de pessoal da grande maioria das unidades;
- criação de novos tribunais;
- mais ações de modernização administrativa;
- ampliar a adoção de dispositivos como as súmulas vinculantes e o princípio da repercussão geral no julgamento de ações;
- atuação mais ampla por parte dos juízes;
- modificação da legislação para suprimir exigências processualmente inócuas e o formalismo excessivo;
- fim das férias forenses;
- amplitude dos casos passíveis de análise pelos órgãos de justiça rápida (justiça especial);
- campanhas periódicas de tentativas de conciliação;
- enxugamento da legislação processual;
- reformulação do sistema recursal;
- rever a necessidade da terceira instância recursal;
- eliminação de privilégios do poder público;
- criação de juizados especiais de causas trabalhistas;
- unificação dos tribunais estaduais;
- súmula vinculante;
- gerenciamento do processo judicial;
- estímulo aos feitos coletivos.

Com mudanças simples, um juiz federal de São Paulo conseguiu reduzir para 10 meses o prazo de julgamento de um processo, que chegava a durar quatro anos.

O juiz federal Ali Mazloum, da 7ª Vara Federal Criminal de São Paulo, conseguiu fazer com que a reserva de processos à espera de julgamento caísse de 1000 para 250 em quatro anos. Casos que levavam até quatro anos para ser julgados hoje são sentenciados em 10 meses – o tempo máximo para um processo tramitar na 7ª Vara, segundo estabeleceu o juiz federal Ali Mazloum.

O resultado foi tão bom que ele preparou um manual com a receita. O método já é seguido por outras varas criminais da Justiça Federal paulista.

Não está ligado diretamente às causas da morosidade, mas é um fator importante que merece atenção: o uso de linguagem jurídica inteligível é um dos principais fatores contributivos para o afastamento do cidadão comum da acessibilidade das normas jurídicas, porquanto ainda remanesçam, no ordenamento legal, palavras ultrapassadas, regadas pelo excessivo rigor formal e técnico. Tal praxe ainda permanece em função, provavelmente, pela a vaidade e deleite de alguns operadores do Direito (juízes, advogados, promotores, defensores públicos etc.). Não havendo a preocupação com as pessoas comuns, muitas vezes, desprovidas de qualquer instrução, que muitas vezes anseiam pela compreensão de tais terminologias.

Por isso, torna-se imprescindível uma reavaliação nas condutas propagadas por tais profissionais, usuários do vernáculo jurídico como instrumento de trabalho. Um aumento na simplicidade vocabular e procedimental representa uma maior inclusão do indivíduo comum, que procura a defesa das suas garantias fundamentais. Sobre isso, o ex-presidente da Associação dos Magistrados Brasileiros (AMB), desembargador Rodrigo Collaço, escreveu um artigo aos juízes, em 2005, na Tribuna do Direito, para defender a simplificação da linguagem jurídica.

Citemos o primeiro parágrafo:

> O vetusto vernáculo manejado no âmbito dos excelsos pretórios, inaugurado a partir da peça *ab ovo*, contaminando as súplicas do petitório, não repercute na cognoscência dos frequentadores do átrio forense. *Ad excepcionem* o instrumento do remédio heroico e o *jus laboralis*, onde o *jus postulandi* sobeja em beneplácito do paciente (impetrante) e do obreiro. Hodiernamente, no mesmo diapasão, elencam-se os empreendimentos *in judicium specialis*, curiosamente primando pelo rebuscamento, ao revés do perseguido em sua prima gênese.

> **A tentação do escalafobético**
>
> Vistos et coetera. Inicialmente passo a gizar a dissensão em testilha, provocada pela indócil lidadora que vê increpada negativa de vigência da Lei dos Ritos, na alheta do ensino de processualistas de truz.
>
> Da análise perfunctória do caderno processual, tenho comigo, data venia, que o judicioso representante do Parquet tem razão ao pressentir, na súplica de folhas, uma alteração da pretensão sub examine, exposta na peça de ingresso.
>
> Inobstante esse posicionar, o fato de os custos legis requerer, ao arrimo de intempestiva, o desentranhar a postulação de folhas, não faz condão à eiva de nulidade.
>
> Ex positis, hei por bem, como decidido tenho, em indeferir o pleito da cônjuge virago.
>
> Intimem-se-lhe. Dr. Aristarco da Capadócia.

Vejam agora o que um advogado escreveu num recurso dirigido ao Superior Tribunal Militar:

> O alcândor Conselho Especial de Justiça, na sua apostura irrepreensível, foi correto e acendrado no seu decisório. É certo que o Ministério Público tem o seu lambel largo no exercício do poder de denunciar. Mas nenhum lambel o levaria a pouso cinéreo se houvesse acolitado o pronunciamento absolutório dos nobres alvazires de primeira instância.

É recomendável que os juízes utilizem, nos atos judiciais, linguagem acessível aos jurisdicionados. É uma das conclusões aprovadas no Fórum de Debates sobre a Justiça Federal e sua Importância Política, promovido pelo Centro de Estudos Judiciários do Conselho da Justiça Federal, no período de 4 a 5/3/94, em Brasília.

A seguir, mais um exemplo dos excessos da linguagem jurídica utilizada, na justiça brasileira:

PARQUET FEDERAL – em vez dessa extravagância, diga e escreva simplesmente **Ministério Público Federal**. Mesmo porque em todos os atos e termos do processo é obrigatório o uso da língua portuguesa (CPC, art. 156). Para que o francês parquet (parte do tribunal de justiça reservada para os membros do Ministério Público) se o português é tão claro?

O profissional do Direito não pode esquecer-se nunca da função social da linguagem nessa área, pois muito mais do que produzir uma peça, o profissional deve ter como foco o outro, que é destinatário da sua mensagem e deseja saber que direitos estão a ser defendidos ou violados. Assim, o operador do Direito precisa dosar o seu texto, de forma a que a linguagem técnica não sacrifique nunca a clareza do que está a ser dito. Não é um campo fácil, mas é algo que pode realizar-se.

JUDICIÁRIO – uma medida altamente positiva foi a criação do Conselho Nacional de Justiça (CNJ).

Criado pela Emenda Constitucional nº 45, de 2004, o CNJ foi instalado em junho de 2005 e, desde então, tem trabalhado incansavelmente pela melhoria do controle, da racionalização e da transparência administrativa e processual. Composto por representantes da magistratura, do Ministério Público, da advocacia e da sociedade civil, o CNJ é encarregado de realizar a supervisão da atuação administrativa e financeira do Judiciário.

O Conselho Nacional de Justiça surgiu em virtude das pressões dos poderes Executivo e Legislativo, bem como da sociedade civil, que entenderam ser necessária uma fiscalização das atividades administrativa e financeira do Poder Judiciário. Poucos sabem, mas um exemplo de serviço disponível ao cidadão que o CNJ oferece no Brasil é justamente em relação ao excesso de morosidade do andamento processual.

Cenário atual

Podemos dizer que a Operação Lava Jato do caso Petrobras faz parte de um processo de evolução do judiciário brasileiro que começou em 1988, após a Constituinte, e se intensificou com o processo do Mensalão. A Justiça tem mudado desde 1988. O Mensalão consolidou a sua trajetória de legitimidade.

"Permanecer como está é estagnar e estagnar é ser superado. Devemos buscar incessantemente um desempenho cada vez superior" – Lee Kuan Yew.

Enfim, faz-se necessário mudar esse quadro para que a prestação da atividade jurisdicional configure efetivamente a garantia de justiça para a sociedade.

As autoridades governamentais precisam acordar e ver que muita coisa pode depender dessa mudança. A vida das pessoas e do Brasil indiscutivelmente obterá significativa melhoria.

Questão de Justiça II
Nossa Justiça

Além de toda essa problemática que apresentamos, ainda temos uma outra questão que merece toda a atenção.

Não obstante toda preparação acadêmica, seria utópico esperar que os juízes estejam capacitados para analisar todo e qualquer caso que lhes é submetido de forma fora de falibilidade. Sabemos que muitos casos serão de simples aplicação da lei, ou de doutrina já pacificada. Mas sempre haverá outros fatores que pelo menos em tese deveriam ser considerados. Nesses casos não haverá como não entrar na questão da subjetividade do arbítrio do Magistrado.

Vamos analisar alguns aspectos que permeiam a atividade judicante, tendo em vista que o magistrado decide de forma definitiva situações e conflitos envolvendo os jurisdicionados, necessitando, por essa razão, ter uma conduta proba, imparcial e sensata. É bom que se diga que uma decisão judicial pode ter implicações no patrimônio, na honra e até na liberdade de uma pessoa.

O juiz decide com base no princípio do livre convencimento motivado, ou seja, ele é livre para prolatar a decisão, no entanto precisa fundamentar com base nas provas colacionadas aos autos.

A função do magistrado, consistente em dizer o direito ao caso concreto, não é tão simples e envolve aspectos dos mais variados.

Não se sustenta a ilusão de que os atos jurisdicionais, e dentre eles destaca-se a sentença penal, representam a mera análise e aplicação lógico-formal entre os fatos e o texto da lei. A atividade de aplicação do direito envolve a "filosofia da consciência" e todo o leque de particularidades do caso concreto e que terá implicações até mesmo pelo próprio processo de criação de uma norma jurídica a atividade criativa, os valores de cada agente legislativo e em especial de cada intérprete. Todos esses fatores implicaram maior ou menor grau no resultado do processo.

Com LUIGI FERRAJOLI reconhece-se que "o juiz não é uma máquina automática na qual por cima se introduzem os fatos e por baixo se retiram as sentenças". Ainda segundo ele, o magistrado "por mais que se esforce para ser objetivo, está sempre condicionado pelas circunstâncias ambientais em que atua, pelos seus sentimentos, suas inclinações, suas emoções, seus valores ético-políticos".

O juiz está lidando com histórias, vidas, mágoas etc. São pessoas que muitas vezes têm no juiz a sua única esperança.

Como dissemos, o juiz, apesar de toda formação e conhecimento acadêmico, jamais deixará de ser um ser humano com sentimentos e emoções. E, como qualquer ser humano, sujeito a erros.

É aí que entra todo o cerne da questão. Como dissemos, para chegar numa decisão nesse ou naquele sentido não será só a letra fria da lei o fator determinante. O clamor popular, a mídia e mesmo tecnicamente o desempenho dos operadores do Direito, os advogados, poderão refletir diretamente na decisão do juiz.

Lembramos sempre de uma brincadeira dos tempos de faculdade, na qual um advogado, quando inquirido sobre um parecer de determinada causa, sempre perguntava: "quer o parecer a favor ou contra?".

É bom que se diga que muitas das situações com que nos deparamos e das quais temos que fazer algum juízo de valor podem ser minimizadas ou otimizadas dependendo de argumentos, considerações e formas de visualizações dos fatos.

Cabe aqui abrir um parêntese em relação a alguns casos judiciais em que aparentemente o réu já está no processo "pré-condenado". O que vai variar é a dosimetria da condenação. Observamos isso nas ações de investigação de paternidade, de pensão alimentícia e ações trabalhistas. Talvez pelas experiências anteriores, os juízes tendem a ter uma predisposição a seres contrários aos réus desses casos. Ou seja, tais réus terão que tentar um bom trabalho para demover o juiz da intenção já de "enquadrá-lo" e dar ganho de causa da outra parte.

A partir do momento que um cidadão presta um concurso para a magistratura, ele precisa estar ciente de que assumirá uma função de grande prestígio, mas ao mesmo tempo de grande responsabilidade.

Essa noção precisaria estar incutida no pensamento de todos os magistrados. Mas como garantir que esse atributo estará presente em todos os juízes e em suas decisões?

Fazendo um exercício de utopia, poderíamos imaginar um supercomputador, no qual inseriríamos dados de determinada questão para que ele julgasse de forma técnica dentro dos dados da lei positiva. Mas como garantir que assim se faria a verdadeira justiça? Na verdade entendemos que o ideal seria que houvesse uma conciliação dos dois elementos, a parte técnica e a noção da verdadeira justiça. E ainda assim, a noção de justiça pode diferir de um para o outro. A parte vencida dificilmente concordará que se fez justiça para seu caso.

Mas o modelo, a sistemática, enfim, o nosso sistema judiciário, está sujeita a todo tipo de falibilidade, alguns de caráter irreversível inclusive. Então o que fazer?

Bem, não sabemos como garantir que as decisões sejam realmente justas. Lembrando que sempre uma parte sairá insatisfeita e se sentirá injustiçada. Mas e a justiça? Terá sido promovida de fato? Como aferir a efetiva justiça aplicada no caso concreto?

É por essas e outras questões que ao magistrado, além de atento à lei, é destinado um código de ética. A ética, a moral e, claro, a imparcialidade são princípios intrínsecos à função exercida pelo juiz. Ao decidir, ao sentenciar, ao conduzir uma audiência, ao atender os advogados, ao atender os cidadãos, ao se relacionar com os demais servidores etc. Tudo isso requer do magistrado uma conduta ilibada. Mas ainda assim a falibilidade e equívocos poderão ocorrer.

"Justos juízos, sem se inclinarem para uma das partes"
(Deuteronômio 16, 18-20)

Segundo Herkenhoff (2010), alguns princípios que devem orientar a ética do magistrado durante o seu exercício são:

1) *A imparcialidade*. Nada de proteger ou perseguir quem quer que seja. O juiz é o fiel da balança. A imparcialidade é inerente à função de julgar. Se o juiz de futebol deve ser criterioso ao marcar faltas, ou anular gols, quão mais imparcial deve ser o Juiz de Direito que decide sobre direitos da pessoa?

2) *O amor ao trabalho*. O ofício do juiz exige dedicação. A preguiça é sempre viciosa, mas até que pode ser tolerada no comum dos mortais. Na magistratura, a preguiça causa muitos danos às partes.

3) *A pontualidade, o zelo pelo cumprimento dos prazos*. É certo que há um acúmulo muito grande de processos na Justiça. O juiz não é o responsável por esse desacerto, mas, no que depende dele, deve esforçar-se para que as causas não contem tempo por quinquênio ou decênio, como verberou Rui Barbosa. Se por qualquer razão ocorre atraso, no início de uma audiência, o juiz tem o dever de justificar-se perante as partes. Não pode achar que é natural deixar os cidadãos plantados numa sala contígua, esperando, esperando, esperando.

4) *A urbanidade*. O magistrado deve tratar as partes, as testemunhas, os serventuários e funcionários com extrema cortesia. O juiz é um servidor da sociedade. Ter boa educação no cotidiano é o mínimo que se pode exigir dele. A prepotência, a arrogância, o autoritarismo são atitudes que deslustram o magistrado.

5) *O humanismo*. O juiz deve ser humano, cordial, fraterno. Deve compreender que a palavra pode mudar a rota de uma vida transviada. Diante do juiz, o cidadão comum sente-se pequeno. O humanismo pode diminuir esse abismo, de modo que o cidadão se sinta pessoa, tão pessoa e ser humano quanto o próprio juiz.

6) *A honestidade*. O juiz deve ser honesto. Jamais o dinheiro pode poluir suas mãos e destruir seu conceito. O juiz desonesto prostitui seu nome e compromete o respeito devido ao conjunto dos magistrados. Peço perdão às pobres prostitutas por usar o verbo *prostituir*, numa hipótese como esta.

Assim, o magistrado possui uma liberdade de convicção, porém essa liberdade possui barreiras e deveres éticos, e para que se possa exigir esses deveres do magistrado lhe é assegurado um conjunto de garantias como vitaliciedade, irredutibilidade de vencimentos, inamovibilidade, tudo isso em razão de sua grande função, que é agravada e demandada de uma série de regras e vedações, uma vez que é vestido de jurisdição e representa uma grande figura para sociedade.

> *"Tradicionalmente a imparcialidade é representada*
> *por uma mulher com olhos vendados*
> *e com uma espada numa mão*
> *e uma balança equilibrada noutra.*
> *Contudo, não há como negar,*
> *é temeridade dar uma espada*
> *a quem está de olhos vendados"*
> *(Rui Portanova)*

Conclui-se que o magistrado ocupa um cargo de grande valor social, e, em razão disso, ele deve ser um exemplo para a população. Não deve agir o magistrado guiado por paixões e radicalismos. Ele deve sempre ter um conduta razoável e ética.

A ética e a moral na magistratura é um tema muito relevante e nos ajuda a entender o cenário político em que estamos vivendo atualmente no Brasil.

Por exemplo, quantas decisões nos últimos anos praticamente mudaram todo um histórico de sentimento de impunidade que se tinha em relação a alguns agentes da política brasileira?

Há a necessidade de que, nessa crise política e moral, os juízes brasileiros honrem a sua toga e não sejam levados à prática de corrupção, fazendo retomar, assim, o respeito e a confiança no Judiciário.

Voltando para aspectos gerais, analisando a prerrogativa do "livre convencimento do juiz", temos que lembrar que a expressão jurídica não significa a possibilidade de ignorar a verdade dos autos e decidir de acordo com convicções pessoais. Não obstante, vale-se o juiz, ao decidir de sua experiência profissional, de sua compreensão da vida social e de sua formação cultural. Sim, mas nesse aspecto que devemos questionar, pois podemos considerar que ficamos reféns desse convencimento e dessas convicções pessoais. Um exemplo bem ilustrativo pelo cenário atual seria a hipótese de um juiz ultradireitista julgando um réu da extrema esquerda. Até que ponto seria garantida a imparcialidade?

A propósito, Nelson Nery Jr. e Rosa Maria Nery (2016, p. 1078), comentando o referido artigo 371 do CPC, citam Liebman, que afirma: "Livre convicção não significa, entretanto, decisão arbitrária e puramente subjetiva, como se ao juiz fosse permitido decidir segundo uma incontrolável e irracional intuição da verdade. Quer apenas dizer que deve apreciar as provas lançando mão das suas faculdades ou razão crítica, da sua experiência de vida, como faria qualquer pessoa de mente sã e equilibrada..." (Liebman, 1942, p. 163-165).

No exercício da função jurisdicional, todo juiz deve atender à normatividade constitucional, mas fora do exercício concreto da jurisdição, como todo ser humano, o juiz, por ter sido lançado em uma determinada tradição (autoritária ou democrática), pela história de vida, pelos valores que agrega à sua personalidade, pela ideologia a que adere mesmo sem saber, é um ser-no-mundo distante da neutralidade pretendida por alguns.

Por outro lado, o juiz pode desconsiderar a letra da Lei para garantir a verdadeira Justiça? Quando é que o juiz poderá deixar de aplicar uma lei por considerá-la injusta?

É, na verdade, contra a injustiça das leis e contra a arbitrariedade que se deve modificar ou revisar a ordem estabelecida.

Por tudo quanto foi exposto, não se justifica mais existir uma separação estanque entre Direito e Moral (não podemos olvidar que, apesar da proximidade, esses são conceitos que não se confundem).

Como todo tipo de instituição, procedimentos, sistemas e organização precisa de evolução, acreditamos que nosso sistema judiciário passou da hora de ter toda sua sistemática revista em todos os aspectos.

Algumas de nossas instituições se revestem de características corporativistas que acabam resistindo aos questionamentos e tentativas de inovações e evoluções. É o caso do funcionalismo público, da classe política, da classe legislativa, da classe de advogados, do Judiciário... e da magistratura.

Responsabilização do Estado-Juiz – Em razão do atual estágio de desenvolvimento do Direito Público, que tem como um de seus princípios basilares a repartição dos riscos e dos ônus decorrentes da atividade estatal, parece haver cada vez menos espaço para uma teoria que advogue a irresponsabilidade do Estado por atos judiciais danosos e injustos.

Talvez imbuído desses princípios tenha o legislador constitucional optado por inserir no Texto Constitucional o termo jurídico amplo que é o de "agentes" quando instituiu em seu art. 37, § 6º, a responsabilidade do Estado por danos causados a terceiros, o que torna possível a inclusão dos atos dos juízes, agentes públicos que são.

Se a doutrina, em sua maioria, já adota esse entendimento, já é hora de a jurisprudência caminhar no mesmo sentido, deixando de lado a timidez com que o tema vem sendo tratado pelos tribunais.

Há ainda uma linha doutrinária que defende a irresponsabilização dos atos do magistrado, até como forma de proteção do trabalho Judicial.

Por outro lado, há que se admitir uma responsabilidade do Estado em caso de demora na prestação jurisdicional, quando não decorrente de comprovado acúmulo de serviço.

A parte, não apenas como cidadão, senão também como consumidor, pois paga tributos, tem direito de receber um serviço público não só justo como eficiente. O dano causado pelo juiz desidioso deve ser reparado pelo Estado, por culpa *in eligendo* e *in vigilando*, por manter em seus quadros um mau agente público. Mas o agente no caso também deve responder quando por sua ação ou omissão causar o prejuízo ao cidadão.

Alguns doutrinadores excluem dessa responsabilidade os erros de interpretação e os relacionados à valoração de prova.

A admissão da responsabilidade estatal, nessas hipóteses, passaria a representar um estorvo à necessária liberdade de atuação e de criação dos magistrados, o que levou Canotilho a asseverar que: "Sob pena de se paralisar o funcionamento da justiça e perturbar a independência dos juízes, impõe-se aqui um regime particularmente cauteloso, afastando, desde logo, qualquer hipótese de responsabilidade por actos de interpretação das normas de direito e pela valoração dos factos e de prova" (Canotilho, 1996, p. 43).

Entendemos que deve haver, sim, uma definição dos critérios de responsabilização e da irresponsabilidade dos atos judiciais. A primeira, para preservar alguma compensação da vítima lesada; e a segunda, de preservar a autonomia de ação judicial.

"Juízes podem muito, mas não podem tudo"

No Brasil sempre se alimentou uma doutrina de que as decisões judiciais, "em nome da segurança do sistema, somente poderiam ser impugnadas pelos meios previstos na legislação, sanando-se eventuais erros".

Muitos podem até mencionar Eduardo Juan Couture, consagrado e reconhecido jurista, não só no Uruguai, seu país natal, como em todo o mundo, que citou certa vez: "O dia em que os juízes tiverem medo, os cidadãos não poderão dormir tranquilos".

É certo que a Constituição Federal garante a independência do juiz, mas essa independência não é dada em benefício do magistrado, tal qual a estabilidade de um servidor público concursado não é dada em seu benefício, mas da continuidade do serviço público, por este prestado, de interesse da sociedade. Assim, devemos compreender que a independência do juiz é para garantir à sociedade que haverá cumprimento da aplicação da lei, na defesa dos seus interesses e que, pela sua isenção garantida por essa independência, não terá sobre si influências ou pressões externas que o façam desviar-se do que está previsto na própria lei, o que não é o mesmo que fornece ao juiz uma independência que o transforme em um ser "acima da lei". E se assim o quiser ser, apenas conseguirá tornar-se um "fora da lei".

De qualquer forma, há uma norma prevista no art. 49 da Lei Orgânica da Magistratura Nacional –Lc 35/79, no qual lemos:

> Art. 49. Responderá por perdas e danos o magistrado, quando:
> I – no exercício de suas funções, proceder com dolo ou fraude;
> II – recusar, omitir ou retardar, sem justo motivo, providência que deva ordenar o ofício, ou a requerimento das partes.
> Parágrafo único. Reputar-se-ão verificadas as hipóteses previstas no inciso II somente depois que a parte, por intermédio do Escrivão, requerer ao magistrado que determine a providência, e este não lhe atender o pedido dentro de dez dias.

Voltamos a dizer que, por mais que se queira, não há decisão e normas construídas somente na lei. Quando o juiz julga, suas escolhas, sua ideologia, seus sonhos e o seu passado, suas emoções e frustrações ficam na decisão, pois a decisão judicial é um ato do sentir humano e da sua complexidade como ser humano, sendo que a neutralidade e a racionalidade pura sofre interferência do inconsciente e de diversos outros fatores.

Esses fatores de interferência podem, SIM, determinar a direção do processo de decisão do juiz. E como ficam os prejudicados?

O advogado Alberto Pavie, que defende as principais entidades de classe da magistratura, conta nunca ter sido procurado para trabalhar num caso para responsabilização de magistrados. Ele costuma trabalhar no Supremo Tribunal Federal e no Superior Tribunal de Justiça e conhece precedentes em que o Estado foi condenado por erro judiciário, mas nunca o juiz.

"Para que haja condenação do magistrado, a Loman exige comprovação de dolo ou fraude. Culpa apenas, jamais", afirma Pavie, em referência ao artigo 49, inciso I, da lei. A jurisprudência do STJ, de fato, diz que, para haver responsabilização do juiz por decisões que tenha tomado, quem se sentir prejudicado deve comprovar intenção do magistrado de causar danos com sua atuação, e não apenas apresentar um resultado negativo decorrente da decisão – conforme ficou definido no Recurso Especial 1.221.997.

Alex Zilenovski, desembargador da Seção Criminal e membro eleito do Órgão Especial, também vê o fato com preocupação e afirma que nada pode tirar a liberdade de o juiz decidir. "O crime de hermenêutica é um absurdo. Não vejo o menor sentido nisso. É natural que juízes, diante de uma mesma situação e com a mesma lei, tenham decisões e julgamentos distintos. Faz parte e tem que ser assim. A beleza da judicatura é justamente essa", afirma.

O juiz tem liberdade para julgar desde que ele fundamente, continua Zilenovski: "Não pode decidir por decidir, de forma arrogante e autoritária. Se ele fundamentou com conceitos jurídicos e dentro da legislação, tem que ser respeitado".

Para ele, o juiz que decidir com intenção de prejudicar deve ser punido administrativa, civil e até penalmente. No entanto, segundo o desembargador, "quando o juiz está decidindo, ele analisa o processo, a lei e o fato concreto, por isso a decisão tem de ser respeitada. Quem não se conformar com essa decisão, o caminho é o recurso e não punir o juiz". "Não podemos ter juízes acovardados".

A despeito de toda a construção doutrinária e de toda a evolução da ciência do Direito, a orientação jurisprudencial caminha no sentido da irresponsabilidade do Judiciário por eventuais danos (com exceção das hipóteses trazidas no ordenamento – art. 5º, LXXV[1], CF; art. 630 do CPP; e art. 133 do CPC).

Outro ponto utilizado para os adeptos da teoria da irresponsabilidade do Estado por atividades jurisdicionais é a falibilidade dos juízes. Argumenta-se que, como humanos, os juízes podem falhar e, portanto, são passíveis de cometer erros no exercício de suas funções.

Assim, defende-se que eventuais erros dos juízes não obrigaria o Estado a se responsabilizar e indenizar pelos prejuízos decorrentes de sua atividade.

Ora, se o magistrado, assim como qualquer outra pessoa, está sujeito aos erros e falhas, fica evidente que esse ponto apenas fortalece a necessidade de responsabilização estatal. "O fato de o juiz ser falível, como todos os seres humanos, não pode servir de escusa para o reconhecimento da responsabilidade civil do

Estado, pelas mesmas razoes que não serve de escusa a qualquer pessoa, na vida pública ou privada".

Nesse raciocínio, caso tal argumento fosse aceito, proporcionar-se-ia total irresponsabilização do Estado, uma vez que seus mecanismos e engrenagens (funções e atividades) são compostos por agentes, seres humanos falíveis, e portanto passíveis de erros.

Concluímos que, por mais que o Direito crie e se sustente por estruturas teóricas, é necessário se preocupar com a figura humana do juiz. Com sua segurança, autonomia por um lado, e com a correção e justiça de seus atos.

Como asseverado anteriormente, o juiz precisa reconhecer que, ao decidir, não estará sendo neutro nem puramente racional, pois sempre estará decidindo com seus sentimentos, sua emoção e razão, sua pré-compreensão das coisas, pois julgar é um ato humano e só pode ser entendido assim, pois somente o humano percebe o humano.

Nossa preocupação e o escopo desse trabalho são as consequências dessas decisões que poderão ou ser realmente justas.

Um exercício simples de análise é pensar que uma decisão tanto não é infalível que pode ser revista por tribunais de instâncias superiores.

E até lá como ficam as pessoas prejudicadas? Como dissemos, pode envolver patrimônio, família e até a liberdade.

Em outras palavras, há de existir uma espécie de "coação positiva" para que o Estado seja objetivamente responsabilizado sempre, pois, além de ser a parte mais forte em todos os sentidos da relação, permitiria que os serviços da atividade jurisdicional fossem mais precisos, eficientes, céleres e, consequentemente, justos.

Decisões controvertidas

Agora vamos apresentar alguns exemplos de decisões discutíveis no ponto de vista de concretização da efetiva justiça.

Os erros cometidos não são poucos. Há, por exemplo, aqueles casos de gente presa provisoriamente por mais de 100 dias e que depois é absolvida, que é bastante comum.

Quem não se lembra daquelas decisões judiciais que determinaram o bloqueio do WhatsApp e deixou o país conturbado?

Por exemplo, a decisão do STJ sobre o pingente pendurado no pescoço, considerado como porte ilegal de munição e o perigo que isso representou para a paz social de Minas Gerais (o STF teve que conceder liminar em HC para terminar com a "bobagem" (sic)); o caso do dono de banca de jornal condenado a mais de sete anos de prisão por ter cometido crime contra a honra de um juiz; o caso do juiz da Infância e Juventude que mandou usar instrumentos de "persuasão" contra adolescentes que são proibidos até pelo Senado dos EUA, para citar alguns casos bizarros. Mas temos mais alguns.

Assassinato cometido por homônimo

> Era apenas uma coincidência de um nome em comum, mas erros e mais erros da Justiça brasileira transformaram a vida do pernambucano Marcos Mariano da Silva. Em 1976, o então mecânico e motorista foi preso por um assassinato cometido por um homônimo na mesma cidade em que morava, Cabo de Santo Agostinho (PE). Condenado, passou seis anos encarcerado, até o verdadeiro criminoso ser detido por outro delito. Marcos, então, foi solto, mas seu martírio ainda não havia se encerrado. Três anos depois, ele foi parado numa blitz e reconhecido por policiais que sabiam da primeira acusação, mas não de sua inocência. O juiz que cuidou dessa nova prisão tampouco se preocupou em ler seu processo e o mandou de volta para o presídio, onde permaneceu até 1998. Nesse período, contraiu tuberculose e ficou cego, até mais uma vez ser solto pelo reconhecimento do equívoco. No total, Marcos passou 19 anos preso e, depois, iniciou uma nova luta por reparação. Em 2011, no dia em que o Superior Tribunal de Justiça (STJ) decidiu pelo pagamento de uma indenização de R$ 2 milhões, Marcos sofreu um infarto e morreu.
>
> MIRANDA, André; TINOCO, Dandara. Assassinato cometido por homônimo. As injustiças da justiça brasileira. O Globo, 16 jan. 2015. Disponível em: http://oglobo.globo.com/brasil/as-injusticas-da-justica-brasileira-18541969.

Há o caso daquele cidadão chamado Héberson, preso por engano em 2003, ao ser acusado por um vizinho de estuprar uma criança de 9 anos em Manaus. Preso, foi torturado, hostilizado e barbarizado. Ficou cerca de dois anos até constatarem o erro decorrido da alegada semelhança com o verdadeiro autor. Hoje se trata em decorrência de doença adquirida na prisão e aguarda decisão de pedido de indenização que jamais compensará tudo que passou decorrente do erro.

> *— A prisão só me trouxe desgraça. Ficávamos amontoados, e os presos se maltratavam. Eu achava que ia sair, mas passou o primeiro ano, o segundo ano, e eu fiquei esperando. Pensei em suicídio — lembra Héberson: — Hoje, sou doente e não tenho vontade de viver. Trabalho fazendo bico, um pouco aqui e ali. Mas nem esforço físico eu posso fazer.*

Uma decisão que revoltou o país e repercutiu no mundo todo é sobre a menina presa com 20 homens. Todos devem saber o que ocorreu com a moça em função desse grotesco erro judicial. Este ano espera-se que a jovem receba uma indenização de R$ 85 mil por outro descaso da Justiça. Em 2007, tanto o delegado quanto a juíza que analisaram seu caso tiveram certeza de se tratar de um rapaz e a deixaram por mais de um mês numa cela com 20 homens. A história de Abaetetuba levou organizações de direitos humanos a buscarem e descobrirem outros casos semelhantes no Pará. Talvez devêssemos colocar esse exemplo como suficiente para colocar em cheque a teoria da irresponsabilidade do juiz.

Devemos lembrar também a decisão do presidente do Tribunal Regional Federal, que liberou o pagamento de remuneração acima do teto constitucional para felizes funcionários do Senado.

Segundo o nobre presidente, limitar o salário dos funcionários do Senado atenta contra a ordem pública e poderia inviabilizar os serviços da Casa Legislativa. O meritíssimo achou que sem receber os valores acima de R$ 26.713 os servidores do Senado iriam fazer greve.

Esse caso ocorreu em São Paulo. Daniela Toledo do Prado tinha 21 anos quando foi acusada por uma médica, em uma sala de emergência, de cometer um crime pavoroso: matar a própria filha, uma criança de um ano e três meses, com uma overdose de cocaína.

Em estado de choque, sem conseguir dizer quase nada em sua defesa, foi presa e levada pelos policiais, sob gritos de "vagabunda", para a cadeia, onde foi espancada, torturada e sobre grande lesões corporais.

Trinta e sete dias depois, porém, foi solta quando um laudo provou que não era cocaína o pó branco achado na mamadeira e na boca da menina. Mesmo assim, a Justiça só a absolveu em 2008, dois anos após perder a filha e, como ela costuma dizer, a sua própria vida.

Esses casos de erros judiciais na área penal são os mais graves porque os danos muitas vezes são irreversíveis.

Consta que cerca de 40% do total das pessoas presas estão encarceradas, muitas há anos, sem julgamento. Estamos falando em mais de 200 mil presos. São os chamados "presos provisórios", confinados frequentemente nas mesmas celas de criminosos condenados. Será que todos são realmente culpados? Quantos terão que passar verdadeiras barbáries na prisão até que se constate um erro cometido.

Por fim vamos comentar dois procedimentos da Justiça em que, dependendo do entendimento do juiz, ou em decorrência de legislação que merecia revisão, pode haver decisões frequentemente injustas.

Vamos pegar duas situações como exemplo por serem ocorrências recorrentes.

Frequentemente no Judiciário vemos celebridades de diversos segmentos com problemas na Justiça por questão de pensão alimentícia. Aqui temos dois aspectos a serem considerados: a posição de negligência de certos pais e o oportunismo de certas mães.

Sabe-se que em especial homens do meio artístico são frequentemente assediados por mulheres, algumas claramente com intenções oportunistas. Seja para ganhar alguma notoriedade ou mesmo para conseguir um vínculo com a celebridade que garantirá seu meio de vida por muitos anos.

Estamos falando do meio artístico e de celebridade. Mas isso ocorre em menor escala em outros grupos sociais.

Ocorre que temos que separar os casos de evidente negligência de pais irresponsáveis e um possível golpe de oportunistas de plantão. Claro que, antes e acima de tudo, o bem-estar da ou das crianças. Mas entendemos que temos que considerar alguns elementos. Deve, sim, ser garantido o bem-estar da criança. Mas como dissociar a garantia de manutenção dos filhos do usufruto oportunista da mãe? Difícil, sim. Nós sabemos. Mas a Justiça não deve posicionar-se quanto a isso?

Hoje uma mãe de posse de um certidão de nascimento decorrente de exame de paternidade solicita o valor que entende cabível como pensão e o juiz normalmente acata sem sequer ouvir a outra parte antes, no caso, o pai. Sabemos como é a velocidade da justiça. A mãe então usufruirá da pensão durante meses até que se marque uma audiência com a possibilidade ou não de revisão do valor. É justo? Claro, tem a criança em questão. É verdade.

Na prática a mãe acaba virando sócia dos rendimentos do pai durante pelo menos 18 anos, o que em muitos casos pode garantir uma condição financeira invejável para ela.

Recentemente se noticiou o caso do jogador do Palmeiras Dudu, que, casado, engravidou uma garota de programa e fez um acordo para pagar R$50.000,00 por mês para a criança, ou melhor, para a mãe da criança. Ou para a criança?!?

Outra prerrogativa do juiz que também pode configurar uma atitude injusta e acarretar prejuízos e embaraços é a penhora on-line.

A penhora on-line é uma prerrogativa muito válida que possibilita de forma rápida e eficaz de satisfazer e efetivar o cumprimento de obrigações judicialmente reconhecidas, nas hipóteses em que o devedor não ofereceu outra solução legalmente aceita.

O suporte legal foi inserido no Código Civil pela Lei 11.382, de 07/12/2006, que dispôs:

> Art. 655-A. Para possibilitar a penhora de dinheiro em depósito ou aplicação financeira o juiz, a requerimento do exeqüente, requisitará à autoridade supervisora do sistema bancário, preferencialmente por meio eletrônico, informações sobre a existência de ativos em nome do executado, podendo no mesmo ato determinar sua indisponibilidade até o valor indicado na execução.

Em síntese, trata-se da possibilidade de o exequente requerer ao juiz da execução o bloqueio do valor dívida, diretamente na conta bancária do executado, com o objetivo de satisfazer a obrigação.

Na perspectiva do credor, são extremamente positivas as consequências da adoção da penhora on-line, na medida em que o direito da parte é alcançado com maior presteza e tempestividade, uma vez que, havendo dinheiro em conta da parte executada para ser penhorado, tais valores, se não utilizados os meios de defesa pelo executado, estarão à disposição do exequente em um tempo mínimo razoável, atendendo aos princípios da efetividade e da razoável duração do processo.

Outra consequência positiva acerca da adoção de tal procedimento é que a penhora on-line é hoje preferencial em relação a qualquer outro meio de penhora, não sendo necessário o esgotamento de diligências na busca de outros bens da parte executada para deferi-la.

Agora vejamos a questão na perspectiva do devedor. Outrossim, em vista de que não há, de imediato, por parte do magistrado, a identificação de que valores são impenhoráveis, podem ocorrer bloqueios de valores com tal característica, fato que, num olhar primeiro, pode transparecer prejudicial ao executado. No entanto, tendo o devedor a incumbência legal de provar que aqueles valores bloqueados se revestem de tal característica, entendem Marinoni e Arenhart (2008) que, por não ter cumprido a sentença e não ter adimplido o título executivo, o executado deverá demonstrar o excesso de penhora, postulando que seja corrigida, e isso, na visão de tais doutrinadores, não soaria como algo despropositado.

Os mesmos doutrinadores, no entanto, admitem ser necessário evitar que a penhora on-line se desgaste em razão de situações pontuais – obviamente contornáveis – que possam trazer eventuais inconvenientes ou prejuízos. Remetem eles, com isso, à possibilidade de a penhora on-line trazer inconvenientes ou prejuízos ao executado, o que, na visão doutrinária citada, seria "contornável" pelo emprego de meios tecnológicos capazes de localizar e disponibilizar com precisão o montante a ser penhorado, evitando que a penhora on-line recaísse sobre mais de uma conta corrente ou aplicação do executado.

Nessa mesma linha, Donizetti (2014) menciona que, para a constrição, seria indispensável o conhecimento do saldo em conta-corrente, em caderneta de poupança ou em aplicação financeira para, aí sim, poder proceder à penhora. No entanto, em razão do sigilo de dados, as informações serão limitadas à existência ou não de depósitos ou aplicação, até o valor indicado na execução.

Outra crítica em relação à possível lesão aos direitos do devedor vem construída por Bueno (2014), que diz respeito ao tempo de eventual desbloqueio dos valores quando a iniciativa mostra-se errada, ou quando superior ao valor devido. Faz alusão à necessidade de correção do sistema eletrônico que admite o bloqueio e o desbloqueio, de modo que o desbloqueio deva ocorrer com a mesma agilidade admitida para o bloqueio.

Contudo sustenta o mesmo doutrinador que a menor agilidade para o desbloqueio de valores, tornados indisponíveis de forma equivocada, não é motivo para duvidar dos benefícios do ato judicial praticado por meio eletrônico, já que traz efetividade à execução.

Outro aspecto crítico a ser referido acerca da penhora on-line é que a ordem de bloqueio atinge todas as contas do devedor de forma simultânea. Preleciona Goldschmidt (2008) que o juiz solicita o bloqueio eletrônico, e essa solicitação será emitida ao Banco Central, por meio do número do CPF ou do CNPJ do devedor, que buscará as contas e aplicações financeiras, bloqueando a quantia requerida pelo credor em todas as contas cadastradas.

Aduz, ainda, que, "se o devedor for titular de três contas em bancos distintos, com saldo disponível, será bloqueado o valor correspondente à solicitação do credor, nas três contas encontradas" (GOLDSCHMIDT, 2008, p. 62). Conclui, portanto, que, com isso, há múltiplas penhoras e excesso de execução.

Ademais, faz menção acerca dos prejuízos que a penhora on-line pode causar às empresas brasileiras, uma vez que, sendo bloqueados os valores existentes em todas as contas abertas de que a empresa devedora é titular, poderá causar prejuízos, inclusive, na ordem dos direitos trabalhistas assegurados aos seus empregados.

Bem, inegável esse instrumento judicial, entre os poucos que configuram eficiente instrumento judicial para reparação financeira determinada em juízo.

Porém, dentro da linha de eventuais erros, que já vimos que se sucedem a todo instante, como fica a situação do devedor em diversas situações que aqui podemos relacionar como exemplo?

Esse procedimento judicial quando determinado poderá não ter prévia ciência do devedor. Ele poderá estar em viagem e ter a necessidade em algum momento de pagar o hotel, o restaurante ou mesmo o hospital. Podemos imaginar a situação constrangedora no mínimo e até desesperadora em outros casos quando ao tentar o pagamento evidentemente não conseguirá em função do bloqueio.

Voltamos a lembrar da morosidade da Justiça. Quanto tempo levará para o devedor demonstrar que se trata de valores decorrentes de salário e assim voltado a sua subsistência e portanto impenhoráveis? Demonstrar e ser atendido. Acreditamos que o legislador não se preocupou se terá o devedor como se manter nesse período tendo todos seus valores bloqueados.

Sabemos que na prática são bloqueados valores originários de caderneta de poupança ou mesmo de salário, sendo que tais valores são considerados absolutamente impenhoráveis pela legislação processual civil.

Nesse ponto, doutrinadores têm estabelecido críticas ao sistema, em razão de possível lesão aos direitos do devedor naquilo que diz com o tempo de eventual desbloqueio dos valores quando a iniciativa mostra-se errada, ou quando o bloqueio é procedido em montante superior ao valor devido.

Diante do exposto, pode-se concluir que, em que pese o Sistema Bacen Jud apresente consequências extremamente positivas na perspectiva do Poder Judiciário e do credor, os procedimentos a ele inerentes merecem ser aperfeiçoados, a fim de que se cinja o ato constritivo ao valor indicado e a uma única conta, excetuando-se aquelas relativas aos ganhos impenhoráveis.

Cabe lembrar que valores em conta-corrente do devedor, no caso da pessoa física, terão grandes probabilidades de ter origem salarial, que não deverá ser objeto da penhora.

Com isso, mostra-se inadequado o sistema nesse ponto, em razão da multiplicidade de bloqueios e do excesso de execução.

Outro aspecto que traz consequências nocivas ao devedor é o fato de prejuízos poderem ser causados pela penhora on-line a empresas, uma vez que, sendo bloqueados os valores existentes em todas as contas abertas em nome de uma empresa devedora, a impossibilidade de movimentá-las certamente causará prejuízos à gestão dos negócios da empresa.

Diante do problema proposto para este estudo – Quais são os limites da decretação da penhora on line no Sistema Bacen Jud? –, conclui-se que a hipótese levantada é verdadeira, na medida em que o dinheiro constitui o bem único a ser expropriado por meio da penhora procedida eletronicamente. No entanto, embora haja celeridade no procedimento adotado eletronicamente, há evidentes prejuízos ao devedor, conforme acima demonstrado.

Cabe promover os ajustes nos procedimentos atuais, de forma a garantir, sim, com presteza, celeridade e segurança, a satisfação do crédito do exequente, sem, contudo, gerar ônus e constrangimentos indevidos ao executado.

Com isso, sim, o instituto da penhora on-line se firmará como grande e efetivo avanço no sistema jurídico brasileiro.

Episódios

As ocorrências a seguir visam demonstrar um outro aspecto de situações que demonstram como muitas vezes temos que nos submeter à sistemática da nossa Justiça, na qual, como dissemos, nem sempre ocorre a real justiça. A sistemática, inclusive, envolve o comportamento de seus representantes, como veremos a seguir. Todos devem lembrar-se do episódio do juiz que humilhou o guarda municipal.

O desembargador do Tribunal de Justiça de São Paulo Eduardo Almeida Prado Rocha Siqueira foi flagrado em um fim de semana sem máscara e, ao ser abordado pelo agente que o multou, chamou-o de analfabeto.

A Prefeitura de Santos afirmou que deu total apoio à equipe que fez a abordagem e ressaltou que a multa foi lavrada.

O desembargador Eduardo Siqueira tentou se defender, alegando ilegalidade na abordagem e manipulação de imagens.

Nas imagens pudemos ver que o desembargador humilhou o guarda municipal ao ser multado por não utilizar máscara enquanto caminhava na praia. Ele chamou o guarda de "analfabeto", rasgando a multa e jogando o papel no chão e, por fim, dando uma "carteirada" ao telefonar para o Secretário de Segurança Pública do município, Sérgio Del Bel.

Em função da repercussão do caso, o corregedor nacional de Justiça, ministro Humberto Martins, intimou o desembargador a prestar esclarecimentos sobre a conduta.

Para o ministro, o vídeo divulgado demonstra indícios de possível violação aos preceitos da Lei Orgânica da Magistratura Nacional (Loman) e ao Código de Ética da Magistratura, o que impõe a necessidade de averiguação pela Corregedoria Nacional de Justiça.

O desembargador deve ser intimado e terá um prazo de 15 dias para prestar informações a respeito dos acontecimentos expostos. Ele terá sua conduta apurada e serão estudadas providências a serem tomadas no caso.

Após a repercussão dos vídeos publicados pelo G1, o Tribunal de Justiça de São Paulo divulgou uma nota afirmando que, ao tomar conhecimento, determinou imediata instauração de procedimento de apuração dos fatos e requisitou a gravação original e ouvirá, com a máxima brevidade, os guardas civis e o magistrado.

Mas o corregedor determinou que o procedimento instaurado no TJ-SP, para apuração dos mesmos fatos contra o desembargador, fosse encaminhado ao Conselho Nacional de Justiça (CNJ).

Em sua decisão, o ministro entendeu que, como os acontecimentos são recentes, é necessário tornar mais eficiente a utilização dos recursos materiais e humanos, naturalmente escassos, evitando-se a duplicidade de apurações, ambas em fase inicial, e a repetição de atos processuais.

Dessa forma, o ministro determinou ao TJ-SP encaminhasse à Corregedoria Nacional de Justiça o procedimento instaurado que tenha como objeto os mesmos fatos apurados no pedido de providências. O tribunal estadual tem um prazo de cinco dias para cumprir a decisão do corregedor nacional de Justiça.

Essa não foi a primeira vez que Eduardo Siqueira agiu dessa forma. Um outro vídeo obtido pela reportagem, mostrou que, em maio, ele já havia desrespeitado e ameaçado um inspetor da GCM, ao ser flagrado também descumprindo o decreto municipal que obriga o uso de máscaras na cidade.

O código de ética da magistratura traz algumas regras que os juízes devem seguir. O documento diz, por exemplo, que a conduta fora dos tribunais deve reforçar a confiança dos cidadãos na Justiça. E que na vida privada os juízes devem dar até mais exemplo para contribuir com a imagem e dignidade da função.

Para o professor de Direito Oscar Vilhena Vieira, o desembargador cometeu uma sequência de crimes. "Infração prevista no crime de autoridade, de abuso de autoridade. Existe sim uma afronta a lei de abuso de autoridade, isso não há dúvida a respeito disso e também pode haver outra coisa que é quebra de decoro".

"Não se enxergam como servidores públicos, mas como casta"
(Frederico Normanha Ribeiro de Almeida)

Para Frederico de Almeida, o comportamento de Siqueira, embora possa não ser predominante no Judiciário, perpetua-se com o silêncio corporativista dos demais magistrados.

Vejam mais algumas considerações mais pertinentes do pesquisador que destacamos a seguir:

"É muito emblemático de um tipo de ideologia que existe nas carreiras jurídicas em geral, especialmente na magistratura, de não se perceber como um servidor público ou como um agente da lei, mas de se perceber como parte de uma casta de privilégios, que são materiais — a gente sabe dos penduricalhos que burlam o teto salarial — e baseada em privilégios simbólicos, que é essa ideia do status, do estar acima da lei, do 'sabe com quem você está falando?', de ser desembargador".

"O Judiciário sempre foi muito resistente a controles externos, porque esteve sob ameaça sobretudo na ditadura militar".

"Quando vem a Constituição de 1988 e ele conquista autonomia inclusive administrativa e financeira, e pode decidir sobre salários, penduricalhos e demais questões materiais, ele acaba virando um Poder mais poderoso ainda, e muito baseado nessa lógica corporativa".

Hoje um órgão que pode exercer algum controle sobre o Judiciário é o Conselho Nacional de Justiça (CNJ), criado com a reforma de 2004. Cabe só ressaltar que é predominantemente formado por membros da própria magistratura, de tribunais diferentes, sob a presidência do Supremo (Tribunal Federal).

Desvio de função?

Além desses aspectos, todos ainda há alguns juízes que esquecem a verdadeira função da magistratura. Muitas vezes, até por ignorância, alguns juízes atendem a pleitos infundados de requerentes sem ao menos pedir informação do que a legislação prevê para aquela questão. A coisa toda começa com os autores que preferem recorrer ao Judiciário do que atender às exigências da lei para algum caso assim como todos nós devemos ou temos que fazer. Aí o juiz acaba atuando como despachante ou contador quando determina por exemplo que algum órgão ou instituição atenda a alguma demanda dispensando quaisquer exigências normalmente feita aos demais cidadãos. Muitas vezes até por desconhecimento. Na verdade o juiz lida com questões de toda natureza. Claro que terá vários assuntos que desconhecerá por completo. Mas o bom sendo mandaria que houvesse um pedido prévio de informações.

Mas enfim hoje a magistratura se reveste de um poder que por serem seres humanos, ainda que em alguns casos passem uma ideia de super-humanos, estão sujeito a erros. E cometem injustiças de toda ordem.

E sabemos que alguns o fazem dolosamente.

Desembargadora presa na Operação Faroeste por suspeita venda de sentenças é transferida para presídio no DF
https://g1.globo.com/ba/bahia/noticia/2020/12/21/
desembargadora-presa-na-operacao-faroeste-por-suspeita-venda-de-sentencas-e-transferida-para-df.ghtml

Lígia Cunha é investigada em inquérito que apura venda de sentenças para legalização de terras no oeste da Bahia. Também foi convertida prisão temporária em preventiva
https://www.faroldabahia.com.br/noticia/faroeste-desembargadora-presa-por-suspeita-venda-de-sentencas-e-transferida-para-presidio-no-df

CNJ condena 21 magistrados que cobraram de R$ 750 a R$ 400 mil por sentença
https://edicelianunes.jusbrasil.com.br/noticias/763483988/cnj-condena-21-magistrados-que-cobraram-de-r-750-a-r-400-mil-por-sentenca

Desde 2005, o Conselho Nacional de Justiça julgou 21 casos de venda de sentenças. Os valores cobrados pelos magistrados variaram de R$ 750 até R$ 400 mil.
https://jusdecisum.jusbrasil.com.br/noticias/763082527/cnj-condena-21-magistrados-que-cobraram-de-r-750-a-r-400-mil-por-sentenca

Exclusivo: Fantástico revela como funcionava esquema de venda de sentenças no Tocantins
https://g1.globo.com/fantastico/noticia/2020/06/07/exclusivo-fantastico-revela-como-funcionava-esquema-de-venda-de-sentencas-no-tocantins.ghtml

Caso Lula Livre

Não tínhamos como deixar citar esse caso mais recente. Pedimos licença à direita e principalmente à esquerda para fazermos uma consideração a esse caso. Vamos tentar entender o que aconteceu.

Em 2017, Lula foi condenado pelo então juiz Sergio Moro no caso do triplex do Guarujá. A decisão confirmada em segunda instância e mantida pela 5ª Turma do Tribunal Superior de Justiça fixou pena de 8 anos e 10 meses de prisão.

O ex-presidente foi condenado pelos crimes de corrupção passiva e lavagem de dinheiro. O triplex seria propina da construtora OAS em troca de favorecimento em contratos com a Petrobras, o que o petista nega.

Em 2019, Lula foi condenado pela juíza Gabriela Hardt, da 13ª Vara de Curitiba, que substituiu Moro. O Tribunal Regional da 4ª Região confirmou e fixou a pena em 17 anos e um mês de prisão.

Lula também era réu na Justiça Federal do Paraná em dois casos envolvendo o Instituto Lula, fundação sem fins lucrativos dedicada à manutenção do seu legado.

No primeiro deles, ele é acusado de receber um terreno de R$ 12 milhões para a construção de uma nova sede para a organização como propina da Odebrecht. A segunda acusação também é pelo recebimento de propina de R$ 4 milhões disfarçada de doação.

Por 8 votos a 3, o Supremo Tribunal Federal (STF) confirmou a decisão do ministro Edson Fachin e anulou as condenações do ex-presidente Luiz Inácio Lula da Silva no âmbito da Lava Jato.

O Plenário do Supremo Tribunal Federal (STF) confirmou, nesta quinta-feira (14), a decisão do ministro Edson Fachin, que, ao declarar a incompetência da 13ª Vara da Justiça Federal de Curitiba (PR), anulou as ações penais contra o ex-presidente Luiz Inácio Lula da Silva por não se enquadrarem no contexto da Operação Lava Jato. Por 8 votos a 3, o colegiado rejeitou recurso (agravo regimental) da Procuradoria-Geral da República (PGR) no Habeas Corpus (HC) 193726.

Segundo Fachin, relator, as denúncias formuladas pelo Ministério Público Federal contra Lula nas ações penais relativas aos casos do triplex do Guarujá, do sítio de Atibaia e do Instituto Lula (sede e doações) não tinham correlação com os desvios de recursos da Petrobras e, portanto, com a Operação Lava Jato. Assim, apoiado em entendimento do STF, entendeu que deveriam ser julgadas pela Justiça Federal do Distrito Federal.

Vamos ver se entendemos bem. Se for possível interpretar o cenário em que foi inserido o ex-presidente, podemos entender que ele tinha um papel determinante em todo o esquema de corrupção da Lava Jato. E por um erro processual, ou por questão formal, é hoje considerado inocente (e livre) ainda que tais condenações tenham sido confirmadas em várias instâncias. Bizarro, incrível, inexplicável. Mas, enfim, foi o que aconteceu, e Lula pode inclusive ser candidato nas próximas eleições.

Que fique bem claro. Foi o Lula. Mas que fosse o Roberto Jefferson (preso recentemente), o Collor, o Sarney, o Maluf... Não importa. Como teremos segurança jurídica num sistema jurídico no qual, após anos de trabalhos procedimentais judiciais, tudo pode ser perdido por mero erro formal?

Claro que Lula não ia deixar de tirar proveito político da ocorrência.

> *"Antes de eu ir, nós tínhamos escrito um livro. Eu fui a pessoa que dei a palavra final no título do livro, que é A Verdade Vencerá. Eu tinha tanta confiança e tanta consciência do que estava acontecendo no Brasil, que eu tinha certeza de que esse dia chegaria. E ele chegou."*
>
> *"O sofrimento que as pessoas pobres estão passando neste país é infinitamente maior do que qualquer crime que cometeram contra mim. É maior do que cada dor que eu sentia quando estava preso na Polícia Federal."*
>
> *"É essa dor que a sociedade brasileira está sentindo agora que me faz dizer pra vocês: a dor que eu sinto não é nada, diante da dor que sofre milhões e milhões de pessoas."*

Mas, enfim, mais um caso esdrúxulo de decisões judiciais totalmente duvidosas e questionáveis. Até quando estaremos à mercê de um judiciário instável, nebuloso e desacreditado? Quando teremos um sistema que realmente promova a verdadeira Justiça?

DESEMPREGO – ASPECTOS DE UM DRAMA SOCIAL

Noções conceituais

Quando se fala de desemprego podemos distinguir alguns tipos bem diferenciados.

Conforme descrição de Paulo Silvino Ribeiro, mestre em Sociologia pela Universidade Estadual Paulista (Unesp), e Júlio de Mesquita Filho, doutorando em Sociologia pela Universidade Estadual de Campinas (Unicamp) e colaborador do programa Brasil Escola, o desemprego que é realmente importante é o estrutural. Porém ele relaciona outros tipos conforme abaixo.

O Desemprego Friccional (ou desemprego natural) consiste em indivíduos desempregados, temporariamente, ou porque estão mudando de emprego, ou porque foram demitidos, ou porque ainda estão à procura de emprego pela primeira vez. O Desemprego Estrutural é consequência das mudanças estruturais na economia, tais como as mudanças nas tecnologias de produção ou nos padrões de demanda dos consumidores (uma vez que a mudança de gostos pode tornar obsoletas certas profissões).

O Desemprego Sazonal ocorre em função da sazonalidade de determinados tipos de atividades econômicas, tais como a agricultura e o turismo, que acabam por causar variações na demanda de trabalho em diferentes épocas do ano.

O Desemprego Cíclico (involuntário ou conjuntural) é um dos mais temidos e tem assolado a Europa e os Estados Unidos nessas últimas crises econômicas. Ele ocorre quando há uma recessão da economia, o que significa uma retração na produção. As empresas são obrigadas a dispensar os seus funcionários para cortar despesas.

Logo, estar desempregado significa encontrar-se numa situação na qual não se tem nenhum vínculo oficial com qualquer instituição empregadora, não se possuem quaisquer outras fontes de renda, mas o fator que condiciona tal situação, como se viu, pode variar.

E como se mede o desemprego? A população adulta de um país classifica-se em população ativa (inclui as pessoas ocupadas e aquelas que não têm trabalho, mas que gostariam de trabalhar) e população inativa (aquela que não tem trabalho nem o procura: donas de casa, reformados, estudantes etc.).

Forma de cálculo para a taxa de desemprego = n° de desempregados / população ativa

Panorama geral

O mundo moderno como se apresenta atualmente tem vantagens e desvantagens.

Entre as vantagens, estão itens dos quais não podemos prescindir. Quem se imagina sem as garantias do Estado, como infraestrutura, saneamento básico, segurança, educação e saúde, ainda que em nível precário, em alguns casos? Ou sem os utensílios, os bens de consumo e as alternativas de estudo e lazer?

Porém entre os inconvenientes da vida social há um mal terrível que tem invariavelmente crescido em escala globalizada. Nesse contexto, como poderíamos descrever a situação de desemprego, que, para muitos, tem ficado longe de ser passageira?

A livre-iniciativa da economia de mercado acabou por prevalecer no mundo globalizado, mas com certeza esse sistema econômico está longe da perfeição, assim como todos os outros. Por exemplo, o pleno emprego é um item utópico ou passageiro. Na verdade, o sistema de economia livre é excelente para poucos e muitas vezes dramático para uma grande maioria. A economia tem suas oscilações de mercado – alguns ganham bem em alguns momentos e outros bem menos. No entanto, no período crítico, os que ganham menos perdem mais, ou melhor, são mais penalizados. São eles que pagam caro pela situação. As regras do mercado são frias e impiedosas. Num momento você serve e tem a sua parte no filão; no outro você sobra, torna-se obsoleto, superado e é descartado, preterido e ignorado. Para entrar de novo no esquema, no sistema, no mercado, tem que submeter-se às regras novas: mais qualificação e menos remuneração. Na verdade, tudo gira em torno da regra maior: demanda e oferta. Há bem mais gente à procura de emprego do que gente que emprega, e é a última quem dita as regras.

Já há um bom tempo, com a globalização, a informatização e as novas tecnologias, toda a gente tem enfrentado um problema de desemprego estrutural. Funcionários perdem o emprego e não têm outra oportunidade, porque todos os ramos de atividade estão a modernizar-se.

Num momento de retração da economia e de desemprego crescente, o poder de fogo dos mandos e desmandos, de opressão e controle da classe empresarial torna-se cada vez mais forte.

Despede-se e contrata-se com extrema facilidade. Os ordenados diminuem e os empregados tornam-se cada vez mais submissos.

Por outro lado, vemos crescer oportunidades profissionais para as novas atividades, algumas, inclusive, com dificuldade para suprir as vagas decorrentes. Mas são em número mais reduzido e com necessidade de maior capacitação. É necessário providência governamental para que se criem postos de serviços para a grande massa não tão capacitada.

Desemprego – Um mal do mundo globalizado

O desemprego não é um problema só no Brasil; ele ocorre em toda a parte do mundo.

A Organização Internacional do Trabalho (OIT) aponta que os impactos da pandemia de Covid-19 colocaram 108 milhões de trabalhadores na pobreza no mundo inteiro, e a recuperação do nível de emprego no patamar anterior ao da crise sanitária deve acontecer somente em 2023. Com a redução de postos de trabalho, o relatório da entidade estima que o desemprego deve atingir 220 milhões de pessoas ainda neste ano.

O diretor técnico do Dieese, Fausto Augusto Junior, lembra que, para promover a recuperação dos postos de trabalho, é necessário que o crescimento econômico seja retomado primeiro. Por outro lado, destaca também que a pandemia acentuou os problemas de desigualdade, e os países que não controlaram a pandemia de Covid-19 vão sofrer ainda mais.

A OIT alerta que, sem esforço para criar empregos decentes, os efeitos da pandemia podem durar anos. "Para lidar com o desemprego é preciso uma política de desenvolvimento, com medidas que ampliem a produção e a geração de empregos, ajudando as áreas que mais absorvem mão de obra. Por conta das escolhas do ministro Paulo Guedes, vamos ao sabor do vento", afirmou Fausto.

Desemprego entre mulheres e jovens

O relatório da OIT também apresenta um recorte por gênero, que identifica as mulheres como um dos segmentos mais prejudicados. Em 2020, a contração do emprego feminino foi de 5%. Para os homens, a retração foi de 3,9%. No levantamento por idade, o desemprego pesou mais para os jovens. A queda foi de 8,7%, enquanto a retração média foi de 3,7%.

De acordo com o diretor técnico do Dieese, com a nova estruturação do mercado, a questão do gênero precisa de mais atenção por parte do poder público. "Há uma desigualdade estrutural no Brasil, que passa por uma lógica de discriminação de gênero. As mulheres já têm uma remuneração mais baixa e enfrentam de forma mais grave o desemprego. E os jovens ingressam de maneira precária no mercado de trabalho, com baixa renda", analisou.

Embora a situação do emprego seja preocupante no mundo todo, ela é muito desigual, não apenas quanto ao número de desempregados, mas sobretudo quanto às suas principais causas e quanto à qualidade do trabalho. Nos Estados Unidos, que são o último porto seguro do grande fluxo das finanças globais, o desemprego é relativamente baixo comparado com o resto do mundo. Também em boa parte dos países asiáticos o desemprego não está em níveis muito elevados. Agora, a situação da Europa realmente é preocupante. No Brasil, o problema é extremamente grave, porque os desempregados brasileiros não podem contar com um sistema público de proteção social como o dos europeus. O sistema brasileiro de segurança social é precário, e boa parte da população permanece à margem de quaisquer benefícios institucionais. Não há explicações simples ou unânimes para essa questão. O desemprego é resultante de muitos fatores simultâneos e às vezes complexos.

Ao ver-se a questão de uma perspectiva global, poderíamos mencionar, em primeiro lugar, o desaquecimento da economia mundial, paralelamente a uma intensificação do progresso tecnológico. Nos séculos 18 e 19, a crescente industrialização foi capaz de absorver a mão de obra desempregada pela incorporação da tecnologia na agricultura. Até a década de 1970 do século passado, o setor de serviços foi capaz de absorver razoavelmente bem a mão de obra desempregada pela incorporação de tecnologia na indústria. Agora, é o setor de serviços que passa por intensa modernização tecnológica, sobretudo por meio da difusão das tecnologias da informação. Um exemplo disso são as atividades bancárias: em meados dos anos 80, o setor bancário brasileiro empregava mais de um milhão de trabalhadores; em poucos anos, acreditamos que esse número não ultrapassará a casa dos 300 ou 400 mil. Alguns autores estimam que num futuro próximo as atividades fabris norte-americanas deverão absorver menos de 10% de toda a força de trabalho daquele país.

Não há concordância entre os especialistas quanto às causas do desemprego. Há quem diga que a própria preocupação com o desemprego não passa de uma obsessão equivocada pelo pleno emprego. Outros afirmam que o desemprego é culpa dos próprios trabalhadores, sindicatos e governos, que impedem que a remuneração do trabalho seja suficientemente baixa para induzir as empresas a contratarem toda a mão de obra disponível. Essa é a conclusão da chamada clássica teoria do emprego, que explica o baixo nível de emprego pelas imperfeições de mercado causadas por fatores "externos" ou institucionais, como os governos e os sindicatos.

Os impactos econômicos, o aumento das desigualdades sociais, os avanços tecnológicos, a ausência de um plano político social e profissional eficaz, de sindicatos mais atuantes e menos oportunistas e a exigência de mão de obra qualificada para preencher postos de trabalho são alguns fatores para o aumento dos índices de desemprego observados no mundo. As pesquisas nesse assunto demonstram que essa situação tem como exceção os Estados Unidos, onde o crescimento da economia e os planos de segurança social que amparam o trabalhador, mesmo com as recentes crises, assinalam uma exceção ao resto do mundo, onde a situação é bastante preocupante. Claro que em um grau bem menor durante o período de pandemia.

Entendemos também que a sistemática econômica adotada por todos os países determina a política e a conduta empresarial. Isso explicaria as flutuações no nível de emprego, de acordo com o gasto e investimento das empresas. De fato, as decisões de gastos das empresas são muito instáveis, porque dependem da expectativa que elas tenham em relação aos acontecimentos futuros que possam afetar a lucratividade dos investimentos. Se essas expectativas são positivas, elas realizam investimentos, ampliando ou instalando novas plantas produtivas e, com isso, aumentam o nível de emprego. Se as expectativas são negativas, elas não realizarão ou contrairão os investimentos previstos, reduzindo-se as compras totais da economia e, assim, o nível de emprego. As expectativas são instáveis porque a economia moderna é marcada pela incerteza. Essa incerteza está associada à ocorrência de muitos eventos econômicos, políticos, sociais ou tecnológicos que mudam continuamente os termos do problema que as empresas têm de enfrentar no momento das decisões de negócios.

Por outro lado, sabe-se que existem inúmeras vagas a serem ocupadas por pessoas com o nível de qualificação pretendido pelas empresas, o que cria um paradoxo intrigante e conceitual, apesar da massificação da informação no nosso meio, o aumento do número de faculdades presenciais e virtuais, de cursos de extensão e inúmeros meios de melhorar o currículo ainda é bastante distante do cenário pretendido. O mercado global e local exige muito mais do que os candidatos aos cargos anunciados oferecem.

A experiência e a maturidade exigida (às vezes não só profissional) somente se adquirem com os anos de experiência. Acrescente-se que o perfil idealizado não tem formação à altura no mercado. O cenário profissional do mercado é muito dinâmico. Hoje o profissional precisa ser global, tecnológico, gerir equipes heterogêneas e extrair o máximo delas, ser resiliente, administrar o tempo com maestria, ser multivalorado e criativo para solucionar problemas cada vez mais complexos e descentralizados.

Na esfera brasileira, a concorrência mundial reforça o índice alarmante e desproporcional, pois, embora sejamos um país criativo, por excelência, isso não é suficiente para diminuir o desemprego e atender à carência por qualificação.

Não há saídas à vista, a não ser uma progressiva redução do tempo de trabalho e a ampliação do tempo livre e da ocupação em atividades sociais e comunitárias. De qualquer forma, é absolutamente imprescindível um amplo projeto político de universalização da educação, orientado pela ideia de aprendizagem permanente e de multiplicação dos espaços do conhecimento.

O governo brasileiro tem incentivado o trabalho informal a formalizar-se por meio do projeto Empreender. Isso, sem dúvida, é bastante positivo na esfera social e profissional, observando-se as vantagens da legalização, a visibilidade no mercado, a geração de renda e emprego e a obtenção de benefícios fiscais e financeiros, que contribuem significativamente para a diminuição do desemprego e a maximização das pessoas no mercado de trabalho, gerando uma expectativa bastante positiva. A instituição da figura do Microempreendedor Individual, em que a formalização e tributação é bastante simplificada, foi uma medida muito positiva para o mercado e tirou da informalidade milhares de pequenos empreendedores.

Consequências sociais

O desemprego causa muitos transtornos sociais – para o desempregado, para a família e para o Estado. Para o cidadão desempregado e sua família, o desemprego provoca insegurança e indignidade – aquela sensação de inutilidade para o mundo social.

Entre os muitos transtornos causados pelo desemprego, um deles refere-se ao índice de criminalidade.

Isso pode parecer intrigante. Normalmente ligamos ao prática de delitos ao caráter do agente. Como se tornar delinquente e promover crimes decorresse apenas da personalidade e caráter de uma pessoa. Parece que pode haver outros elementos que podem induzir pessoas ao cometimento de crimes.

Algumas pesquisas indicam que o desemprego lança trabalhadores ao mundo do crime.

Sem trabalho, o recifense João César de 41 anos, tentou assaltar um mercadinho e foi preso.

A grande maioria das pessoas mantém-se honesta mesmo nas maiores privações, mas a desigualdade social pode empurrar muita gente para o crime.

"O grande combustível da criminalidade é a desigualdade social", afirma Daniel Cerqueira, da diretoria de estudos sociais do Instituto de Pesquisa Econômica Aplicada (Ipea).

Que bom seria se todos os exercentes do poder tivessem mais sensibilidade para esse problema tão grave como o desemprego, principalmente nos momentos mais dramáticos! A questão, por si só, já objeto de grandes preocupações pelos grandes problemas sociais que acarreta, deve ter um melhor dimensionamento, uma vez que afeta diretamente o núcleo familiar e atinge indiretamente toda uma sociedade.

Pois bem, reflitamos sobre como estão as milhares de famílias brasileiras, quando o desemprego se torna uma realidade entre os seus membros, muitas delas já desestruturadas por outros variados contingentes sociais.

Será que algum governante, por mais ocupado que seja, já imaginou os milhares de pais de família sem perspectivas de recolocação pela redução de oferta de trabalho? O aluguel quase vencido, o leite, o pão e o arroz a acabar, o sapatinho da criança apertado, a blusa e as calças cada vez mais curtas, os donos do talho e do armazém a cobrar as despesas, os cheques a voltar e o nome da pessoa atirado à lama, de onde não tem perspectivas de sair.

Para algumas dessas pessoas, ainda pode restar o socorro misericordioso de parentes ou amigos para que possam ao menos sobreviver. E quanto às milhares de outras já sem alternativas? Quantas não se depararão com as portas fechadas, com o desprezo e com as humilhações? E o amor-próprio e a dignidade, a escorrerem por aqueles ralos sombrios das sarjetas das ruas? Não bastasse esse quadro dramático, que espelha a situação pela qual passam muitas das nossas famílias, há ainda, como já dissemos, a questão da violência e da marginalidade, que crescem, além de outros distúrbios sociais. Quando se atinge a dignidade das pessoas, as reações normalmente são extremadas. Isso explica as diversas tentativas de suicídio dos últimos tempos, os assassinatos imotivados, os assaltos e a violência nas suas mais variadas manifestações.

O desemprego e todo esse elenco de problemas decorrentes certamente não interessam nem ao trabalhador, nem ao empresário, nem ao governo. O trabalhador precisa do seu ganha-pão para consumir e comprar, garantindo o mercado e a sobrevivência do empresário, que, por sua vez, garante a arrecadação do governo, cada vez mais sedento de tributos. Então, por que não redobrarmos os esforços para minimizar esse grande problema social?

O desempregado acaba por virar um "não homem". Não tem crédito, não tem respeito, não tem autoestima, não tem nem mais libido – está fora do contexto, fora do mercado, desqualificado, rejeitado.

Acaba por ser visto como um encosto, um imprestável, um incompetente, um incapaz, preterido em muitas circunstâncias. Não é mais convidado para eventos, é eliminado dos grupos sociais por não poder mais contribuir financeiramente, quando for o caso, não tem mais como flertar e fazer galanteios que signifiquem desembolsos de dinheiro – enfim, não vive mais.

Até aquela cervejinha ou o cigarro de costume acabam por depender da camaradagem de amigos de copos.

É lembrar que tínhamos um emprego, que jamais nos imaginaríamos fora dele, que tínhamos o nosso dinheirinho no final do mês, tínhamos independência, tínhamos respeito e autonomia, e que agora não temos nada. É humilhante. Acabamos por nos sentir incapazes e não conseguimos reagir. Aí entra-se numa fase depressiva, por vezes autodestrutiva. Vem a sensação de inutilidade.

Outra cena que acabamos por associar ao desemprego é a fuga para o bar, os parceiros de copos e cigarros, que virarão hábito, atirando ainda mais o desempregado para o buraco.

Com o álcool, virá a dependência, o vício e, em seguida, a desestruturação familiar. Ele não terá mais condições de fazer o seu papel de pai e do homem da casa. O fundo do poço aproxima-se.

Desemprego e suicídio – Estudos relacionam o desemprego aos seguintes distúrbios: depressão, alcoolismo, isolamento, irritabilidade, distúrbio do sono, entre outros. Sendo o homem um ser social, tudo o que é valorizado pela sociedade tem grande força e é um elemento integrante da sua identidade. O trabalho é um desses fatores muito valorizados, que é visto como fonte de dignidade e honestidade, além de um dever moral e social. Por isso, o fato de estar desempregado pode causar um sentimento de culpa e de constrangimento no indivíduo. Quando não está a exercer algum tipo de trabalho validado no plano social, o sujeito não se sente reconhecido, valorizado e respeitado. Os desempregados não são reconhecidos socialmente e acabam por ser atingidos por um sofrimento psicológico.

Inclusive, um estudo financiado pela Universidade de Zurique revela que o desemprego é a causa de um em cada cinco suicídios no mundo.

Ao analisar os dados da Organização Mundial da Saúde sobre a mortalidade em 63 países pelo mundo, entre os anos de 2000 e 2011, os pesquisadores descobriram que aproximadamente 45 mil suicídios estavam relacionados com o desemprego.

O número representa 20% do total de 233 mil mortes contabilizadas pela OMS que têm como causa o suicídio.

A pesquisa ainda alerta para a necessidade da prevenção contra esse tipo de morte, principalmente em períodos de crise econômica.

É esse o fluxograma do fim do desempregado, sem opções, que é uma das piores situações pela qual pode passar o ser humano na vida em sociedade. É o caso de milhares de pessoas que um dia tiveram até certo status ao desempenharem aquela atividade profissional qualificada, aprendida nas escolas técnicas industriais e que agora está a ser extinta ou substituída por um equipamento de última geração, que produzirá 100 vezes mais e custará 10 vezes menos.

De acordo com o consultor em recursos humanos e psicólogo Felipe Pierry, de São Bernardo (região metropolitana de São Paulo), em 95% dos casos, a demissão mexe com a autoestima das pessoas. Além disso, segundo um estudo realizado por pesquisadores norte-americanos, pessoas que ficaram desempregadas por mais de sete meses, em 2011, apresentaram mais chances de vivenciar experiências de insanidade mental pela primeira vez. Arthur Goldsmith, pesquisador e professor de Economia da Universidade de Washington e Lee, no estado da Virgínia, nos Estados Unidos, afirma que o grupo de cientistas descobriu que pessoas expostas por longos períodos a situação de desemprego têm três vezes mais chances que os empregados de sofrerem o primeiro episódio de angústia ou aflição mental.

Medidas – O que se pode fazer?

Para tratar de reduzir o desemprego, o governo pode adotar medidas mais ortodoxas para incrementar a demanda e a oferta, como:

- medidas de política fiscal – racionalizar impostos, aumentar o gasto público;
- medidas monetárias – aumentar a oferta monetária e baixar os juros;
- medidas que afetam o tipo de câmbio – dirigidas a incentivar as exportações;
- fomento da concorrência, controle de posições monopolísticas, liberalização dos mercados, privatizações etc.;
- capacitação dos trabalhadores;
- melhoras das infraestruturas;
- subvenções a empresas que criem empregos.

Promover o Pleno Emprego? A situação é utópica? É uma meta inatingível? Ainda que configure uma situação temporária, ela deve ser colocada como objetivo constante. A administração pública deve organizar-se para se aproximar ao máximo da situação do Pleno Emprego. Certamente há diversas medidas que podem ser implementadas nesse sentido.

Hoje há a necessidade constante de requalificação profissional. Os profissionais que perdem os seus postos de trabalho devem passar por treinamentos e reciclagens para não se tornarem dispensáveis para o mercado de trabalho. Só assim poderão encontrar outra atividade e assumir uma nova vaga no concorrido mercado de trabalho moderno.

Existe também a questão dos encargos. A situação atual no Brasil de custo de encargos trabalhistas e tributários acaba por empurrar o empresário para informalidade.

Já dissemos sobre os benefícios da facilitação da formalização de pequenos negócios implementada pelo governo, como a sistemática simplificada de formalização do Microempreendedor Individual. Além da facilidade de cadastramento inicial, a tributação é reduzida e fixa, além de outros benefícios. Por outro lado, entendemos que essa figura empresarial, não obstante toda a facilidade de formalização, gerenciamento e tributação, ainda apresenta muitas limitações para a sua adesão e permanência.

A seguir, outras medidas que, se implementadas em larga escala, com certeza contribuiriam para reduzir os índices de desemprego.

- *Frentes de trabalho em grande escala em todas as esferas governamentais* – conforme o poder de contratação do ente público;
- Há muitos programas e projetos governamentais que poderiam sair das gavetas e ser implementados;
- Campanhas como as de alfabetização, de segurança (contratação de guardas municipais), de combate à dengue, à proliferação de doenças sexualmente transmissíveis, de orientações nutricionais etc., além de trazerem diversos benefícios sociais, ampliariam o mercado de consumidores pela devolução do poder aquisitivo aos contratados;
- *Pacto social* – a possibilidade de redução da jornada de trabalho a níveis próximos aos de países como a Holanda e a Alemanha, onde o desemprego é um dos mais baixos do mundo;
- Talvez esta seja a tendência mundial – a redução da jornada de trabalho. Em vários países, ela sofreu de fato uma grande redução nos últimos anos. Teóricos utopistas, como o psicólogo Domênico De Masi, defendem a redução da jornada de trabalho e valorizam o tempo ocioso;
- Incentivo de iniciativas de cooperativismo que possuem a vantagem de diluir a necessidade de capital invertido entre os constituintes da cooperativa.

Uma entidade criada em 2007, o Instituto Desemprego Zero (IDZ), fundada e coordenada pelo jornalista e economista, José Carlos de Assis, trabalha com ideias em prol do pleno emprego.

Segundo ele, o desemprego está ligado a um grande número de problemas sociais, além de já se configurar como um deles. Ele cita como o subemprego acaba por decorrer da situação de desemprego, tal como a queda da renda dos consumidores e, portanto, do consumo. O jornalista também liga o desemprego à violência.

Assis defende também que o governo está intrinsecamente ligado à promoção do pleno emprego e deve ser o seu principal agente, atuando de modo, inclusive, supletivo.

O Empregador de última instância no Brasil (ELR) consiste na oferta permanente, por parte do Estado, de um emprego básico do setor público a todas as pessoas aptas e dispostas a trabalhar e de um ordenado nominal pré-fixado, denominado salário básico do setor público, que forma uma reserva reguladora de empregos. Esses trabalhadores ficariam disponíveis para contratação pelo setor privado ou mesmo pelo setor público convencional (www.desempregozero.org.br).

Assim, como se disse, a primeira questão para reduzir o desemprego no Brasil envolveria a retomada do crescimento econômico. O crescimento econômico sustentável é a principal forma de gerar mais empregos. Sem que a economia esteja a crescer, as demais políticas de emprego não são eficazes.

É preciso também reorientar o crescimento econômico, de modo a promover os setores capazes de incorporar uma parcela significativa da população desempregada ou marginalizada. Isso envolve política de crédito e política industrial adequadas. O Brasil, ao contrário de outros países de economia mais madura, ainda pode associar o seu crescimento econômico a um projeto mais ambicioso de inclusão social, pois dispõe de setores de infraestrutura social e econômica – como a construção civil, a agricultura, o saneamento, a educação etc. – com enorme déficit de investimentos.

Uma outra questão a ser atendida é promover uma verdadeira revolução educacional, em todos os níveis: erradicar o analfabetismo, universalizar o acesso ao ensino fundamental e médio, expandir o acesso ao ensino universitário e promover programas abrangentes de educação profissional, sobretudo para os segmentos sociais mais vulneráveis.

Enfim, existem soluções racionais para o problema do desemprego. Os avanços tecnológicos e educacionais proporcionaram alternativas estruturadas e sociais, que melhoraram a vida da maioria da população. Projetos como os do Serviço Brasileiro de Apoio às Micro e Pequenas Empresas (Sebrae) apoiam o empreendedor para remodelar o cenário do país – claro, se bem aplicados, conduzidos e direcionados. Isso acentuaria um aumento da economia sustentável numa previsão de crescimento de 7%, aproximadamente, ao ano, que é a melhor forma de garantir emprego e renda à população e o aumento da riqueza do país. Os projetos sociais, ecológicos e de energia renovável da iniciativa privada são alternativos para a reorientação do crescimento econômico, pois reaproveitariam uma parcela excluída e marginalizada da população, menos ativa economicamente, em força motriz ao progresso do país, elevando a autoestima, capacitando educacionalmente e promovendo a integração social e a política do indivíduo.

Recentemente, o governo brasileiro apresentou um plano para evitar demissões e conter o desemprego. As empresas que aderirem a esse plano poderão diminuir a carga horária de funcionários e receberão ajuda para custear ordenados. O objetivo foi evitar a demissão de mais de 50 mil trabalhadores e conter o desemprego, que aumentou nos últimos meses. O Instituto Brasileiro de Geografia e Estatística (IBGE) registrou, em maio de 2015, a taxa de desemprego de 6,7% nas seis principais regiões metropolitanas do país, a pior desde 2010. Há uma análise de que essa taxa pode aumentar como efeito da Operação Lava Jato, que atingiu as principais empreiteiras do país.

O programa funcionou da seguinte forma: essas empresas poderiam reduzir em até 30% a carga horária dos funcionários, diminuindo o seu ordenado, por um período de seis meses. Porém parte da perda salarial seria compensada pelo governo, ao serem usados recursos do Fundo de Amparo ao Trabalhador (FAT). Essa compensação foi limitada a R$ 900 por trabalhador.

No princípio o governo focou apenas empresas que estavam comprovadamente com problemas financeiros, mas sem dúvida deu uma contribuição importante para minimizar os efeitos da recessão.

Uma ideia – a Super Cooperativa

Super Cooperativa – De entre todas as medidas indicadas, há uma que, não obstante ser bem inusitada e, num primeiro momento, avançada demais, poderia ter um reflexo bem rápido e abrangente no quadro mundial de desemprego. Trata-se da instituição da Super Cooperativa.

É mais uma cooperativa de todos os segmentos de atividades profissionais que centralizaria as alocações de trabalhadores no mercado de trabalho. Cada profissional teria que se credenciar na Super Cooperativa e as empresas só poderiam contratar por meio dela.

As alocações seriam temporárias e seguiriam uma rigorosa escala de cadastro, porque seriam a solução para o quadro de desemprego atual.

Os custos com encargos sociais seriam minimizados com essa medida; as empresas contratariam mais pelo baixo custo e pela flexibilidade e temporalidade contratual; favoreceria as empresas e possibilitaria a contratação em função das oscilações do mercado e em momentos de real necessidade; pelo regime de escala, muitos trabalhadores teriam a possibilidade de serem contratados; porém, num sistema democrático e capitalista como o nosso, seria extremamente complicado para se organizar e implementar.

É uma ideia que se aproxima da proposta do Empregador de última instância no Brasil (ELR) e que poderia ser aperfeiçoada e adequada de modo a atender aos interesses da população, da administração pública e dos segmentos empresariais.

Sendo o desemprego estrutural um problema que afeta as economias capitalistas do mundo inteiro, seria possível eliminá-lo da economia brasileira sem gerar um processo inflacionário? Ou, como argumentam os economistas do novo consenso, seria necessário para tanto promover uma política de flexibilização do mercado de trabalho? A hipótese, fundamentada na teoria crítica de Minsky (1986) e Wray (2003) sobre o desenvolvimento contemporâneo do capitalismo, é que se o Estado atuar como ELR, o desemprego estrutural poderá ser totalmente eliminado da economia sem provocar um processo inflacionário nem incorrer nos possíveis malefícios causados pela flexibilização trabalhista. Além de todos os benefícios sociais envolvidos na eliminação do desemprego estrutural, o ELR também proporcionaria uma redução significativa da precariedade da remuneração e das condições de trabalho; uma maior estabilidade de preços; e uma maior colaboração para o amortecimento dos ciclos econômicos. Conclui-se que no estágio atual da pesquisa não foi possível identificar nenhum empecilho decisivo à implantação do programa ELR devidamente adaptado ao Brasil.

Fundo da Infância e Juventude (FIA)

Poucos sabem, mas declarantes pessoa física do imposto de renda podem destinar até 6% do imposto devido para o FIA e Fundo do Idoso, e até 1% do imposto devido de pessoas jurídicas que adotam o regime tributário de Lucro Real.

O Fundo para a Infância e Adolescência (FIA) é um recurso que existe desde 1994. Ele foi criado a partir da previsão legal do Estatuto da Criança e do Adolescente. Ao ser implementado, passa a ser gerido pelos Conselhos dos Direitos da Criança e do Adolescente. Ele é instrumento que permite a arrecadação dos recursos destinados ao atendimento das crianças e adolescentes e idosos carentes. Os recursos que o formam provêm de doações feitas por pessoas físicas ou jurídicas, dedutíveis do Imposto de Renda.

A Receita Federal tem promovido campanhas em todo país para incentivar as destinações demonstrando que para os contribuintes não haverá nenhum aumento no montante do seu imposto.

Por outro lado, as destinações para o FIA, além de viabilizar a realização de projetos sociais e beneficiar crianças e idosos, vão alavancar os negócios locais, consequentemente gerando empregos.

A campanha teve grande êxito em 2021, incrementando as destinações em inúmeras cidades. Certamente isso contribuiu para amenizar os efeitos desastrosos da pandemia.

O direito ao emprego – O mundo, como o idealizamos, considerando a paz, a ordem, o progresso e o bem comum, precisa dar foco à questão do emprego.

É a vida do homem. É a sua dignidade. É a sua razão de ser e de viver em sociedade. Ou o melhor seria voltar à selva e viver da caça, da pesca, da natureza?

No âmbito mundial, acordos como a Convenção nº 122 da Organização Internacional do Trabalho (OIT), relativa à política de emprego, precisam sair do plano das intenções e realmente fomentar medidas que resultem em trabalho para todos.

Direito ao Trabalho

"Toda pessoa tem direito ao trabalho, à livre escolha de emprego, a condições justas e favoráveis de trabalho e à proteção contra o desemprego".

"Toda pessoa, sem qualquer distinção, tem direito a igual remuneração por igual trabalho".

"Toda pessoa que trabalha tem direito a uma remuneração justa e satisfatória, que lhe assegure, assim como à sua família, uma existência compatível com a dignidade humana, à qual se acrescentarão, se necessário, outros meios de proteção social". "Toda pessoa tem direito a organizar sindicatos e a neles ingressar para a proteção de seus interesses"(Declaração Universal dos Direitos Humanos, artigo 23).

> São direitos dos trabalhadores urbanos e rurais, além de outros que visem à melhoria de sua condição social: XXX – proibição de diferença de salários, de exercício de funções e de critérios de admissão por motivo de sexo, idade, cor ou estado civil. (Constituição da República Federativa do Brasil, artigo 7º).

O Direito ao Trabalho e Renda é parte dos chamados direitos econômicos e sociais. Por ter como base a igualdade, o direito ao trabalho prevê que todas as pessoas tenham direito a ganhar a vida por meio de um trabalho livremente escolhido, a possuir condições equitativas e satisfatórias de trabalho e renda e a serem protegidas, em caso de desemprego.

Mas temos notícias de que se encontra em estudo um projeto de lei do pleno emprego que disporá sobre medidas de incentivo ao mesmo, princípio previsto no artigo 170, VIII, da Constituição Federal.

Que ela surja logo, antes que mais uma geração de desempregados sofra pelas agruras desse velho drama social.

Situação atual e perspectivas

O desemprego no Brasil passou dos dois dígitos no país. "Desemprego no país mantém recorde de 14,7% e atinge 14,8 milhões", diz IBGE.

Com a economia mergulhada na mais profunda recessão em 25 anos, o mercado de trabalho brasileiro passou por um acelerado processo de piora em 2020 e 2021 em razão da pandemia, com reflexos sobre o emprego, a renda e a formalização do trabalho.

Privilégios

Como em tudo o que o homem cria, tendo vantagens e desvantagens, sempre se arranja uma forma de excluir a parte má. Ou seja, alguns conseguem passar longe ou nem mesmo se preocupar com as agruras, as angústias e instabilidades pelas quais passam a maioria. Na nossa sociedade, existem classes ou categorias que todos os dias podem ir dormir tranquilamente sem ter que se preocupar com a sua dispensabilidade, a sua falta de desempenho, a instabilidade financeira da empresa que paga o seu ordenado ou com a sua substituição por alguma invasora máquina "forasteira". Pode tirar férias e realmente gozá-las, sabendo que poderá retomar o seu serviço. É o caso de alguns membros da classe política, artística, desportiva e do funcionalismo público em geral.

Com que sorte nasceram aqueles que provavelmente nunca passarão por esse drama social que preocupa e atinge direta ou indiretamente o restante da população? Servidores públicos, empresários de grandes corporações, atletas e artistas de sucessos são alguns dos que provavelmente estarão excluídos dessa possibilidade.

No caso do funcionalismo, o regime jurídico aplicável consiste em vários aspectos distintos do regime do setor privado. Entre eles, o que envolve os benefícios da reforma, a questão do FGTS (Fundo de Garantia do Tempo de Serviço) e da demissão, que ocorrerá somente mediante um processo legal com ampla defesa do servidor envolvido. E dentro desse feliz segmento, há uma casta ainda mais privilegiada. Vivem quase que num Olimpo, onde pouquíssimos mortais terão acesso. É a dos nossos semideuses: os magistrados. Juízes de todas as esferas públicas.

"Um juiz, se for sem-vergonha, o pior que pode lhe acontecer é ser condenado a receber aposentadoria, no resto da vida, sem perder nenhum benefício"
(Gregório Duvivier – Humorista e apresentador do programa Greg News)

O exercente do cargo de magistrado beneficia-se de um tratamento diferenciado, inerente às autoridades em razão do cargo ocupado. Os magistrados, assim como os membros do Ministério Público, em comparação com os trabalhadores do setor privado, têm a mais 30 dias de férias, alguns feriados e o período de recesso de final de ano (na Justiça do Trabalho e na Justiça Federal, de 20 de dezembro a 6 de janeiro), no qual a atividade judicante não é totalmente paralisada, funcionando em regime de plantão para atendimento de medidas urgentes.

"Aparentemente o juiz brasileiro ganha bem, mas ele tem 27% de desconto no imposto de renda, ele tem que pagar plano de saúde, ele tem que comprar terno e não dá para ir toda hora a Miami comprar terno, porque cada dia da semana ele tem que usar terno diferente, uma camisa razoável, um sapato decente, ele tem que ter um carro..."
(Desembargador José Renato Nalini)

Por outro lado, há a imposição de determinadas restrições de comportamento, também em função do exercício do cargo. Desses profissionais, em diversas situações, esperam-se posturas "moralmente" adequadas, com exigência de um comportamento condizente com o exercente do cargo de magistratura.

Pensa-se na possibilidade da aprovação de uma nova Lei Orgânica da Magistratura, no Brasil. A atual está em vigor desde 1979. O ex-presidente do Supremo, ministro Joaquim Barbosa, instituiu uma comissão para deliberar sobre o anteprojeto. O assunto chegou a incomodar juízes, pois abriria a possibilidade de revogar prerrogativas consolidadas ao longo de décadas. Entre esses privilégios, estão as férias de 60 dias e a reforma remunerada como máxima punição administrativa.

Porém a Nova Lei Orgânica, da forma com que ficou definida, prevê privilégios que aumentam ordenados e elevam os custos do Judiciário.

A minuta do anteprojeto do estatuto, discutida no STF, amplia benefícios para juízes e para as suas famílias, que vão do berço ao velório. O que era para consistir numa revisão de privilégios, que já não são sustentáveis diante da atual realidade brasileira, acabou por configurar uma ampliação de benefícios, tais como auxílios-transporte, alimentação, auxílio-funeral, moradia, saúde, mudança e capacitação.

"E até para fazer com que o Juiz fique mais animado, não tenha tanta depressão, tanta síndrome do pânico, tanto AVC..."
(Desembargador José Renato Nalini)

Pela redação, que precisa ser aprovada pelo STF e o Congresso, filhos de juízes teriam a maior parte dos estudos custeada com dinheiro público, já que são previstas verbas indenizatórias para creche e educação. Um desembargador com salário de R$ 30,4 mil teria R$ 1,5 mil de auxílio-creche ou educação por filho, até os 24 anos de idade. A minuta também preserva vantagens, a exemplo dos 60 dias de férias, e agrega o passaporte diplomático para viagens a trabalho.

Os benefícios eventuais são incompatíveis, pois viram recomposição salarial. Ampliá-los reforça a cultura do privilégio, que a sociedade brasileira não tolera mais.

A AMB defende tais benefícios. Defende a instituição de bons salários para atrair quadros qualificados, mas não indica um valor ideal – o salário inicial bruto para um juiz federal é de R$ 28.947,55, enquanto no Tribunal de Justiça do Estado fica em R$ 22.213,44.

Ao magistrado é vedado ter atividade político-partidária, pois é preciso dedicação exclusiva. Outras carreiras jurídicas têm remuneração assemelhada e sem essas restrições.

> *"Se não se valorizar a magistratura, a carreira será esvaziada"*
>
> *(Gervásio dos Santos – Ex. Presidente da AMB)*

Em temporada de ajuste fiscal e com endurecimento no acesso a benefícios, como seguro-desemprego e pensões, o Planalto avalia que reforçar as mordomias de juízes ampliaria o desgaste na base.

Os membros da magistratura defendem-se. Alegam que as pessoas só conseguem ver os benefícios que os magistrados têm e os outros trabalhadores não, mas esquecem os direitos que aqueles não têm, ao contrário dos demais trabalhadores. Há algumas concessões para compensar algumas vedações. Argumentam ainda que os magistrados não devem ser igualados aos trabalhadores do setor privado, não porque são melhores que estes, mas em virtude de distinções e vedações inerentes ao cargo. Observam que os magistrados são membros de um dos três poderes da República, o que é bem mais do que serem apenas servidores públicos.

Outro argumento é o de que os juízes, com a sua formação acadêmica, o seu aprimoramento técnico, a sua cultura e o seu conhecimento, adquiridos pelos estudos e pela experiência, pelo seu especial preparo, poderiam trabalhar no setor privado e fazer carreira na área jurídica, como profissionais liberais (advocacia e consultoria), ou integrar o corpo jurídico de grandes empresas e ganhar duas, três ou quatro vezes mais do que os subsídios que lhes são pagos atualmente.

Os argumentos contra e a favor têm certa coerência em alguns aspectos. Porém entendemos que na comparação entre regimes jurídicos, entre público e privado, há que lembrar-se de que no primeiro os ordenados são pagos com recursos públicos, que têm limitações, e que há outros destinos de grande relevância para o bem-estar comum. Os benefícios para os magistrados precisam ter uma certa coerência e razoabilidade. Por exemplo, pagar auxílio-moradia a um profissional nesse patamar salarial não parece prover dessa característica.

A também ex- presidente, Cármen Lúcia, ainda não incluiu a nova Lei na lista de prioridades. Ao deparar-se com a minuta discutida pelo STF na gestão do antecessor Ricardo Lewandowski, ela resolveu travar as tratativas para tentar impedir a aprovação de certos privilégios que, ao seu ver, não seriam republicanos.

Para Cármen, não seria o momento de se discutir o assunto na mais alta corte, dada a crise econômica pela qual o país passava(e ainda passa) e também dadas as críticas constantes aos privilégios já conquistados pela magistratura.

Os sucessivos adiamentos na conclusão da proposta de alteração da lei da magistratura ocorrem porque é complicado, para um presidente do STF, conciliar os anseios da categoria com a opinião pública.

REFÉNS DO DESEJO – A PROSTITUIÇÃO

Troca de Calçada
Marília Mendonça
Se alguém passar por ela fique em silêncio
Não aponte o dedo, não julgue tão cedo
Ela tem motivos pra estar desse jeito
Isso é preconceito
Viveu tanto desprezo
Que até Deus duvida e chora lá de cima

Era só uma menina
Que dedicou a vida a amores de quinta
É claro que ela já sonhou em se casar um dia
Não estava nos planos ser vergonha pra família
Cada um que passou levou um pouco da sua vida
E o resto que sobrou ela vende na esquina
Pra ter o corpo quente
Eu congelei meu coração
Pra esconder a tristeza
Maquiagem à prova d'água
Hoje você me vê assim e troca de calçada
Só que amar dói muito mais
Do que o nojo na sua cara
Pra ter o corpo quente
Eu congelei meu coração
Pra esconder a tristeza
Salto 15 e minissaia
Hoje você me vê assim e troca de calçada
Mas se soubesse um terço da história
Me abraçava e não me apedrejava
Compositor: Marília Mendonça / Juliano Tchula /
Vitor Ferrari

Por que falar desse assunto? Ora, estamos falando de comportamento. E a prostituição é uma questão social que suscita análise de toda ordem. Seja pela questão de entendimento comportamental ou mesmo pela questão de saúde pública. Ou mesmo pela questão de um problema social, pois sabemos que em alguns segmentos a prostituição caminha lado a lado com o tráfico de drogas e com a exploração sexual e abuso de menores. Ou mesmo pela curiosidade que desperta essa atividade, que acompanha toda a evolução da civilização humana.

Vamos abordar diversos aspectos da atividade. Em especial quanto à atividade propriamente dita, à figura da prostituta, à ligação com atividades ilegais, à ligação com a atividade por parte de celebridades, ao perfil dos usuários, aos diversos segmentos em que atual e ao problema social da exploração infantil.

A prostituição está presente no mundo masculino, e isso desde a Antiguidade. Há alguns aspectos interessantes para abordar – o porquê da existência e a continuidade da atividade mesmo com toda liberdade e alternativas de natureza sexual dos últimos anos. Há a questão da clandestinidade. Há a importante questão da saúde, da segurança pública. Há a questão social. Sim, com certeza, devemos abordar essa atividade que tem, em muitos aspectos, similaridade com outras polaridades da atividade humana, que, não obstante estarem classificadas de certo modo ilegais, imorais ou ofensivas, persistem em existir até com certa conivência de autoridades e até mesmo da sociedade como um todo.

Sabemos, por exemplo, que alguns tipos de vício como cigarro, álcool e outras drogas são prejudiciais à saúde de todos, mas são produtos largamente comercializados em todo mundo. Hoje temos o mundo das sangrentas lutas que já foram marginalizadas e hoje são um sucesso de vendas nos canais de TV por assinatura. Falar de prostituição é mexer em assunto tabu, que causa certa reprovação, repúdio e embaraço em alguns meios, ainda que saibamos que a atividade, bem como a sua demanda, sempre esteve presente em praticamente todas as esferas da sociedade.

Aspectos gerais

Chamamos de prostituição o comércio do próprio corpo para a satisfação de alguém. Outras expressões relacionadas são meretrício, zonas, cabarés, puteiros, casa da luz vermelha. Em relação às mulheres, há expressões de toda ordem: meretriz, acompanhante, *escort girl*, garota de programa, mulher de vida fácil, messalina, michê, mulher da vida, prostituta, trabalhadora do sexo, até as mais pejorativas como puta, quenga, rapariga, piranha e vagabunda. Por essas últimas expressões, podemos observar o conceito com o qual a sociedade em geral vê esse tipo de atividade.

Pelas expressões, podemos também ter ideia do distanciamento social que envolve as adeptas da prostituição, ainda que na essência a atividade seja a mesma. A questão moral será um dos aspectos que analisaremos.

É chamada de profissional do sexo a pessoa que voluntariamente presta serviços sexuais mediante remuneração. Prostituição é a troca consciente de favores sexuais por dinheiro. A prostituição apresenta-se como uma atividade marginal, porém tolerada na sociedade apesar de ser considerada como imoral, vulgar, ser ligada direta ou indiretamente à promiscuidade, ao tráfego e consumo de drogas e disseminação de doenças sexualmente transmissíveis (DSTs). Os motivos da atividade resistir por tanto tempo e estar presente em tantas locais e civilizações são relativamente incertos, mas podemos apontar primeiro a grande demanda como um deles. Além disso, há a questão sexual histórica, em que se entende que o prostíbulo acaba tirando das ruas possíveis marginais do sexo. Na verdade existe os dois lados. Há também uma forma de obter rendimentos por parte da mulher sempre em desvantagem no mercado de trabalho.

Sabemos que o sexo apresenta nuances que podem ramificar para diversas, inusitadas e distintas direções. O ser humano é racional, mas possui um vínculo com sua parte animal. As manifestações sexuais apresentam-se às vezes de modo bizarro, bestial, selvagem e, às vezes, marginal e até criminoso.

Há a tese do "mal necessário" como expediente para conter a libido, e garantir a ordem social não pode ser entendido apenas como uma forma de satisfação das necessidades sexuais, tanto dos clientes quanto das prostitutas.

A prostituição apresenta-se ainda hoje como alternativa para essas manifestações de toda ordem, de modo anônimo, sem que haja crítica, embaraço ou questionamentos sociais. Constitui território para a manifestação do prazer ilegítimo na vida cotidiana, onde muitos podem revelar e realizar suas fantasias sem comprometimento de suas identidades sociais. O interesse e curiosidade e mesmo o sentimento fantasioso, ainda que não revelado, é frequente até mesmo no meio feminino.

Talvez esse aspecto também seja uma das explicações para a atividade perdurar e estar cada vez mais presente na vida social. Ainda que tabu, são frequentes obras literárias, novelas, peças teatrais e filmes que abordam o tema. A análise do assunto pode enveredar-se para caminhos contraditórios, distintos, paradoxais, dependendo dos elementos que analisarmos ou do foco que dermos na análise.

Podemos pegar a figura de Maria Madalena, da Bíblia Sagrada, que aparecerá como vítima da repressão masculina hipócrita. Há as personagens de filmes e novelas que acabam despertando simpatia no público. E cabe lembrar que muitas divas do cinema e TV já transitaram em segmentos próximos da atividade. De qualquer forma, sabemos que, muitas vezes, juntamente com a violência doméstica, o assédio sexual e outras tantas formas de abuso masculino, a prostituição pode configurar mais uma manifestação da dominação machista, principalmente pela questão financeira.

Vida fácil? Depende, não é? Muitas das personagens do texto a seguir certamente discordariam desse bordão. Não há nada de fácil na vida das mulheres da Praça da Luz, das crianças exploradas sexualmente na Região Norte e das prostitutas de rua. Noites frias, perigosas e hostis. Os carros passam e xingam, atiram lixo; os clientes negociam descontos desdenhando. Fora os abusos de cafetões ou mesmo policiais, à paisana ou não.

Pequeno histórico da atividade

A prostituição é conhecida como a profissão mais antiga do mundo, ainda que não haja nenhum registro histórico que comprove tal afirmação. As datas aproximadas variam muito conforme as fontes. Historicamente, consta que as atividades ligadas à prostituição existem desde aproximadamente 2.500 a.C. Talvez não da forma como vemos hoje, mais vinculada a ritos místicos e divindades diversas. Em diversos estudos, verificamos que até cerca de 1.500 a.C. a prostituição, ou o oferecimento de sexo pelas mulheres, tinha outra conotação e conceito, tendo as mulheres inclusive o status de sacerdotisas. A retribuição dos favores sexuais era mediante oferendas dadas pelos homens que eram realizados no templo sagrado. Tal forma da atividade foi verificada em Roma, na Grécia, Mesopotâmia e Egito. Houve um período em que, inclusive, verificava-se a existência de bordéis oficiais em países como Portugal, Espanha e Grécia. Há registros também de cobrança de tributos da atividade. Mais recentemente há informações de países que cogitariam a cobrança tributária da atividade. Ou seja, o Estado passaria a obter receitas oriundas da atividade. Questão extremamente controvertida.

O rei Henrique II, por exemplo, garantiu que, durante 400 anos, a começar em 1.161, o bispado britânico teria direito a um percentual do lucro dos bordéis – e com o suor das prostitutas foram construídas muitas das belas catedrais de Londres.

Ao longo dos séculos, o status das profissionais do sexo passou de veneração para rejeição. Com o surgimento das sociedades patriarcais, as mulheres passaram a ser tratadas como inferiores aos homens, e, consequentemente, iniciou-se a condenação dessa profissão pela Igreja e pela própria sociedade. Além da condenação moral, houve também a questão do problema de saúde pela disseminação de DSTs. O puritanismo verificado no século 16 e o problema das doenças lançaram a atividade das prostitutas à clandestinidade.

Porém a prostituição sempre persistiu em sobreviver apesar do ambiente social desfavorável. Alguns fatores como a necessidade de a mulher se lançar no mercado de trabalho em condições críticas em relação aos homens acabaram contribuindo para que a atividade fosse uma opção. Isso ocorreu no período da Revolução Industrial e no período das guerras, quando as mulheres precisaram substituir os homens na manutenção dos lares.

A partir daí, a prostituição passou a virar um negócio ainda que clandestino. E como todo negócio clandestino que envolve dinheiro, a atividade evoluiu para várias ramificações, indo, inclusive, para o tráfego e exploração de mulheres.

No Brasil, a prostituição é verificada desde os tempos de colônia. Os primeiros homens que aqui aportaram vieram sem suas famílias a fim de explorar as terras. Como se sabe, esses homens ficavam meses e até anos longe de suas casas. Inicialmente, os portugueses abordaram as índias e depois as escravas negras. Não demorou para ocorrer gravidez dessas mulheres e uma consequente miscigenação. Preocupada com isso, a Igreja Católica em Portugal providenciou o envio de mulheres brancas para atenderem a essa questão sexual dos primeiros colonos.

No final do século 19 e início do século 20, a prostituição ganhou espaço na sociedade brasileira. Grandes bordéis e zonas de meretrício foram construídos e frequentados por homens de várias classes sociais. Os lugares de prostituição, tais como cabarés, cafés encontros, pensões chiques (cabarés de alto luxo), teatros e restaurante, estabeleceram uma grande rede de sociabilidade. Foi nesse período também que ocorreu a vinda de prostitutas judias do Leste Europeu, que ficaram conhecidas como "polacas".

Vejam quantos aspectos distintos e paradoxais envolvem o meretrício. Apesar de ser rejeitado socialmente, há uma tolerância velada e demanda crescente. E em muitas circunstâncias tal demanda era reconhecida pelo Estado, que, por vezes e de alguma forma, interferia na instituição da atividade. Os problemas surgem quando a atividade acaba se vinculando com a exploração de mulheres e o tráfico de drogas, e, cabe ressaltar, dificilmente se dissociam.

Diante disso, surgiram os primeiros movimentos internacionais contra a exploração sexual de mulheres e adolescentes, no final do século 19. Em 1921, a Liga das Nações designou um comitê para tratar o problema do tráfico de mulheres e crianças; e a partir de 1946, a ONU adotou uma convenção a fim de erradicar a prostituição. Na década de 1980, no Brasil e em outros países, algumas profissionais do sexo começaram a se organizar em defesa de seus direitos.

A prostituição está incluída no Código Brasileiro de Ocupações. O Código Penal, no entanto, é ambíguo: não considera crime o ato de prostituir-se, mas condena o lenocínio. Desde 2003, discute-se o Projeto de Lei 98/2003, que regulamentaria a prostituição no Brasil.

A prostituta

O mundo da prostituição sempre despertou todo tipo de avaliação e sentimento – curiosidade, repulsa, fantasia.

Afinal, que mulheres são essas que expõem aquilo que sempre foram ensinadas a preservar? A intimidade de seus corpos. E para estranhos de toda ordem. Como conseguem engavetar a questão moral? Algumas prostitutas sequer escondem essa condição, apresentando-se em sites, anúncios ou vídeos.

Podemos dizer que a questão moral é a linha tênue que vai determinar que as mulheres se insiram ou não nesse mercado.

As mulheres que conseguem gerenciar bem a questão moral, ou não tem essa questão como impeditiva, acabam tendo a desenvoltura que vemos nessas profissionais que para alguns causam a tal admiração e curiosidade.

Isso pode acontecer gradativamente. Com uma tentativa motivada por alguma razão – financeira ou não.

Por isso sempre dizemos que o vínculo familiar bem estruturado será determinante para essa questão.

> *"Eu não me considero uma GP. Mas se o cara quer uma noite comigo eu peço um agrado, uma ajuda. Uns R$ 200 ajudam bem. Por que não"*
> (Cristiane – nome fictício)

Mas, afinal, qual é o perfil da garota de programa? São muitos. Elas são de diversas categorias. Mas de um modo geral a maioria das prostitutas tem de 20 a 29 anos, tem rendimentos bem variados e tentam esconder dos outros a profissão. Segundo pesquisas, exercem a atividade há menos de cinco anos. A maior parte trabalha na rua, em bares e boates, fazendo programas em hotéis. Há as que descobriram a internet como meio de oferecerem seus serviços.

Ocorre também de moças pobres do interior acabarem sendo induzidas por amigas a tentar a vida da prostituição. O mesmo acontece com outro perfil dessas garotas. São meninas bem jovens, bonitas, universitárias que acabam se aventurando na atividade para arcar com as despesas de estudar e se manterem nas grandes cidades. Além disso, há ainda um segmento do meio artístico ou de eventos (entre as quais muitos negam) em que modelos, atrizes, apresentadoras ou recepcionistas acabam não resistindo às investidas, cachês e tentadores convites para prestarem favores sexuais além do que inicialmente seria contratado. Muita gente não sabe ou apenas desconfia, mas há garotas de vinte e poucos anos, de ótima aparência, alugando o corpo por verdadeiras fortunas. É um filão do segmento em que muitas não resistem. Os valores são realmente altos e tudo é muito, digamos, profissional e discreto. As prostitutas de luxo atuam nas regiões mais caras, principalmente nas capitais, cobrando até R$ 4 mil por hora. E há aquele segmento mais restrito de representantes do meio artístico. Esse segmento bem camuflado e muitas vezes negado tem em seus cachês valores de até R$ 30 mil. Algumas dessas representantes são conhecidas e já confirmaram terem sucumbido diante das possibilidades financeiras. Esse segmento tem seu público próprio, normalmente outras celebridades, políticos, atletas e governantes.

Aquela figura mostrada pela personagem Angel, da novela *Verdades Secretas* (2015, Rede Globo) mostrou algumas facetas desse segmento. Trata-se das modelos que são relacionadas como parte de um *book* de apresentação chamado "*book* rosa". Tais integrantes desse *book* são passíveis de contratação para serviços sexuais para empresários e representantes do show business.

Essa novela da Rede Globo é a primeira a mostrar o universo secreto das modelos do *book* rosa, jovens bonitas que estão começando a carreira e acabam fazendo um "extra" como prostitutas de luxo, o que paga muito mais que a passarela. Aqui uma questão interessante para analisar. Estamos falando de outro patamar de prostituição. Se analisarmos pela ótica moral, a atividade é tão reprovável quanto a de outros segmentos. Mas se olharmos pela atitude, o ambiente, os valores, os agentes, tudo muda de dimensão. Talvez se deva questionar quem explora e quem é explorado. São mundos diferentes o desse segmento e o das meninas de rua das capitais nordestinas, por exemplo.

Cabe aqui lembrar o que o promotor de justiça Everton Luiz Zanella frisa: que se prostituir não é crime, mas agenciar uma pessoa é. "Explorar a prostituição alheia é que é um ato criminoso", explica.

Cabe ainda analisar a atitude dessas mulheres pelo universo do qual fazem parte. Lembrando novamente que algumas notórias representantes do meio artístico acabaram submetendo-se à atividade, por problemas financeiros ou não. É sabido que muitas mulheres do meio artístico como Lady Francisco, Gretchen, Rita Cadillac,

Andressa Urach, Regininha Poltergeist (revelou recentemente), entre outras, trilharam pela atividade em algum momento de suas vidas.

> *"Já aconteceu de um cliente pedir para eu oferecer uma quantia considerável para sair com uma moça. Era um risco, ela não era uma prostituta. Sondei, arrisquei, ofereci, ela topou. Hoje estão casados"*
> *(Depoimento de um agenciador)*

Continuando aqui o tópico do perfil das profissionais do sexo, pelo conceito que temos da atividade, mulheres que se submetem a caprichos, favores ou serviços patrocinados por homens mediante retribuição financeira podem ser enquadradas como prostitutas?!? Certamente sabem que falamos de certas profissionais do meio artístico e mesmo alguns tipos de esposas, amantes, namoradas. Aquelas que não abrem mão da dependência financeira do parceiro, ainda que precisem submeter-se a um relacionamento de aparência. Poderíamos aqui relacionar várias situações que poderiam estar classificadas como prostituição pelas noções conceituais que apresentamos.

Bem, não vemos nenhum outro motivo que não passe de alguma maneira também pela questão financeira. Seja pela simples sobrevivência ou pelo desejo de ostentação, a prostituição gira em torno da busca pelo dinheiro. Sejam os agentes, empresários, cafetões, assim como as próprias profissionais, evidentemente.

Normalmente são apresentadas à prostituição por uma amiga do meio. Ao iniciarem, verificam quanto podem arrecadar mais e em menos tempo. Ou como Cristiane, que acha que o que faz não é prostituição. Mas possivelmente poderá aderir à atividade vendo o quanto poderá faturar. Transitando rapidamente da "ajuda de custo" para o "michê".

É o suficiente para milhares de mulheres serem envolvidas no negócio e nele permanecerem pelo tempo necessário para adquirirem seu pé-de-meia.

Mas há relatos de mulheres com histórico de revolta familiar ou mesmo contra antigos relacionamentos. É comum encontrar mulheres que fazem programa apesar de terem se tornado lésbicas ou de adquirirem preferência de sexo com mulheres. Aliás, assim como drogas, a homossexualidade é muito comum no meio, inclusive entre os clientes, diga-se de passagem.

Como mencionamos, verificamos que muitas prostitutas têm um certo distanciamento na relação com os pais. Isso pode evidenciar que uma boa base familiar pode contribuir para que muitas jovens não se enveredem na vida da prostituição.

Vejam esse comentário abaixo que mostra como pode se iniciar a carreira de prostituta:

> *Comecei a fazer programas aos 17 anos. A gente começa por necessidade e, por opção, continua. Comecei a militar e resolvi ficar. Assumi ser prostituta, enfrentei a família, o estigma, levantei a cabeça e fui para as ruas. A maioria diz que não gosta, morre de vergonha, não tem opção. Tenho quatro clientes fixos e consigo quatro ou cinco programas por dia, que podem render R$ 150 ou R$ 200. Gosto muito de ser prostituta. É uma profissão que me realiza. Para mim, a prostituta não é coitadinha. É uma profissional do sexo, que gosta tanto de sexo como de dinheiro, como qualquer profissional. Não existe prostituta que trabalha nesse meio porque não tem opção. Isso é mentira. Pode ser por um tempo. Depois, com o dinheiro da prostituição ela pode investir em outra profissão. Luto para que a prostituição se legalize. Assim, as mulheres iriam assumir a profissão e as que não gostam sairiam. Ao negar o que são, fortalecem o estigma e alimentam o preconceito. Depois, acabaria com a exploração dos donos de boates, cafetões que não iam aguentar a barra de enfrentar a sociedade e assumir o que são, nem iam garantir os direitos trabalhistas das mulheres.* (Carmen Lucia Paz, 47 anos, prostituta, formada em Ciências Sociais com pós-graduação em Direitos Humanos e sócia-fundadora do Núcleo de Estudos da Prostituição, em Porto Alegre/RS).

Agora sim, fechando este tópico, podemos dizer que o perfil da prostituta em geral será a filha rebelde ignorada pela família, será a moça bonita frustrada com o comportamento dos homens e será a moça que precisa manter suas despesas financeiras, com a faculdade ou mesmo com seus filhos dependentes.

Bruna Surfistinha

Raquel Pacheco, conhecida pelo pseudônimo de Bruna Surfistinha, é uma escritora, DJ, roteirista e empresária brasileira. Antes da fama, trabalhou como prostituta e atriz de filmes pornográficos, profissões não mais exercidas. Tornou-se famosa em 2005 ao publicar diariamente em um blog detalhes de sua vida na prostituição. Além de produzir roteiros cinematográficos, Raquel atuou também em um longa-metragem. Ganhou notoriedade após a publicação de sua autobiografia, *O Doce Veneno do Escorpião – O Diário de uma Garota de Programa*, em que deu seu depoimento ao jornalista Jorge Tarquini, que escreveu esse livro e o segundo, *O que Aprendi com Bruna Surfistinha*, que atingiu o posto de best-seller no Brasil. Em 2011, fez parte do elenco da quarta edição do reality show *A Fazenda* da RecordTV e conquistou o terceiro lugar da competição.

Raquel Pacheco nasceu em Sorocaba, fruto de um abuso sexual sofrido contra sua mãe biológica, que após diversas tentativas de fazer um aborto, não conseguiu, sofreu um parto prematuro, decidindo por abandoná-la no hospital, que a encaminhou a um orfanato. Após seis meses, foi adotada por uma família paulistana de classe média alta. Em entrevistas, apontou que a descoberta da adoção foi um dos fatores decisivos para fugir de casa aos 17 anos, deixando uma carta de despedida. Também revelou, em entrevistas, ter sido uma criança e uma adolescente bastante depressiva, sempre se isolando socialmente, e que sofria muito bullying pelo seu jeito retraído de ser. Alega que, apesar de nunca terem lhe faltado bens materiais e de gozar de boa educação em colégios particulares, não recebia muito carinho e atenção dos pais, ficando sempre em companhia da babá e das empregadas, e que sempre foi alvo de humilhações do irmão, que nunca aceitou o fato de seus pais terem-na adotado e o tirado do posto de filho único, e portanto único herdeiro.

"Na prostituição, a mulher acaba se machucando emocional e fisicamente. Então, me dou conta que a prostituição, para mim, foi a busca de um herói, de um homem que pudesse me salvar de alguma maneira"

(Raquel Pacheco)

Além de tudo isso, a outra decisão que a levou a sair de casa foi o de não querer depender de ninguém e ganhar seu próprio dinheiro. Não queria esperar se formar em uma universidade para começar a trabalhar, como seus pais desejavam. Durante esse período, morou nas ruas e passou necessidades. Não querendo continuar assim, e sem conseguir trabalho, viu o anúncio de um bordel nos classificados de jornal e iniciou-se ali na prostituição. Seu nome, Raquel, foi considerado simples demais pela dona do estabelecimento, que sugeriu que ela escolhesse outro, e, sem pensar muito, escolheu Bruna. Nessa época, viajou até sua cidade natal para procurar informações sobre sua família biológica, quando, ao visitar o hospital em que nasceu, descobriu informações sobre seu nascimento, o que agravou suas crises de depressão. Com o tempo, para suportar a dor e a humilhação de estar vivenciando uma vida solitária e difícil, tornou-se usuária de bebidas alcoólicas, LSD, cannabis e cocaína. O irmão descobriu sua nova vida e contou para a família, motivo pelo qual, até hoje, eles não falam com Bruna, o que ainda a deixa muito mal. Atendia seus clientes, em média quatro por dia, segundo ela mesma declarou no blog e no livro, e também tornou público que, no começo, trabalhou em um privê de péssima qualidade, porém, com os anos, e guardando dinheiro, iniciou tratamento psicoterápico para deixar as drogas e o álcool, obtendo êxito, e assim acabou conseguindo sair daquele privê, subiu de nível, alugando seu próprio apartamento em um bairro nobre de São Paulo, onde começou a atender seus clientes, novos e antigos.

Foram quatro anos de atividade, na qual ela afirmou ter feito em torno de 5 mil programas com homens, mulheres e casais. Nessa época, sentindo-se sozinha, passou a entreter-se em seu tempo livre escrevendo todas as suas experiências sexuais em um blog, uma espécie de diário virtual, contando sobre seu dia a dia, além das intimidades sexuais, tanto dela quanto de seus clientes, dando inclusive notas de zero a dez para o desempenho dos rapazes, sempre mantendo o anonimato deles. Um dia descobriu, por intermédio de suas colegas de profissão do primeiro cabaré em que trabalhou, que os clientes viviam procurando-a e que sempre perguntavam onde estava a Bruna, aquela menina com cara de surfistinha. Gostando dessa alcunha, Raquel, até então só conhecida como Bruna, passou a se autointitular como Bruna Surfistinha, fazendo mais sucesso na internet e arrecadando cada vez mais dinheiro e clientes.

Em pouco tempo, sua vida intensamente polêmica atraiu a atenção do Brasil inteiro, passando a ser convidada a participar de diversos programas de televisão, em que revelou ser bissexual e feminista, e que não voltaria mais à sua antiga profissão. Revelou que sua maior tristeza na vida foi seu pai ter falecido sem voltar a falar com ela e que se ressente pela mãe não querer mais vê-la, mas que está muito feliz com sua vida atual. Ela foi casada de 2005 a 2015 com João Corrêa de Moraes, um empresário e ex-cliente seu, tendo os dois se tornado colegas após a separação amigável. Ele insistiu muito para que Bruna Surfistinha deixasse a profissão, mas ela não queria ser sustentada por ele e só aceitou casar-se após conquistar sua independência financeira, ao adentrar no ramo do empresariado, abrindo um sex shop, e tornou-se consultora virtual sobre como melhorar os relacionamentos afetivos e ter uma boa performance sexual. Deu também palestras presenciais sobre empoderamento, autoestima e sexualidade, enfatizando a obtenção de prazer e o autocuidado. Com os anos, passou a ser convidada para escrever roteiros de programas de televisão e também a trabalhar como DJ em festas de ricos e famosos, e em seu tempo livre passou a escrever livros.

O filme

O filme baseado na história de Bruna foi aprovado pelo Ministério da Cultura para receber subvenção estatal. O título seria o mesmo de seu primeiro livro, *O Doce Veneno do Escorpião*, e captaria cerca de R$ 4 milhões por renúncia fiscal. O filme é dirigido por Marcus Baldini com argumento de Karim Aïnouz e Antonia Pellegrino, e roteiro de José Carvalho, Homero Olivetto e Antonia Pellegrino, produzido pela produtora carioca TvZERO. A seleção do elenco começou em outubro de 2007, com a gravação do filme inicialmente prevista para 2008 e a estreia para abril de 2010. Quem interpreta Raquel no cinema é a atriz Deborah Secco. O filme foi um sucesso de bilheteria.

O usuário

Quem são os clientes dos serviços dessa natureza? É indiscutível que predominantemente trata-se de representantes do sexo masculino. E que homens? Como dissemos, trata-se de comportamento tipicamente masculino. Normalmente, grupos de jovens rapazes vão se aventurar nos bordéis. E são de todo tipo, raça, classe social e cultura. E de várias outras faixas etárias também. Talvez seja mais fácil dizer qual perfil excluiríamos como possíveis clientes. Religiosos? Homossexuais? Homens comprometidos?!? Tímidos? Mesmo nesses grupos encontraremos adeptos da demanda por sexo pago.

Mas certamente segmentos com forte poder aquisitivo serão os principais usuários. Pessoas sem preocupações financeiras são os maiores frequentadores. É comum em festas de atletas, empresários, políticos e artistas encontrarmos convidadas com a intenção de entreter e oferecer aos participantes uma diversão "diferenciada".

Mas entre os homens que procuram essas mulheres e as usam para exacerbar seu ideal de masculinidade há um grupo considerável de pessoas muito pobres e muitos mais velhos do que os de filmes como *Uma Linda Mulher* (*Pretty Woman*, 1990 – Escrito por J. F. Lawton e dirigido por Garry Marshall, com Richard Gere e Julia Roberts), que te fizeram romantizar a prostituição. Homens que pagam mais caro para elas não exigirem preservativos, e algumas, inclusive, aceitam pois precisam dos reais a mais. Cinco, dez, quinze reais fazem muita diferença para essas mulheres, que por isso aceitam e se tornam suscetíveis a sífilis, gonorreia, entre outras DSTs. Lembrando que a Lei Maria da Penha entende isso como violência sexual. Muitos desses homens comprometem um dinheiro que certamente fará falta em suas casas para terem alguns momentos de prazer com mulheres desconhecidas.

O comprador de sexo procura sua subordinação aos seus desejos, para transformá-la em sua fantasia de masturbação, despersonalizando-a, desaparecendo com seu nome, sua identidade, seus sentimentos. Ele substitui sua identidade com o que ele precisa para sua fantasia.

Por que os homens pagam por sexo? A humanidade já pensou em tantas maneiras de coibir a prostituição – da tortura à cadeia, passando pela pregação e o código moral – que cabe a pergunta: por que será que a demanda se mantém sempre tão alta e, principalmente, a demanda masculina?

> *"Os homens pagam por sexo pra se sentirem mais dominantes. Como ele está pagando, a mulher tem que fazer o que ele quiser, ele que manda, ele é o superior. É aquela coisa de caça"*
> *(Luisa Marilac, ex-prostituta transexual)*

Por que os homens pagam por sexo?

A humanidade já pensou em tantas maneiras de coibir a prostituição – da tortura à cadeia, passando pela pregação e o código moral – que cabe a pergunta: por que será que a demanda se mantém sempre tão alta e, principalmente, a demanda masculina? O que os homens buscam quando contratam uma prostituta? Afinal, analisar a prostituição sem entender os que a mantém funcionando é olhar somente metade da questão.

Mas, afinal, por que essa atividade persiste e acompanha a história do humanidade? Claro que certamente a grande procura está entre as explicações. O que pode explicar, ainda mais nos dias de hoje, quando também há farta oferta e meios de obtenção de sexo estão cada vez mais facilitados? Hoje há inúmeros facilitadores para encontros de todo tipo. Desde redutos, bailes, bares e até sites para toda sorte de procura. Por que dessa busca pelo sexo anônimo e contratado?

Vamos tentar relacionar alguns fatores que motivam os homens à procura por sexo pago:

a) praticidade e falta de compromisso;
b) fetiche, curiosidade ou quebra de tabu;
c) insegurança, carência ou solidão;
d) iniciação sexual;

e) busca de habilidades usuais de profissionais do sexo;

f) Há uma autoaceitação da procura no meio masculino. Uma cumplicidade entre os machos. Entende-se que ir em grupos aos prostíbulos é um ato social tão normal quanto um jantar de negócios;

g) desinteresse sexual pela companheira, esposa ou namorada.

Como dissemos, muito se deve à cumplicidade ou conivência social entre homens que dá a entender que ir aos "puteiros" é uma coisa comum de homens. Não é raro algumas mulheres assim também entenderem ou se conformarem. Tanto que é comum os homens irem em grupos aos prostíbulos. Saber que amigos, parentes, colegas frequentam prostíbulos não causa estranheza. Curiosamente, se você se deparasse com um velho amigo usando drogas, isso já causaria certo desconforto em alguns. Mas não se souber desse outro hábito. Os homens, na verdade e em geral, não se preocupam em esconder essas aventuras uns dos outros – "é um negócio de homens".

Por certo, é mais uma prevalência da dominação masculina que articula toda uma estrutura de vida para atender a seus anseios em detrimento da moral, do respeito ao próximo e da igualdade e justiça. O puteiro é o território de prazeres ilegítimos, que conta com a cumplicidade entre aqueles que o frequentam. Permite ao homem viver fantasias sexuais inconfessáveis, sem se sentir ameaçado em sua identidade social. E mais: depois de satisfazer seu prazer individual, o cliente não deve mais nada à profissional, além da retribuição financeira. Nenhuma declaração de amor, um telefonema depois, compromisso etc.

A Dra. Arlete Gavranic ajuda a desvendar o que se passa na mente dos homens: "Eles, ainda hoje, são educados para viverem com uma sexualidade menos afetiva. Isso ainda é reforçado na vida adulta. Com isso, os homens têm mais facilidade, se comparados às mulheres, de pagarem por esse tipo de serviço".

Acrescentaria mais um fator à tese da Dra. Arlete. Seria um exercício de poder, uma forma de fugir da reprovação e da rejeição feminina. Naquele momento o homem está no controle. A Dra. Arlete Gavranic garante que é como se eles dissessem: "Eu pago, eu escolho". E mais: eles não pagam apenas pelo sexo, mas também pela fantasia de ser bajulado, desejado, disputado...

A antropóloga Mirian Goldenberg, que lançou o livro *Tudo o que você não queria saber sobre sexo* (2012) e que estuda a sexualidade na classe média carioca desde 1988, ouviu várias respostas interessantes de homens que buscam prostitutas (chamadas, nesse meio social, de garota de programa). "Eles nunca usam a palavra prostituta. Garota de programa é diferente: é mais bonitinha, inteligente, cobra mais, tem classe social um pouco melhor. Elas sabem fazer sexo e não querem vínculo", diz Mirian.

Estar livre de vínculos e de cobranças é um dos motivos que levam os homens a procurar uma prostituta.

Não ter vínculo afetivo é importante para os homens, segundo a antropóloga Elisiane Pasini: "Transam e vão embora, sem precisar voltar nem telefonar no dia seguinte. Isso fecha a história. O dinheiro dá sensação de poder e controle a eles". Segundo ela, ao procurar uma prostituta, os homens também se livram da pressão de ter de provar que são bons em competir por uma mulher. "Em uma danceteria, se querem alguém, terão de disputar. Na zona de prostituição eles não precisam, pois vão pagar. Ele sempre vai sair de lá se sentindo gostoso. Ele foge da pressão de ter de ser o bom em tudo e não tem de se esforçar", diz Elisiane.

Na verdade, não é complicado entender o porquê dos homens. Desperta mais curiosidade como as mulheres conseguem se submeter à atividade em condições gerais tão reprováveis. É negar todo o conceito de zelo por si mesmo. Podem encarar uma jornada de muitos atendimentos que podem envolver muito desgaste físico. Muitas vezes, fazem sexo com homens que não simpatizariam na vida cotidiana, alguns desprovidos de atributos estéticos, desalinhados, grosseiros, malcheirosos e até violentos. E sempre em noites regadas a muita bebida forte. E fora a questão séria das doenças. Existe a prevenção. As prostitutas em geral têm e precisam ter grande preocupação em se prevenir com uso de preservativos, mesmo com as propostas de clientes para abrirem mão desse utensílio. Mas doenças rondam ambientes promíscuos e é uma possibilidade. Só esse fato já deveria consistir em forte desestímulo. A seguir, mais alguns aspectos que motivam o incremento dessa clientela.

Com certeza um atrativo forte é que as garotas de programa sempre cuidam muito bem da aparência. Afinal, vivem em função dos seus atributos pessoais que precisam ser potencializados para terem mais chance de serem escolhidas pelos clientes. Com o tempo, acabam aprendendo truques para se tornarem cada vez mais sensuais. Acabam percebendo o que atrai mais os clientes em termos de visual.

Além de aprenderem saber o que atrai mais esse tipo de cliente, acabam aprendendo também como lidar com tais homens. Enfim, as profissionais desenvolvem todos os recursos que vão atrair mais clientes. Essas garotas acabam se tornando ótimas atrizes, incorporam uma personagem de extrema sedução e sabem lidar com todo tipo de cliente.

Uma curiosidade é que há casos de mulheres, heterossexuais ou não, que procuram bordéis. Normalmente pedem para amigos de farra para as levarem. Querem conhecer o mundo desse segmento do mundo masculino que deve intrigar muitas mulheres.

As diversas facetas da atividade

Existe uma face da prostituição muito distante daquela pintada pela mídia com a imagem da Bruna Surfistinha e até mesmo da Bebel da novela *Paraíso Tropical*. Glamour que não existe para as mulheres que estão no Parque da Luz em São Paulo, por exemplo.

Para quem passa desapercebido são só mulheres sentadas numa praça. Para quem começa a observar atentamente verifica que na verdade, essas mulheres na grande maioria da área tem entre 40 e 50 anos estão ali se prostituindo e sustentando netos e filhos. Sim, a grande maioria tem filhos, netos e faz o que faz pelas suas famílias. Há algumas com cerca de 70 anos.

Segundo a fundação francesa Scelles, mais de 40 milhões de pessoas se prostituem no mundo. Dessas, 75% são mulheres entre 13 e 25 anos. Sendo assim, as mulheres que na Luz se prostituem fogem das estatísticas mundiais. Mas não é uma ocorrência isolada. Em muitas partes do país, podemos verificar que algumas, digamos, veteranas, ainda permanecem no velho ofício.

É uma realidade bem contrastante do mundo glamouroso das prostitutas de luxo. Além da idade avançada e de se exporem em praças e velhos hotéis de algumas cidade, essas senhoras costumam cobrar entre 30 e 50 reais.

Felizmente há algumas instituições que se preocupam e acolhem essas senhoras, que muitas vezes, por extrema necessidade de se manter, continuam nessa atividade já incompatível com a atual situação física. É o caso da ONG Associação Agentes da Cidadania – Mulheres da Luz. Essa ONG busca promover a cidadania e a garantia de direitos humanos das mulheres em situação de prostituição do Parque da Luz e entornos. Desde 2013, promove atividades relacionadas às áreas de educação e cultura, além da promoção de saúde e bem-estar social.

Acompanhantes de luxo

São garotas de programa que se diferenciam basicamente pelo alto valor cobrado e pela forma como oferecem o serviço.

É necessário ter um *book* com um fotógrafo profissional, com fotos de alta qualidade, roupas sensuais e posições insinuantes, e até mesmo fotos nuas. O anúncio de acompanhante contém, além do ensaio sensual, um telefone de contato. Muitas vezes o anúncio é publicado em sites ou jornais. Os interessados ligam direto para o número da anunciante e combinam local e valor, não havendo intermediação em nenhum momento nas negociações entre as partes, ao contrário das agências.

Muitas das acompanhantes independentes investem em flats próprios (alugados) geralmente localizados em regiões estratégicas das cidades em que estão localizadas, para o conforto dos clientes, assim como a praticidade de a acompanhante não ter que se deslocar. Porém isso não é regra, pois há também as garotas que só atendem em motéis e hotéis, e até mesmo na residência do cliente.

Quanto a valores, variam de modelo para modelo, conforme, digamos, os seus atributos gerais. Mas temos informação que os valores podem ser astronômicos, caso além dos atributos a modelo tenha algum destaque no show business.

Nesse segmento mais diferenciado, há um público também diferenciado. Modelos e capas de revistas são procuradas por celebridades, jogadores de futebol e políticos.

Book – Um executivo chega de uma reunião de negócios em determinada capital, pega a chave do apartamento e se dirige a seus aposentos. Já passou um pouco da meia-noite, de repente o telefone toca. É o recepcionista: "Senhor, dispomos de um *book*. O senhor gostaria de dar uma olhada?".

Não raro hotéis, principalmente os que atuam no segmento de negócios, têm em suas recepções ou em lugares mais discretos um *book* de mulheres "acompanhantes".

Esse serviço é defendido por alguns como uma prática universal em que hotéis do mundo todo dispõem de várias formas, discreta ou descaradamente, com consentimento ou não dos gerentes, de *books* de "acompanhantes" que são apresentados aos clientes.

Há gerentes de hotéis que relatam que a prática é "apenas mais um serviço do hotel ao cliente que, pela sua 'característica', demanda tais serviços". Essa tal característica relatada seria por se tratar de homens que viajam a negócios e encontram em companhias de moças, seja para simplesmente acompanhar, seja de fato prostituição, um escape para "solidão" da viagem.

Há alguns anos, a prática era com meros cartões de visitas, evoluiu para *books* e, atualmente, até DVDs com fotos e vídeos são encontrados em grandes centros de viajantes a negócios.

Por outro lado, alguns hotéis não permitem essa prática, alegando que corrompe a imagem de seriedade e profissionalismo que representam. Alguns, inclusive, apresentam avisos no local advertindo quanto à presença de pessoas do sexo oposto sem que sejam hóspedes. Contudo a justificativa é ignorada pelos hotéis que permitem a prática, alegando que não há ilegalidade salvo quanto a casos de pedofilia.

A visão da atividade pelo mundo

Na maior parte dos países, a prostituição ainda é considerada imoral e ilegal. O Brasil, desde 1942, assim como a maioria dos países, adota o abolicionismo. A legislação abolicionista criminaliza o incitamento à prostituição, punindo os cafetões, donos ou gerentes de casa de prostituição, mas não a prostituta. Adotam esse sistema países como Canadá e o Brasil.

Existem os países que adotam o regulamentarismo, no qual há a regulamentação da profissão. Os seguintes países adotam tal sistema: Alemanha, Áustria, Bolívia, Colômbia, Equador, Grécia, Holanda, Suíça, Hungria, Letônia, Bangladesh, Nova Zelândia, Venezuela, Senegal, Turquia, Peru, Paraguai, Uruguai, além dos estados de Nevada (EUA), Queensland, Nova Gales do Sul e Victoria (Austrália), Países Baixos, Dinamarca e Noruega legalizaram a prostituição.

Há os que adotam o proibicionismo. Nesses países a atividade é proibida. Exemplo Suécia, alguns estados americanos, Tailândia, Israel, Polônia e o Irã.

Tolerância – Já alguns adotam a política da tolerância como Reino Unido, Portugal, Bélgica, França, Espanha, Estônia, Finlândia, apesar de participarem de ações contra a atividade. Mas em grande parte há a criminalização da exploração da atividade. Atualmente, apesar das inúmeras recusas e preconceitos, já houve iniciativas para regulamentar a profissão. Inicialmente com o deputado Fernando Gabeira, depois com Jean Wyllys. Falaremos mais sobre isso adiante.

Outra variação curiosa da política em relação à prostituição é proibição de se pagar para serviços sexuais. É o caso da Noruega e da Suécia. O cliente comete a infração ao pagar à prostituta, que, por sua vez, não está na ilegalidade ao realizar os serviços e receber do cliente. O fundamento está na questão de entender a compra do sexo como uma forma de violência contra a mulher, portanto o crime está no cliente que paga por serviços sexuais, e não na prostituta que os vende.

Regulamentação

No Brasil a ação de se prostituir não é crime. Mas a cafetinagem (em termos técnicos, rufianismo), exploração sexual e manter casa de prostituição são crimes. Ou seja, uma mulher não pode ir presa por se prostituir, portanto não há como falar que no Brasil vige um modelo "proibicionista".

A situação na verdade configura uma certa tolerância velada na prática. Há talvez milhares de casas de prostituição no país. Se há casa de prostituição, há alguém explorando a casa com certeza. Sempre há um responsável que gerencia a casa e portanto explora a prostituição. É igual há muitos casos de irregularidades infracionais que todos sabem onde e quando acontecem. Mas somente em determinadas circunstâncias que as autoridades tomam providências. Normalmente quando acionadas ou provocadas. Foram notórias as diversas intervenções na casa BAHAMAS em São Paulo. O proprietário, que ficou muito conhecido, o senhor Oscar Maroni, sempre se defendeu alegando que as moças do local não tinham vínculo com a casa e eram apenas frequentadoras. E claro o atrativo da casa.

No Brasil ainda tramita o Projeto de Lei Gabriela Leite, que, em tese, regulamentaria a prostituição. Mas muitos entendem que na verdade o PL vai descriminalizar a exploração econômico-sexual. Sim, há muitos críticos quanto à ideia de tentar regulamentar a atividade. É uma situação semelhante a regulamentar o uso de certas drogas. Esse tópico enseja um amplo debate. Legalização e regulamentação podem ter sua razão de ser. É como se o poder público passasse a reconhecer uma atividade que em tese seria considerada clandestina. Como se reconhecesse que não há como vencer, então passa a incorporar de modo legal. Foi o caso, por exemplo, das lutas de vale-tudo. A regulamentação nesse caso até trouxe aspectos positivos.

Os exploradores e a vitimização

"Trafiquei mulheres por mais de 20 anos, comprava e vendia como se fossem gado"
(Um dos criminosos do esquema revelando em livro como essas redes funcionam na Espanha)

Como contraponto dos movimentos, feministas ou não, que colocam a mulher prostituta como vítima da opressão masculina, há os que entendem que algumas mulheres optam por exercer a atividade, mesmo tendo alternativas, e vitimizá-las nessas circunstâncias nem sempre será justo.

É claro que de um modo geral a prostituição se torna uma alternativa para muitas mulheres muito até em decorrência do fator econômico que indiscutivelmente se deve à predominância do homem no mercado de trabalho, por exemplo. Mas não explica a situação em todas as circunstâncias. Cabe lembrar que há prostituição masculina também. E cabe também lembrar os diversos segmentos da prostituição que já comentamos. Em alguns segmentos como da prostituição de luxo, há até quem questione quem é o explorador e quem é o explorado. Tudo dependerá da ótica de quem analisa cada situação. E das peculiaridades dos agentes envolvidos. A submissão envolvida, a necessidade financeira, as condições de trabalho etc. Não é demais lembrar que em alguns segmentos as prostitutas podem dar-se ao luxo de escolher seus clientes. Boa parte das profissionais nem sempre tem essa alternativa.

Mas é indiscutível que a situação da mulher e do homem, no aspecto econômico, ainda se apresenta de modo desigual e injusto. É claro que em muito se deve à dominação masculina em todos os segmentos econômicos.

No mundo do feminismo e dos direitos humanos, todo mundo se sensibiliza com o drama dessas mulheres. Das 40 milhões de pessoas que se prostituem no mundo, 90% estão ligadas a cafetões, segundo a Fundação Scelles, um centro de pesquisa internacional que combate a prostituição. Enquanto a realidade mostra que nem sempre cafetões são exploradores – muitas profissionais do sexo os enxergam como agentes ou parceiros comerciais –, se a atividade ocorre nas margens do sistema, as chances de constituição de relações trabalhistas exploratórias ou abusos físicos se multiplicam.

Mas há muita discordância sobre a melhor maneira de oferecer às profissionais do sexo segurança e dignidade. Em alguns cantos do mundo, resolveu-se por criminalizar para coibir (uma parte do mercado ou todas); em outros, legalizar; em outros ainda, descriminalizar apenas.

O tema gera paixões em escala mundial. E quando a Anistia Internacional soltou um relatório, no ano passado, recomendando a descriminalização como o melhor cenário para a defesa dos direitos humanos das prostitutas, feministas trocaram gritos e ofensas em conferências.

De um lado, defensoras do fim da prostituição, conhecidas como abolicionistas, afirmam que a prostituição se trata de uma mercantilização indigna do corpo e da sexualidade da mulher que deveria ser combatida pela sociedade. E que não podemos autorizar que mulheres em situação de desespero econômico (que são a maioria das prostitutas) sejam usadas por homens e cafetões.

"Esse argumento (pró-legalização) está baseado em uma visão liberal, centrada no indivíduo e suas escolhas no mercado, sem levar em consideração as relações políticas e de poder envolvidas", escreveu à AzMina a psicóloga Nalu Faria, da Marcha Mundial das Mulheres.

De outro, defensoras da legalização afirmam que tentativas de coibir a prostituição só têm deixado essas mulheres mais às margens da sociedade e que é preciso trazê-las para a legalidade para que elas encontrem mais segurança e portas de saída. E afirmam que qualificar a venda de serviços sexuais como degradante é, no mínimo, equivocado em um contexto capitalista em que todo mundo tem que vender alguma habilidade para sobreviver.

"Essa repetição exaustiva sobre mercantilização dos corpos não encontra muito eco entre nós, trabalhadoras sexuais", defende a Monique Prada, presidenta da Central Única de Trabalhadoras e Trabalhadores Sexuais (Cuts).

"Para nós é bastante claro que vendemos serviços – nossa força de trabalho tornada mercadoria, e nunca nossos corpos".

Entendeu os argumentos centrais dos dois lados? Agora preste atenção aos entraves à discussão, para que a gente os supere e possa ir adiante sem desonestidade com nenhum deles.

No Brasil, as principais organizações de prostitutas se opõem a qualquer forma de criminalização, seja ela de clientes ou de pessoas que obtêm ganho do trabalho de profissionais do sexo. Amara Moira, prostituta, travesti e autora do livro *E Se Eu Fosse Puta*, explica que, se a lei criminaliza o trabalho em clubes e bordéis, sobra para as prostitutas apenas a vulnerabilidade das ruas ou das casas ilegais.

"Claro que também existem abusos nas casas, mas esses abusos se dão sobretudo porque a atividade é exercida à margem da lei, com a participação, inclusive, das forças policiais e do crime, abusos que poderiam ser evitados caso a atividade pudesse ser exercida com amparo da lei e garantias trabalhistas para as profissionais do sexo".

Se existem as "vítimas", há também as garotas que resolveram, de forma deliberada, dedicar-se à prostituição por não estarem satisfeitas com o padrão de vida que poderiam ter por meio da profissão que exercem. Devidos aos seus dotes físicos, principal exigência na prostituição, essas mulheres podem obter rendimento muito superior ao da antiga ocupação.

> *"Não podemos cair na falsa ideia de que toda prostituta, por definição, precisa de assistência social. Não queremos ser sempre vistas como vítimas"*
> *(Comentário de ativista e ex-prostituta)*

Cabe também lembrar que os prostíbulos, gerenciados ou não por exploradores, usam muitas vezes fachadas legais, como a de casas de massagem e *stripclubs*, para oferecer serviços sexuais.

"Cafetões são extremamente criativos e entendem muito bem como burlar as leis locais e descrever algo como qualquer outro serviço não ligado à prostituição", acrescenta Melissa Farley, pesquisadora do Centro de Estudo e Pesquisa em Prostituição da Califórnia.

"Às vezes, os policiais são os próprios clientes", afirma Kasey McClure, ex-stripper.

Kasey descreve o processo de envolvimento de mulheres americanas no tráfico sexual: as garotas entram na prostituição em busca de um dinheiro rápido para quem tem pouca formação escolar. Depois, associam-se a um cafetão ou segurança para protegê-las ou atrair clientes para ela.

Quando se dão conta, ele está batendo nelas e forçando-as a transar com um número determinado de homens ao dia para pagar pelo hotel em que vivem e outras dívidas. "E aí ele a engravida, pra deixar ela ainda mais presa na situação", finaliza Kasey. "Prostituição e tráfico sexual andam bem enroscados aqui em Atlanta".

Holanda

São conhecidas no mundo todo as lojas com prostitutas na vitrine que acabaram virando até pontos turísticos da cidade de Amsterdã.

Mas muitas das mulheres que vendem sexo enfrentam cada vez mais dificuldade para atrair clientes. Turistas que passam por lá parecem mais interessados em tirar fotos grátis das vitrines do que em sexo pago.

A primeira prefeita mulher da capital holandesa, Femke Halsema, está tentando encontrar uma solução para ajudar as profissionais do sexo a escaparem das câmeras dos turistas.

"É o maior parque de atrações turísticas grátis em Amsterdã", diz Frits Rouvoet

Frits tem uma livraria no Distrito da Luz Vermelha e com frequência recebe as mulheres para um café, um momento de descanso do abuso e intimidação a que estão sujeitas na rua.

Quartos em bordéis de Amsterdã têm a luz avermelhada, por isso a região central ficou conhecida como *bairro da luz vermelha*.

"Amsterdã já é conhecida como a capital da prostituição", diz Karin Werkman, que trabalha com vítimas de tráfico de pessoas.

A prostituição foi legalizada pela Holanda em 2000. Mas temos a informação de que, ao contrário do glamour e fantasia que todos têm em relação à atividade no país, o famoso Distrito da Luz Vermelha – a zona de Amsterdã em que se concentram as casas de prostituição – transformou-se em um centro global de tráfico humano e lavagem de dinheiro.

Itatinga

Trata-se de um tradicional e emblemático bairro de Campinas (SP), o Jardim Itatinga. O bairro, atualmente uma das maiores áreas de prostituição da América Latina, foi criado pelo poder público há 48 anos, em plena ditadura militar, para isolar as profissionais do sexo dos moradores para não "ameaçar a ordem" na cidade.

De acordo com a arquiteta, urbanista e professora Diana Helene, que estudou o bairro em sua tese de doutorado intitulada "Preta, pobre e Puta: a segregação urbana da prostituição em Campinas", defendida em junho deste ano, o diferencial do local é ter sido criado exclusivamente para concentrar, numa área distante da cidade, todas as atividades ligadas à prostituição.

O que ocorre no bairro não é tão incomum. Há o caso que comentamos sobre Amsterdã e outros locais do mundo, como o bairro planejado de prostituição no Marrocos, o "quartier reservé" de Bousbir, em Casablanca.

Após vencer a distância, o visitante que chega ao Jardim Itatinga logo se depara com um universo onde tudo gira em torno da prostituição. Há até lojas especializadas para atender às necessidades das profissionais.

No bairro, os serviços sexuais são oferecidos todos os dias da semana, 24 horas por dia. As profissionais ficam dispostas de duas formas na zona de prostituição: algumas abordam os clientes nas ruas que chegam de carro, já as demais ficam espalhadas em boates. Dados do Centro de Saúde indicam que trabalham cerca de 2 mil profissionais em cerca de 200 casas de prostituição, de pequeno, médio e grande porte.

No entanto nem todos que moram no bairro vivem da prostituição; por isso, ao se caminhar pela região, é comum encontrar nas portas das residências que não têm ligação com o mercado sexual placas de sinalização que dizem "casa de família". A área conta também com um posto de saúde, escolas de educação infantil e ONGs que realizam serviço social com a população, como a Pastoral da Mulher Marginalizada.

Depoimentos e vida de algumas profissionais do sexo

Vamos agora conhecer um pouco da pessoa por trás da figura da prostituta. Quem está por trás dessas personagens do mundo da vida noturna e boêmia? Como são quando não estão na personagem? Ondem vivem, como são com os filhos, com os pais, o que dizem da vida e o que esperam para o futuro? Vejamos se conseguimos descobrir.

"Meus pais pensam que trabalho com moda, sou gerente de uma importadora de roupas no bairro chique de Brasília", despista Márcia, uma morena de 1,75 m, universitária, 59 kg, cara de modelo de revista fashion.

Aos 25 anos, Márcia chegou ao nível mais glamouroso da prostituição. Fatura até R$ 5 mil por mês, tem clientes fixos, é mimada com joias de design exclusivo, frequenta colunas sociais, vive na ponte aérea São Paulo-Brasília-Rio de Janeiro, conhece gente de novela e, por enquanto, nem sonha em concluir o estágio obrigatório exigido pela faculdade para ganhar o diploma de professora.

Vanessa de Oliveira, ex-garota de programa, autora de O diário de Marise (2006) e Como seduzir clientes (2017).

Marise é o nome que Vanessa usava naquela época quando era garota de programa. Ao contrário das demais que já fizeram fama nesse novo "gênero literário", Vanessa propõe trazer uma visão mais realista e mais madura da vida de prostituta.

"Como se explica, por exemplo, alguém pagar 200 reais apenas para ser urinado? Ou um político pagar 400 reais para apanhar por duas horas de duas garotas de programa e depois contratá-las novamente no mesmo dia, porque 2 horas de chicote e cuspe não foram o suficiente? Um cliente pagar 100 para poder lamber o seu pé, desde que você o suje bem antes? Um homem ser casado com uma mulher, ter 4 filhos, falar grosso e pedir para vestir a sua calcinha, usando seu batom e desfilando pelo quarto como a Miss Universo?".

Alana, 20 anos, prostituta há seis meses no Rio de Janeiro, cobra R$ 400 e faz cerca de quatro programas por dia, de uma hora cada.

> *Comecei a fazer programa há seis meses. Antes, eu trabalhava como babá e no meu último emprego ganhava R$ 400 por mês. Hoje, ganho R$ 1.600 por dia. Estava desempregada há mais ou menos um ano e lendo os classificados de emprego acabei parando na parte de garotas de programa. Vi que elas ganhavam em uma hora o que eu levava um mês para receber, aturando patrão. Procurei uma agência, fui entrevistada e no mesmo dia comecei a trabalhar. O primeiro homem já estava lá me esperando, um coroa que devia ter uns 50 anos. A dona fez questão de dizer que era a minha*

estreia em programa. Deu nojo, queria que acabasse logo. Faço programas principalmente na Barra da Tijuca (bairro nobre do Rio). Geralmente os homens, em sua maioria casados, marcam em motéis, poucos são em casa. Quando eu comecei tinha namorado, mas com o tempo fui tomando nojo de homem. Eles são todos iguais: traem as mulheres. Tem cara que chega no motel e liga para a mulher todo cheio de amorzinho. Dizem que sair com prostituta não é traição, mas eu acho que é. Sempre que eu saio para um programa eu sinto uma angústia, um medo de não voltar mais, de encontrar alguém violento, que não queira pagar. Antes eu trabalhava com agência, mas agora faço tudo sozinha, me exponho mais. Não tive muita chance na vida, fiz o segundo grau, mas quero mudar. Não sei bem o que eu quero da vida, mas o que eu não quero eu sei: não quero continuar fazendo programa. Tenho clientes fixos, que aparecem toda semana, com a mesma história. Já recebi propostas de casamento, mas eu não aceito, porque eu sei que o cara vai se casar comigo numa semana e na outra estará na cama com prostituta.

Mel, 18 anos, é garota de programa há oito meses em São Paulo, cobra R$ 500 por programa.

Comecei porque meu pai é advogado aposentado e minha mãe é falecida. Eu sempre quis ser médica e a faculdade é muito cara e eu não tenho como pagar. Aí pensei: vou virar prostituta. Procurei na internet, descobri o Romanza (casa noturna de São Paulo onde se concentram cerca de 250 garotas de programa por noite) e fui pra lá. Comecei a fazer stripper também. Aprendi tudo lá. Não foi muito assustador porque a casa parece uma balada. Perdi a virgindade com 14 anos mas não sei com quantos caras transei antes de vir para a noite. Eu moro sozinha e meu pai não sabe. Faz dois meses que ele mudou para Alagoas. Tenho uma irmã mais velha, ela tem 35 anos. Começamos a fazer terapia familiar e em uma sessão acabei contando a verdade pra ela. Foi um alívio, eu precisava contar pra alguém. Ela conversou muito comigo, me deu conselhos. Meu pai pensa que eu trabalho com eventos. Eu gosto do dinheiro. Poucas vezes senti prazer. Vou *começar minha faculdade agora, a mensalidade é de R$ 3.000 (medicina veterinária). Comprei um carro. O ruim da profissão é não ter vida social direito, não ver a luz do sol e mentir para as pessoas que mais amo. Vou dormir geralmente umas 7 h da manhã e acordo às 16 h. Vou pra academia e venho trabalhar. Agora com a faculdade, que é integral, vou trabalhar mais atendendo pelo telefone e também por site. Gasto uns R$ 2.000 com beleza por mês. Antes eu era instrutora de uma escola de informática e ganhava R$ 350 mensais. Cobro no mínimo R$ 500 o programa e tiro uma média de R$ 6.000 por mês. Eu não gosto de "boy", gosto de cliente mais velho, de 50 pra cima. Chego na noite, dou um "close" e já vejo os que têm essa idade. Com eles é mais rápido, às vezes nem rola sexo. Eu nunca tinha beijado mulher, beijei aqui, mas percebi que não tenho dom nenhum pra ser lésbica. Meu primeiro dia na noite foi numa suruba. Já tive cliente famoso, a maioria jogador de futebol. Tenho um namoradinho, cliente meu. Ele é casado, quando está em crise me procura, me dá dinheiro. Mas eu sinto falta dele.*

Juliana, 23, cobra até R$ 800 por programa.

Comecei com 18 anos e fiquei um ano na ativa. Depois fui estudar, comecei a trabalhar vendendo roupas em uma loja, namorar. Fiz dois anos de jornalismo de moda. Fiquei quatro anos um pouco afastada da noite e voltei há um. Uma amiga minha me levou para a noite. Na primeira, a recepcionista da boate me convidou para fazer um show. Depois do show um gringo me fez uma proposta boa e eu acabei saindo com ele. Não venho trabalhar sempre. Moro com minha família e ninguém sabe o que faço. O dinheiro aqui é muito fácil. Em uma hora você ganha o dobro, triplo do que ganharia em um mês em outro lugar. Trabalho também com eventos e divulgação de produtos em uma agência. Quando comecei a namorar ainda fazia programa e ele sabia. Essa vida vicia. A juventude da gente não é pra sempre. Tenho que me preocupar com meu futuro. Durante os quatro anos que fiquei estudando eu vinha de vez em quando, às vezes depois do trabalho. Vinha quando batia a necessidade. Minha família é de classe média, e meus pais têm a mente bem aberta, mas iam ficar assustados se soubessem por causa da educação que me deram. Eu venho por vaidade, capricho mesmo. Quero comprar alguma coisa e venho. Pretendo um dia não vir mais. Mas acho que eu sempre vou acabar vindo nem que seja pra rever pessoas queridas. Venho para trabalhar e não para me divertir. É uma troca: eles vêm em busca de prazer e a gente oferece companhia. Muitos nem querem sexo, querem sair para jantar, estão viajando e as esposas estão longe, não conseguem arrumar uma companhia bonita. Às vezes, tenho orgasmo. Depende do cara mesmo. Muitas meninas acabam enjoando de homem e viram lésbicas. Quando eu não sinto prazer eu tento disfarçar ao máximo. Os pontos positivos do programa resumem-se ao dinheiro fácil. Os negativos são os de não conhecer a índole da pessoa que você está saindo, não saber o que ela pode fazer com você, além das doenças. A maioria dos programas são rápidos. Rola muita ejaculação precoce. A molecada demora mais. Não faço questão de gente bonita, só exijo que seja higiênico.

Outros depoimentos

Brenda Myers-Powell era apenas uma criança quando se tornou uma prostituta, no começo dos anos 70. Aqui, ela descreve como foi atraída para as ruas e como, três décadas depois, ela dedica sua vida a garantir que outras meninas não caiam na mesma armadilha (O depoimento de Brenda pode chocar algumas pessoas.)

Desde o começo, a vida foi me dando limões e eu fui tentando fazer a melhor limonada que eu podia.
Eu cresci nos anos 60 em Chicago. Minha mãe morreu quando eu tinha seis meses. Ela tinha apenas 16 anos e eu nunca soube de que ela
[...]
Foi a minha avó que me criou. E ela não era uma pessoa má. Na verdade, ela tinha um lado incrível. Ela lia para mim, me fazia bolos e preparava as melhores batatas doces. Ela apenas tinha um problema com a bebida.

E ela trazia seus parceiros de bebedeira do bar para casa e, depois que estava bêbada e desmaiada, esses homens faziam coisas comigo.

Isso começou quando eu tinha uns 4 ou 5 anos e depois se tornou algo corrente. Eu tenho certeza de que minha avó nunca soube de nada disso.

Ela trabalhava como empregada doméstica nos subúrbios. Ela levava duas horas para ir ao trabalho e duas para voltar. Eu usava uma chave no pescoço e, no fim da tarde, ia sozinha do jardim de infância para casa. E os molestadores sabiam disso – e se aproveitavam.

Eu via mulheres com o cabelo glamouroso e com vestidos brilhantes nas ruas. Não tinha ideia do que elas estava fazendo. Eu só achava que elas brilhavam. E, como uma garotinha, tudo o que eu queria era usar roupas brilhantes também.

Um dia, eu perguntei para minha avó o que aquelas mulheres estava fazendo. "Elas tiram a calcinha e os homens lhe dão dinheiro". E lembro de dizer para mim mesma: "Eu provavelmente vou fazer isso, porque os homens já estão tirando minha calcinha".

Quando completei 14 anos, eu já tinha duas filhas, duas bebês. Minha avó então começou a dizer que eu precisava trazer algum dinheiro para casa para sustentar as crianças, porque não havia comida – não tínhamos nada.

Então uma noite, na verdade era Sexta-Feira Santa, eu fui para as ruas. Coloquei um conjunto de saia e blusa de US$ 3,99, um sapato de plástico barato e um batom laranja que eu achava que me fazia parecer mais velha.

Eu tinha 14 anos e chorei o tempo todo. Mas eu aguentei. Eu não gostei. Mas os cinco homens com quem eu saí aquela noite me mostraram o que fazer. Eles sabiam que eu era nova e pareciam ficar excitados com isso.

Eu consegui US$ 400 e dei a maior parte para minha avó – ela não perguntou onde eu tinha conseguido aquele dinheiro.

No fim de semana seguinte, fiz a mesma coisa, e minha avó parecia contente por eu estar trazendo dinheiro para casa.

Mas na terceira vez, dois caras armados me colocaram no porta-malas de um carro. Eles me pegaram porque eu não tinha um "representante" nas ruas.

Primeiro eles me levaram para o meio do nada e me estupraram. Depois eles me levaram para um quarto de hotel e me trancaram em um armário.

Esse é o tipo de coisa que um cafetão faz para quebrar o espírito de uma menina. Eles me mantiveram lá por um bom tempo. Estava com fome, então implorei para eles me deixarem sair. Eles toparam, desde que eu trabalhasse para eles.

Então eles foram meus cafetões por uns seis meses, eu não podia voltar para casa. Tentava fugir, mas quando me pegavam, apanhava muito. Depois, fui traficada para outro homem. O abuso físico era terrível, mas o abuso mental era pior – as coisas que eles diziam não dá para esquecer.

Cafetões são ótimos torturadores, são ótimos manipuladores. Alguns te acordam no meio da noite com uma arma na cabeça. Outros fingem que você tem algum valor para eles e então você pensa: 'Eu sou a Cinderela e ele, meu príncipe encantado'. Eles te dizem que você precisa fazer apenas mais uma coisa e depois será recompensada.

E você pensa: "Minha vida já está tão difícil, por que não fazer um pouquinho mais". Mas é claro que a parte boa nunca chega.

Quando as pessoas descrevem prostituição como algo cheio de glamour, meio como no filme Uma Linda Mulher, bem, não tem nada a ver com isso. Uma prostituta às vezes dorme com cinco estranhos por dia. No fim do ano, são 1.800 homens com quem ela teve relações sexuais. Não são relacionamentos, ninguém te traz flores, acredite em mim. Eles usavam meu corpo como um banheiro.

E os clientes são violentos. Tomei cinco tiros, fui esfaqueada 13 vezes. Não sei por que esses homens me atacavam. Tudo que eu sei que é a sociedade fazia com que eles se sentissem confortáveis fazendo isso. Eles sabiam que podiam fazer o que quisessem com uma prostituta, já que a polícia nunca a levaria a sério.

Júlia tem apenas 22 anos, mas a vida já lhe deixou amarga o suficiente. Apesar da sua doçura na voz e na simpatia, seu sorriso sempre finaliza com uma expressão de dor e sofrimento. Corpo esguio e cabelos pretos, sempre molhados e despenteados, Júlia nunca está inteira no ponto. Sempre ausente em algum momento da conversa, ela fala resumidamente, com poucos detalhes, da sua trajetória de vida. É um relato de dor e de superação, confuso nele mesmo, com pouca sequência cronológica. A escassez de detalhes não é por falta de vontade de falar – Júlia sempre fala muito –, mas sim por uma incapacidade de reviver as experiências sofridas. Sempre tentando mostrar segurança, como "mãe de família" que é, sua pouca idade recai numa incerteza do seu próprio futuro. Júlia é o tipo ideal de uma vida desrespeitada, desde o seu início.

Na primeira infância, morava com a mãe, os avós e o irmão. Depois que o avô morreu, a família passou por muitas dificuldades financeiras, pois ele era o provedor da casa. Aos 7 anos de idade, o teto da casa onde Júlia morava desabou e eles passaram a morar numa garagem "do tamanho de um quarto". Nessa mesma época, a mãe começou um relacionamento com um homem que trancava Júlia e o irmão dentro de casa por três dias, "sem motivo". Era um "homem grosseiro", diz ela, que a maltratava com frequência. Foi quando sua avó, a pessoa por quem até hoje tem grande afeto, sua "verdadeira mãe", saiu de casa. São memórias que ela diz que não gosta nem de falar. Aos 8 anos, Júlia já lavava pratos nas casas dos vizinhos. Aos 14 anos, foi estuprada, fugiu de casa aos 15 e engravidou logo depois. Aos 17 anos, sua mãe, prostituta, levou-a para a Conselheiro Aguiar, numa configuração própria de exploração e abuso sexual de menores: "O deus dela é o dinheiro", diz Júlia sobre a mãe, que até hoje tenta arrumar homens com dinheiro para casar com as filhas. Júlia resistiu em fazer programas, mas quando lhe ofereceram R$ 550 por poucas horas, ela não pensou duas vezes e entrou no carro pela primeira vez. Nessa mesma primeira noite, outro cliente lhe pagou R$ 400 por uma noite.

Além de cuidar da filha e da avó, Júlia faz algumas ações de caridade num asilo próximo à sua casa, nas horas vagas. Tem um sonho de se formar em Design de Moda e adora fazer maquiagem, embora nunca esteja maquiada na rua. Às vezes, leva para sua casa crianças em situação de rua que ficam lá por perto para maquiá-las. Pergunto por que ela gosta de "ajudar" os outros, e ela me responde, sem hesitar: "Eu faço tudo aquilo que minha mãe não me ensinou".

Suzana (36 anos) é um homem trans. Mas na rua é uma mulher. Na Conselheiro, como ela mesma diz, existe uma mulher que desaparece quando ela volta para casa. "A mulher fica aqui; quando eu subo na moto, ela deixa de existir".

Suzana faz exercício físico diariamente, e possui fotos de quando ela era um homem "bombado", forte e musculoso. Hoje, precisou diminuir o ritmo da malhação para deixar o corpo mais "feminino" e atrair mais clientes. Ainda assim, suas roupas e postura são bem diferentes das suas companheiras de ponto, em frente ao Sampa Night Club, na Conselheiro Aguiar. De coturno de couro, jaqueta jeans e short, Suzana, com seu cabelo curto rente à cabeça, destaca-se no meio dos vestidos curtos, maquiagens exuberantes e batons chamativos das outras mulheres.

Aos 10 anos, resolveu contar para a mãe que "gostava de mulher". O resultado foi o de praxe: a não aceitação da mãe e a primeira grande fragmentação afetiva de sua vida. Com essa mesma idade, fugiu de casa e passou a morar na rua, nas redondezas do Cais de Santa Rita, no centro do Recife. Pouco tempo depois, voltou para casa, na tentativa de se reconciliar com a família, mas não adiantou. Saiu novamente porque não suportou o preconceito que sofria. Dos 12 aos 14 anos, trabalhou como garçonete e em trabalhos mais precarizados e quando "desempregada", pedia comida nos bares e nas casas. Somente aos 15 anos começou a ter alguma estabilidade. Uma "senhora", segundo ela, chamou-a para trabalhar na casa dela e ficou lá até os 18 anos de idade. Foi quando ela conseguiu ter relacionamentos afetivos mais longos com outras mulheres. Namorou a primeira vez e durou 4 anos. Separou-se porque sua companheira "se envolveu com drogas". A segunda vez, que durou 5 anos, a companheira faleceu. Na terceira, encontrou sua atual mulher, hoje casadas há 9 anos. Foi através dela, sua atual companheira, que ela começou a fazer programas. Sua mulher vendia comida na Conselheiro Aguiar, e Suzana percebeu que, por ser diferente das outras mulheres, poderia dar certo como prostituta. Suzana trabalha na prostituição há cerca de 5 anos.

Nos três primeiros anos, preferiu trabalhar "pelo site". Há pouco mais de um ano, resolveu trabalhar todos os dias na avenida. A todo momento, ela diz que pretende sair "dessa vida".

Fabiana tem 32 anos (pelo menos é aquilo que ela me diz, pois aparenta ter mais), negra e trans. Quase 1,80 m de altura, tem seios, pernas e bunda enormes, resultado da intervenção cirúrgica tradicional das travestis pobres, que consiste na injeção de silicone industrial para moldar o corpo esteticamente. "Se pudesse voltar atrás não teria feito isso. Acaba com o corpo...", diz Fabiana, sempre muito preocupada com a aparência e arrependida dos "erros" do passado. Rejeitada pela família na infância, hoje tem apenas um contato cordial com os parentes, que moram no mesmo bairro. Ela diz que não tem problemas com a família, que fala com todos educadamente. Iniciou na prostituição desde adolescente e hoje já tem quase 20 anos de batalha.

Ex-usuária abusiva de crack, no início de sua carreira de prostituta, não "queria saber de nada", usava droga e se envolvia em muitos episódios de violência. Passou um tempo em São Paulo, conheceu a prostituição por lá, agravou ainda mais o uso de crack e pensou que não teria mais volta.

Fabiana fala constantemente da dor que é o trabalho de prostituta. Tem um sonho de sair dali e, caso não seja possível, ir pelo menos para a Europa, encontrar umas amigas que estão, supostamente, numa situação melhor que a dela. Seria algo a se pensar.

Podemos concluir que boa parte das mulheres que procuram a prostituição teve problemas familiares e passaram por algum tipo de abusos. De alguma forma, podemos concluir que a figura masculina não traz sentimentos positivos para as essas mulheres.

A gueixa

Cristiane A. Sato, consultora do site *Cultura Japonesa*, apresenta sobre um dos aspectos mais fascinantes da sociedade japonesa: a gueixa. Certamente para muitas pessoas não é claro o que significa essa figura tradicional da cultura japonesa.

A primeira noção que vem à cabeça são moças orientais que se dedicam a atender aos caprichos de seu senhor ou marido. Nem sempre a ideia é ligada à questão sexual. A ideia que o Ocidente tem das gueixas certamente é distorcida, pouco correspondendo à realidade. Para alguns, principalmente os incultos, acham que uma gueixa nada mais é que uma exótica prostituta de luxo – algo que choca os japoneses, que as consideram refinadas guardiãs das artes tradicionais. Na sociedade japonesa, a gueixa é objeto de admiração e respeito. Elas dão status aos lugares onde vão e às pessoas com quem se relacionam – um status que é mais ligado à tradição que à moda.

A origem das gueixas, no entanto, tem uma proximidade com a atividade das prostitutas no sentido que, assim como elas, tinha a missão de entreter e recepcionar clientes, convidados e hóspedes. Mas havia algo mais nobre nessa designação. Como artista, a gueixa tem a obrigatoriedade de ser versada em música, dança, canto e literatura – a prostituta, não. A prostituta vestia-se com os quimonos mais brilhantes, estampados e extravagantes que tivesse – a gueixa foi proibida de usar tais quimonos e obrigada a ter um visual mais discreto. E o principal que diferencia, esclarecendo de uma vez a questão: as gueixas eram proibidas de dormir com os clientes das prostitutas. Não eram proibidas de terem sexo com clientes, mas não eram contratadas para isso.

A gueixa moderna ainda hoje configura um estilo de vida que exige total e absoluta dedicação. É aceitar acima de tudo que será uma vida de servidão, que eventualmente terá grandes recompensas. Como tudo no Japão, ser gueixa é também um caminho a ser percorrido pelo resto da vida. Há um treinamento básico, que pode durar cinco anos ou mais. E mais: manter uma gueixa é um capricho caro. Os valores pagos são altíssimos e ter algumas (normalmente são mais de uma) é símbolo de ostentação.

"Mulheres de conforto" – escravas sexuais do Oriente

Entre 1932 e 1945, o Japão envolveu-se em uma guerra imperial com os Estados Unidos e diversos países asiáticos, comumente referida como Guerra do Pacífico. Durante esse período, à medida que expandiu sua presença militar na Ásia, o Japão mobilizou um grande número de mulheres para bordéis militares a fim de satisfazer as necessidades sexuais de seus soldados e, assim, instituiu as chamadas "estações de conforto" em diversos países, onde quer que suas tropas estacionassem. Estima-se que entre 80 e 200 mil mulheres foram mobilizadas pelo Exército Imperial Japonês para servir sexualmente seus soldados, em um dos maiores casos de tráfico humano do mundo. A mobilização incluiu principalmente moças da Coreia colonial, e, em menor escala, mulheres japonesas e de outros territórios ocupados, tais como Filipinas, Taiwan, Cingapura, Indonésia, Birmânia, Tailândia e Vietnã. Essas mulheres ficaram conhecidas como "mulheres de conforto".

Essas mulheres eram atraídas por falsas promessas de emprego ou simplesmente sequestradas pelas tropas japonesas. Levadas para bordéis militares ao longo do Pacífico, elas eram submetidas à violação repetida e ao espancamento. Algumas tão jovens, com 12 anos, eram forçadas a ter relações com os soldados japoneses várias vezes ao dia. Cabe salientar o fato de que a escravidão sexual foi licenciada e ativamente regulada pelo Governo Imperial do Japão.

Observa-se que o uso de preservativos era altamente recomendado pelas autoridades oficiais, mas sua quantidade era restrita, e muitas "mulheres de conforto" viam-se na humilhante tarefa de lavar e reciclar os preservativos usados para evitar a contaminação por doenças sexualmente transmissíveis. Um exame médico periódico era feito a fim de se averiguar seu estado de saúde, e elas eram constantemente submetidas a injeções e procedimentos abortivos; outras enfermidades, como infecções uretrais, entretanto, eram precariamente tratadas.

Ao contrário das "mulheres de conforto" japonesas, que, dado seu antecedente como prostitutas, eram mais velhas e mais bem preparadas para o serviço nos bordéis militares, além de geralmente servirem oficiais e serem pagas por seus serviços, as "mulheres de conforto" coreanas eram virgens solteiras no início de sua adolescência – mesmo meninas estudantes, com idades entre 12 e 14 anos, foram utilizadas como escravas sexuais.

As poucas mulheres que sobreviveram e puderam voltar para casa no final da guerra continuaram a sofrer por seus passados, por meio do trauma psicológico e do ostracismo social, de modo que se mantiveram em silêncio sobre sua experiência por causa do medo e da vergonha.

Há anos existe uma mobilização na Coreia do Sul que exige que o Japão admita a responsabilidade legal pela escravidão sexual durante a guerra, identifique, puna seus responsáveis, compense as vítimas e, principalmente, formule um pedido escrito de desculpas às sobreviventes e ensine a seus estudantes esse capítulo escondido na história japonesa. Para as poucas mulheres sobreviventes, a importância da palavra *perdão* deve-se à imagem que tiveram em relação à prostituição. Ainda existe uma expectativa de que o primeiro-ministro japonês promova um pedido de perdão.

Depois da guerra, havia rumores sobre essa forma de escravatura, mas somente em 1991 a situação veio à tona. Foi quando uma mulher sul-coreana, chamada Kim Hak, tornou-se a primeira pessoa a falar publicamente sobre a existência da prostituição forçada nas áreas ocupadas pelo Japão. Desde então o assunto tornou-se de conhecimento público, com outras sobreviventes relatando os fatos e exigindo justiça.

Em resposta, o Japão estabeleceu o Fundo das Mulheres Asiáticas para compensar antigas "mulheres de conforto". O Fundo tentou pagar a cada vítima na Coreia, Taiwan e Filipinas dois milhões de ienes (cerca de US$ 20.000) em dinheiro e três milhões de ienes (cerca de US$ 30.000) para apoio médico e bem-estar da vítima. No entanto, como o fundo dependia principalmente de donativos, sendo que o governo japonês só subsidiava seus custos administrativos – e também não havia emitido um pedido de desculpas formal ou indicado a responsabilidade legal do Japão pelo crime de guerra, o Conselho Coreano e outras organizações de mulheres asiáticas envolvidas no movimento de reparação mostraram-lhe oposição inflexível, denunciando-o como "dinheiro de caridade". De acordo com uma "ex-mulher de conforto", o estabelecimento do fundo foi uma tentativa de comprar o silêncio das "mulheres de conforto" e acabar com uma publicidade negativa do Estado, não um ato sincero de expiação.

Em 1992, o Japão chegou a pedir oficialmente perdão a milhares de mulheres coreanas durante uma viagem à Coreia do Sul. Em 6 de julho e 4 de agosto daquele ano, o governo japonês emitiu duas declarações pelas quais reconheceu que os "postos de conforto eram operados em resposta às exigências militares da época", "militares japoneses estiveram, direta ou indiretamente, envolvidos na instituição e administração dos postos de conforto e na transferência das mulheres de conforto" e que as mulheres eram "recrutadas, em muitos casos, contra sua vontade através de engodo e coação".

Em 1993, o Japão emitiu um pedido de desculpas pela "dor imensurável e o sofrimento causado às mulheres de conforto". Em 1995, o país também se desculpou por suas agressões durante a guerra.

A controvérsia reacendeu em 1º de março de 2007, quando o primeiro ministro Shinzo Abe mencionou sugestões da Câmara dos Representantes dos Estados Unidos no sentido de que o governo japonês "se desculpasse e reconhecesse" o papel dos militares do Japão Imperial na escravidão sexual durante a guerra. Abe negou que isso se aplicasse aos postos de conforto. Porém um editorial do jornal *The New York Times*, de 6 de março, dizia: "Não se tratava de bordéis comerciais. A força, explícita e implícita, era usada no recrutamento destas mulheres. O que acontecia lá dentro era estupro em série, não prostituição. O envolvimento do Exército Japonês está documentado nos próprios arquivos governamentais do Ministério da Defesa".

Em 17 de abril de 2007, Yoshimi e outro historiador, Hirofumi Hayashi, anunciaram a descoberta, nos arquivos do Julgamento de Tóquio, de sete documentos oficiais sugerindo que as forças militares imperiais, tais como a Toketai (polícia secreta naval), coagiram diretamente mulheres para trabalhar nos bordéis da frente de batalha na China, Indochina e Indonésia. Esses documentos, a princípio, haviam sido tornados públicos na época dos julgamentos de crimes de guerra. Em um deles, um tenente é citado confessando ter organizado um bordel.

Em 12 de maio de 2007, o jornalista Taichiro Kaijimura anunciou a descoberta de 30 documentos do governo holandês submetidos ao Tribunal de Tóquio como evidência de prostituição forçada em massa, em 1944, em Magelang.

Em outros casos, meninas de Timor Leste testemunharam que foram raptadas quando ainda não haviam tido sequer a primeira menstruação e levadas para bordéis militares, onde eram estupradas repetidamente pelos soldados japoneses. Uma "mulher de conforto" indonésio-holandesa, Jan Ruff-O'Hearn, disse que havia sido estuprada por soldados japoneses "dia e noite", ao longo de três meses, quando tinha 21 anos.

Recentemente, o atual prefeito da cidade japonesa de Osaka causou polêmica ao afirmar publicamente que o sistema que forçou milhares de mulheres de outros países a se prostituírem durante a Segunda Guerra Mundial foi "necessário". Toru Hashimoto disse que as "mulheres de conforto" deram aos soldados japoneses uma "chance para relaxar". O prefeito disse que naquelas circunstâncias "em que balas voavam como chuva e vento e os soldados corriam o risco de perder suas vidas, para que eles descansassem, um esquema de mulheres de conforto era necessário. Qualquer um pode entender isso!".

Em 2012, o governo coreano voltou a exigir que o Japão assumisse plenamente sua responsabilidade na exploração das mulheres sul-coreanas durante a Segunda Guerra Mundial.

Na Coreia do Sul, no dia 15 de agosto de 2012, é celebrado o "Dia da Libertação", que lembra o fim da colonização japonesa (1910-1945) e coincide com a derrota do Japão. Durante uma cerimônia em memória do fim da Segunda Guerra Mundial, o presidente sul-coreano Lee Myung-bak declarou que "a questão da mobilização das mulheres de conforto pelo Exército Imperial japonês vai além das simples relações entre a Coreia do Sul e o Japão. Trata-se de uma violação dos direitos das mulheres cometidos em tempos de guerra e incentivo o governo japonês a agir com responsabilidade neste tema".

Mas, enfim, muitas mulheres acabaram morrendo sem ouvir um pedido de desculpas oficial do governo do Japão, ou receber uma compensação pelo seu sofrimento.

Um drama social: a exploração sexual infantil

Infelizmente, o número de casos que envolvem a prostituição de crianças é alarmante em todo o mundo. Temos informação de inúmeros pontos vulneráveis à exploração sexual infantojuvenil ao longo das estradas federais brasileiras.

Entre os pontos denunciados, figuram estacionamentos de caminhões, balneários, locais comerciais, restaurantes, hotéis, oficinas, clubes, postos de abastecimento, praças, casas particulares, viadutos e casas de festa. Além dos que usam a internet para de alguma forma explorar atividades ilícitas envolvendo menores.

Há informações, inclusive, de países onde se produzem até filmes pornográficos com menores.

Apesar de o governo não possuir números precisos, ONGs calculam que cerca de 100 mil crianças sofrem violência sexual ou se prostituem nas ruas no Brasil. Podem chegar a 500 mil em todo mundo.

Brasil registrou 14 mil denúncias de abuso sexual infantil em 2020. Mais de 95 mil denúncias de violência contra crianças e adolescentes foram registradas em 2020. Desse total, mais de 14 mil corresponderam a abuso sexual, estupro e exploração sexual. Os registros ainda incluem violência física e psicológica.

Relatório identificou 240 rotas diferentes usadas para o tráfico nacional e internacional de menores de idade destinados à exploração sexual.

Também foram listados os programas governamentais que existem em cada município e podem contribuir para enfrentar o problema, tais como o Agente Jovem, que visa à preparação do adolescente para atuar na comunidade ou o Sentinela, destinado ao acolhimento e apoio de crianças e adolescentes vítimas de violência sexual. O programa Sentinela, que atende essas vítimas, investiga a participação de hotéis e agências de mototáxis na prostituição infantil. O estudo da Secretaria de Direitos Humanos, realizado por pesquisadores da Universidade de Brasília (UnB) com o apoio do Unicef, identificou as áreas de prostituição a partir do mapeamento geossocial e político, dados de pesquisas já realizadas sobre o tema e informações coletadas no Disque Denúncia.

No projeto Teia, desenvolvido pela Secretaria de Assistência Social de Rio Preto em parceria com o Instituto Espírita Nosso Lar (Ielar), entidade que acolhe crianças do município vítimas de violência, existem duas adolescentes que foram retiradas do meio em que viviam e inseridas no projeto.

Para ações de combate à exploração infantojuvenil, tem que se ter em mente que na realidade brasileira, há o fato de crianças e adolescentes se prostituírem para sobreviver. Nesse quadro, a prostituição infantil e a miséria entrecruzam-se, sem que a primeira se reduza à segunda.

A violência contra crianças em geral deixa marcas profundas nas suas vítimas. Quando se fala em exploração sexual infantil normalmente se associa à prostituição feminina. Mas evidentemente que há os casos de exploração infantil masculina.

A violência que permeia a prostituição infantil feminina por si só já constitui uma questão de saúde coletiva que ressalta a violência contra a mulher na sociedade brasileira.

Sem dúvida, a miséria tem uma pontuação maior entre os inúmeros fatores mencionados para essas ocorrências.

As profundas desigualdades socioeconômicas do país propiciam a exploração de pessoas por pessoas. Nesse contexto, a criança facilmente se torna uma mercadoria.

De forma geral, a prostituição infantil trata-se da exploração sexual de uma criança a qual, por vários fatores, como situação de pobreza ou falta de assistência social e psicológica, torna-se fragilizada. Dessa forma, tornam-se vítimas do aliciamento por adultos que abusam de menores, os quais ora buscam o sexo fácil e barato, ora tentam lucrar corrompendo os menores e conduzindo-os ao mercado da prostituição.

Para além das possíveis vulnerabilidades decorrentes da situação socioeconômica – se não a principal causa, certamente uma das mais importantes – estão outros aspectos como o próprio gênero da criança, fato que explicaria uma maior vulnerabilidade das meninas, tão expostas à violência contra a mulher até mesmo no ambiente familiar.

É necessário observar que não se deve associar a prostituição infantil apenas à condição de pobreza da criança, mas sim considerar as particularidades de sua manifestação. Também para além da pobreza, o desenvolvimento de vícios por drogas conduzem essas crianças a uma situação deplorável e de extrema necessidade de cuidados especiais. Para atenderem às imposições da dependência química que as dominam, vendem seus corpos para conseguirem algum dinheiro para a compra de drogas (ou mesmo aceitam fazer programas tendo como pagamento a própria droga).

Outro complicador dessa questão é o chamado turismo sexual, o qual consiste na chegada de vários estrangeiros a regiões como o

Nordeste brasileiro em busca de sexo. Meninas pobres, moradoras das regiões periféricas e precárias ao redor dos grandes centros ocupam as principais ruas e avenidas para se oferecerem como mercadoria barata nesse mercado do sexo que se estabelece em endereços turísticos por todo o Brasil, principalmente nas praias nordestinas.

Se, por um lado, a prostituição ainda faz parte da realidade brasileira, é importante destacar alguns avanços nessa luta. No Brasil, em 2000, institui-se o Plano Nacional de Enfrentamento da Violência Sexual Infanto-Juvenil, assim como o Dia Nacional de Combate ao Abuso e Exploração Sexual Infanto-Juvenil. Além de instituições, outras esferas de acompanhamento e controle foram criadas, além de Varas Criminais especializadas em crimes contra crianças e adolescentes. Ainda segundo o governo federal, em 2008 foram reunidas mais de 3.500 pessoas de várias nacionalidades no III Congresso de Enfrentamento da Exploração Sexual de Crianças e Adolescentes, no Rio de Janeiro, fato que marca uma sensibilidade internacional com essa realidade que afronta os Direitos Humanos.

O *Conexão Repórter* apresenta, no documentário "Infância Negada", as várias faces da prostituição infantil no Brasil. Em uma investigação minuciosa, o jornalista revela uma realidade em que os brinquedos são substituídos por drogas e armas, em que a fantasia dá lugar a um submundo de crimes e violência.

O tema na verdade frequentemente é abordado em filmes e documentários. Foi o caso também do recente filme *Eu Sou Todas as Meninas* (2021 – Direção: Donovan Marsh – Elenco: Deon Lotz, Brendon Daniels, Mothusi Magano).

Eu Sou Todas as Meninas conta a história de Jodie Snyman (Erica Wessels), uma investigadora de crimes especiais, que forma um vínculo improvável com a assassina em série Thamsanqa (Masasa Mbangeni), para derrubar um sindicato global de tráfico sexual infantil.

VALMIR BENÍCIO

DISCRIMINAÇÃO E PRECONCEITO

Panorama

Como abordar assuntos relacionados a problemas sociais e deixar de falar sobre esse estigma do comportamento humano? Talvez um dos mais odiosos.

Trata-se de mais uma tendência de pessoas de certos segmentos a se sentirem superiores ou a inferiorizarem minorias distintas do grupo do seu meio. Discriminar e excluir pessoas de grupos ou minoria étnica sempre esteve presente em toda a história da humanidade.

Dados do Instituto Brasileiro de Geografia e Estatística (IBGE) mostram que 54% da população brasileira é negra.

Porém essa semelhança entre a quantidade de indivíduos de cada etnia no grande grupo populacional não é o que correspondente ao percentual existente de negros e brancos em cada uma das diferentes classes socioeconômicas no Brasil. É notória a supremacia caucasiana na sociedade brasileira: a percentagem de negros e indivíduos de outras etnias, que não a branca, é baixíssima na população correspondente às classes média e alta. A percentagem de indivíduos não brancos em camadas mais baixas da população é absurdo e desproporcional, se comparada à percentagem existente nas classes mais abastadas. Dados do Instituto de Pesquisa Econômica Aplicada (Ipea) de 2016 mostram que mulheres brancas recebem 70% a mais que mulheres negras. Entender o Brasil é inter-relacionar questões, informações, dados de gênero, etnia e também de classe social. A professora Eunice Prudente cita a obra de Angela Davis, *Mulheres, Raça e Classe*, que aborda o racismo, o movimento antiescravagista, feminismo e outros vários temas.

No ensino superior, os brancos são mais do que o dobro dos negros. O índice de analfabetismo também é alto: 13,1% para os negros e para os brancos 5,4%. O rendimento médio mensal dos brancos é de R$ 1.538, enquanto o dos negros é bem mais abaixo (R$ 834).

Esse cenário acaba por relegar aos negros e pardos o status de minoria, apesar de representarem grande parte da população nacional. A desvalorização sistemática desse grupo populacional deixa-o à margem da sociedade brasileira – na prática, não existe igualdade entre as etnias. A desconsideração sociocultural do negro e a disparidade econômica entre negros e brancos expõem claramente a abissal desigualdade que põe em xeque a alegada democracia brasileira. Essa realidade tem bases históricas e culturais que explicam a situação socioeconômica do negro no Brasil.

O preconceito racial no Brasil inegavelmente existe. Praticamente ninguém se admite racista, mas a esmagadora maioria da população alega conhecer alguém que tem preconceito sobre a cor da pele alheia. Surge a pergunta: onde estão esses racistas? A resposta é simples: estão em todos os nichos da sociedade brasileira, mas quase nunca o são abertamente, porque discriminação racial gritante e aberta é crime hediondo e inafiançável no Brasil.

A discriminação existente é velada, mas real. Isso é visível, por exemplo, no mercado da beleza. Como o sociólogo Florestan Fernandes (1920-1995) definiu: "o brasileiro tem preconceito de ter preconceito".

Pedimos emprestada uma questão que abordamos no texto "Humilhação Social". Lá mencionamos que, no que se refere à questão da diferença de raças, em especial em relação aos negros, os pesquisadores verificam que, no Brasil, ao contrário de países como os Estados Unidos, o preconceito ou a discriminação envolvem uma questão muito mais social do que racial.

Isso quer dizer que a discriminação não se relaciona diretamente com a questão de raça.

Como dissemos lá atrás, hoje a situação do negro e a questão racial decorrente mudaram muito, no aspecto mais essencial: a questão da autoestima, das referências, da identidade individual e referencial. O que antes implicava frustração, preterições, exclusões agora é referência positiva para muitos.

Racista, eu? Muitas pessoas não admitem terem algum tipo de preconceito. Afirmam que não têm preconceito de raças, mas dizem que conhecem pessoas racistas. Ou seja, preconceito só se reconhece nos outros.

Dentro do universo de quase 400 mil professores universitários, aproximadamente 67 mil se autodeclaram pretos ou pardos. O baixo número de professores negros nas universidades implica, aos poucos que chegam a esses espaços, constrangimentos sutis e cotidianos.

Vale a pena perguntar-se como foi possível uma grande exclusão racial tão escandalosa não tenha suscitado, até agora, praticamente nenhuma discussão ou mesmo incômodo por parte dos acadêmicos brancos brasileiros.

Os concursos para docentes, preenchidos quase que exclusivamente por candidatos brancos, já não podem ser vistos apenas como resultado de decisões racionais, baseadas em padrões inteiramente impessoais dos membros das bancas. Os concursos são, na verdade, o resultado de uma complexa equação que envolve variáveis como a política acadêmica, as redes de relações dentro da comunidade acadêmica, além, é claro, do desempenho e da trajetória acadêmica.

O processo gira em torno da ausência de candidatos negros ou do despreparo dos poucos candidatos negros inscritos. Entretanto ninguém ousa perguntar sobre o efeito perverso e desestimulante desses resultados para os poucos candidatos negros que tentam concorrer a um lugar de professor nas referidas universidades e tampouco buscam entender o porquê de as universidades federais constituírem um espaço majoritariamente branco, muitas vezes em cidades em que a maioria absoluta da população é negra. Acreditamos que essas universidades são "ilhas de brancos cercados de negros por todos os lados". Como dissemos anteriormente, embora concordem que haja poucos professores negros nas universidades públicas federais, muitos acreditam que os resultados dos concursos derivam apenas de avaliações objetivas (constituídas da avaliação do currículo, prova escrita, prova didática e entrevista).

Mais de 60 anos após a abolição da escravatura, há a persistência da desigualdade racial no Brasil.

O estudo de Ângela Figueiredo (2002), por exemplo, mostra que a ascensão social, a formação universitária e o consumo conspícuo de bens não imunizam sujeitos identificados como negros do racismo. Curiosamente, hoje, em função de possíveis benefícios sociais para os segmentos étnicos excluídos economicamente, alguns acabam por se apresentar como "negros", quando em tempos de outrora isso causaria certo desconforto.

Hoje as pessoas estão a ter mais desenvoltura para se enquadrar e se situar etnicamente, sem muitos embaraços.

Como sabemos, os negros por muito tempo carregaram no seu presente a trajetória de todo um histórico de vida estigmatizada, que fez vítimas em milhões e milhões de pessoas que não tiveram a sorte de nascer pertencentes aos grupos dominantes – aqueles que determinam o que é bom, o que é belo e o que é melhor.

Noções conceituais

Discriminação significa fazer distinção com intenção de excluir, restringir ou dar preferência em função da raça, cor, etnia, do sexo, da idade, da orientação sexual, da religião ou de qualquer outra condição, outro aspecto ou comportamento social.

O preconceito é um juízo de valor formado antecipadamente, sem maior ponderação ou conhecimento dos fatos. São ideias preconcebidas, sem maiores considerações.

Ocorre o racismo quando uma pessoa é colocada em situação de inferioridade em função da sua cor de pele ou etnia.

Em decorrência do preconceito e do racismo, pode ocorrer a discriminação.

Pensamentos de abolicionistas e intelectuais – Os abolicionistas eram uma classe de defensores dos direitos dos escravos. Procuravam também promover a integração dos alforriados. Alguns deles ficaram muito conhecidos pelo empenho nesse trabalho. São eles: Joaquim Nabuco, José do Patrocínio, Rui Barbosa, Luís Gama e Antônio Bento.

Preconceito tupiniquim

O Brasil foi o último país do mundo a abolir a escravatura. Durante a colonização, as terras foram tiradas do poder dos índios, que se viram obrigados a trabalhar. Como não se adaptaram bem, por recusarem a escravatura, foram substituídos pelos escravos africanos. Os negros foram arrancados da sua pátria, trazidos para as Américas e tratados como uma subespécie. Era comum o tratamento hostil e desumano.

A famosa Lei Áurea (lei imperial que determinou a abolição da escravatura no Brasil), sancionada a 13 de maio de 1888 pela princesa Isabel, não sugeria nenhum tipo de assistência aos libertos. A lei não garantia de maneira alguma a integração do negro à sociedade brasileira, coisa que não seria fácil e até hoje, quase 150 anos após a sanção da lei, ainda não aconteceu completamente.

Após a abolição, a integração dos negros acabou por não ocorrer na forma apregoada pelos abolicionistas. Ou seja, os negros acabaram por constituir uma subclasse, pela forma com que foram marginalizados pela sociedade, durante muitos anos. Mesmo depois da abolição, os negros não se libertaram dessa sina e desse estigma de inferioridade e de exclusão. A escravatura deixou marcas de exclusão econômica, social e política, que tem reflexos ainda na sociedade brasileira.

Por outro lado, no Brasil ocorreu uma grande miscigenação racial, e o país acabou por assimilar muito da cultura negra – a música, a dança, o esporte –, o que implicou apresentar o país numa situação diferenciada em relação aos demais países. Ainda hoje, o Brasil é tido como a nação mais tolerante do mundo. Outro detalhe: é o país com uma das maiores populações negras e um grande nível de miscigenação.

No século 19, a miscigenação é condenada por vários autores brasileiros, como prova da falência nacional. Ainda no Império, começa uma política de "branqueamento" do Brasil com a migração em massa de europeus. Obras de intelectuais como *Casa-Grande & Senzala*, de Gilberto Freyre, chegaram a promover a ideia da miscigenação racial, como forma de minimizar os transtornos sociais em relação ao negro. Essas ideias acabaram por gerar a ideologia do branqueamento da raça.

Entendia-se que seria uma forma de inclusão natural dos descendentes da raça negra, pela minimização dos traços característicos naturais.

Nos anos 30, a mestiçagem passa a ser vista de forma positiva pelo Estado brasileiro e pelos intelectuais do país. O nacionalismo do período eleva a símbolos pátrios o samba, o candomblé e a feijoada. A mulata é alçada a musa nacional.

Por outro lado, mesmo após o período de colonização e escravatura, até os dias de hoje, ainda existe uma sociedade preconceituosa, mesmo após a criação da Organização das Nações Unidas (ONU), da Declaração Universal dos Direitos Humanos e da lei que caracteriza a discriminação racial como contravenção penal.

Mas o preconceito e a discriminação, ainda que velada, existem e não se restringem só à raça negra. O tal país tolerante possui casos sérios de homofobia e de intolerância religiosa em relação a segmentos ou classes sociais.

Ao longo dos séculos, percebe-se que, além de os africanos e os seus descendentes terem povoado e gerado riqueza, eles tiveram uma grande influência no país ao inserir os seus costumes, rituais religiosos, as suas danças, músicas e práticas. Graças a isso e a muitos outros povos que vieram para o Brasil é que se tem uma cultura diversificada.

O papel das sociedades recreativas de negros e negras no pós-emancipação

O período que sucedeu à abolição da escravatura foi complicado para os ex-escravos, que teriam como desafio a real integração na sociedade agora como homens livres.

Uma grande contribuição para esse processo foi dada pelo papel exercido por entidades sociorrecreativas.

Temos informações de associações recreativas afrodescendentes surgidas nas primeiras décadas do século 20, como as fundadas nas cidades de Pouso Alegre, Itajubá, Santa Rita do Sapucaí, Heliodora e Poços de Caldas, todas localizadas na região sul do estado de Minas Gerais, que, agregando entre os sócios os recém-libertos, promoveram a socialização e a integração deles.

Exemplos dessas entidades foi o Clube Recreativo 28 de Setembro, fundado em 28 de setembro de 1904, e o Chico Rei Clube, fundado em 26 de setembro de 1963, em Poços de Caldas, com o intuito de "agregar pessoas de cor da cidade e proteger a juventude negra das barbáries da sociedade". O clube agregava entre os seus associados as famílias negras da cidade. Sabe-se que nos primeiros anos pós-abolição houve muita segregação racial. Inclusive, em relação ao acesso a determinados clubes, é sabido que pessoas de raça negra não eram aceitas como sócios. Era o caso, por exemplo, da Euterpe, a banda Lira Pousoalegrense, pertencente ao Clube Literário e Recreativo de Pouso Alegre, espaço de congregação da elite rica e branca da cidade. A Lira proibia o acesso de músicos negros à banda e não aceitava fazer apresentações fora do espaço do Clube Literário e Recreativo. No entanto sabemos que inúmeras entidades de diversas naturezas pelo Brasil afora tinham a mesma conduta em relação aos negros. Daí que seja maior a importância dos clubes voltados para os afrodescendentes, para suprir e dar alternativas aos negros excluídos socialmente.

Uma informação curiosa é que se conta que, não obstante os negros não serem bem-vindos em determinados clubes de pessoas brancas, nos clubes fundados por eles, em geral, não havia discriminação em função da cor. O que ocorria era que muitos brancos acabavam por procurar esses clubes em razão dos eventos festivos mais atraentes. Os bailes e encontros do clube contavam sempre com presenças de pessoas ilustres da cidade, entre elas, algumas brancas.

Uma outra contribuição louvável é que tais associações e clubes tinham entre as suas finalidades a criação de bibliotecas, gabinetes de leitura e escolas para os seus associados.

Noemi Santos da Silva (2010) afirma que a instrução pública passa a ser vista como um mecanismo de controle social, capaz de agregar a população pobre, sobretudo a egressa da escravatura. A autora percebe que a instrução pública fazia parte do projeto de emancipação gradativa dos escravos e de civilidade do Império. Na verdade, essa visão era compartilhada por toda a sociedade imperial. Existia a crença de que a educação poderia atenuar os vícios próprios da "raça negra". Disciplinar os negros no pós-abolição era ensinar as primeiras letras, a rotina de trabalho, encaminhá-los rumo à civilidade. Por outro lado, também segundo Noemi S. da Silva, havia uma hierarquização dos saberes, para que os libertos não acessassem os mesmos conhecimentos dos livres. Somente após as leis do ventre livre, dos sexagenários e da Reforma de 1881 sobre o sistema eleitoral, que tornava a alfabetização um dos critérios para se ser eleitor, é que passa a haver maior interesse por parte das autoridades públicas em incentivar a educação.

Enfim, esse quadro ainda tem um aspecto presente até hoje. Vemos a educação como uma forma pela qual podemos tentar reverter a situação de exclusão social dos afrodescendentes. Foi o que incentivou a adoção da política das cotas em universidades.

> *O teu cabelo não nega mulata*
> *Porque és mulata na cor*
> *Mas como a cor não pega mulata*
> *Mulata eu quero o teu amor*
> *(Lamartine Babo)*

Nega o teu cabelo...

Em 2012, foram comercializadas 409 milhões de unidades de produtos cosméticos. Os tradicionais salões de beleza também são populares há décadas. Nesses estabelecimentos, geralmente especializados em serviços capilares, os procedimentos mais procurados são os de clareamento e alisamento dos cabelos. As pessoas, em geral, não se aceitam com o cabelo crespo. Além disso, os cabelos claros são símbolo de personalidade e de estilo. As pessoas, principalmente as mulheres, são estimuladas a procurar cada vez mais um estado próximo ao da perfeição estética. Como o padrão de beleza é calcado, entre outros elementos, no cabelo liso e loiro e nos olhos azuis, acaba por ocorrer uma espécie de efeito branqueador na negritude brasileira: a maior parte da população nacional é composta por pessoas de cabelo escuro e enrolado, e é esse público que mais procura por mudanças capilares.

Com o poderoso bombardeio do padrão de beleza, quem tem cabelo enrolado é incitado a alisá-lo, e quem tem cabelo escuro é estimulado a clareá-lo, mascarando traços próprios da etnia negra. A expressão brasileira "cabelo ruim" é a prova cabal do preconceito que não se reduz só à pele escura: o termo refere-se sempre ao cabelo extremamente crespo, tão característico da etnia negra, mas que, devido à miscigenação do povo brasileiro, existe em pessoas com os mais diversos tons de pele, em diferentes formas. É o padrão europeu de beleza que desestimula os negros e afrodescendentes a valorizarem os próprios traços étnicos.

O preconceito também se esconde por baixo de piadas que, para quem conta e acha graça, são apenas piadinhas inocentes, mas que na verdade mostram o quão aceito e protegido é na cultura brasileira o ato de ridicularizar ou subvalorizar o negro. O racismo está também oculto sob a ignorância de quem sequer tem consciência de que é preconceituoso. "Não sou racista, tenho até amigos negros, mas acho que nunca conseguiria namorar um negro" é uma frase assustadoramente comum e também outro sinal claro de que a segregação do negro ainda não foi superada na sociedade brasileira. Poderíamos ainda acrescentar que muitos que se dizem não racistas teriam dificuldades para aceitar o negro mesmo entre os demais entes familiares, como namorado da sua filha, por exemplo. E podemos ainda dizer que a dificuldade de aceitação se estenderia para o caso em que se tratasse de um oriental, ou se a relação fosse homossexual.

Num mar de pessoas incentivadas a esconder cachos e cabelos crespos, um grupo chama a atenção. São os participantes dos chamados Encontros Crespos ou Encontros do Orgulho Negro, que acontecem em locais públicos e que incentivam negros a assumirem e mostrarem os seus cabelos com orgulho, abandonando alisamentos químicos e chapinhas. Entendemos ser muito positiva essa atitude. Como se impor socialmente numa sociedade preconceituosa, se as próprias pessoas não se aceitam como são?

"Um dos preconceitos mais visto hoje é a concepção de que o cabelo crespo é um cabelo ruim e demanda cuidados super profissionais. Esse tipo de cabelo é visto como anormal quando é tão normal quanto os outros. O encontro surgiu para aumentar a autoestima, principalmente da mulher negra, com o próprio cabelo, ter orgulho dele e usá-lo solto", é o que explica Léo Líbano, um dos organizadores do Encontro Crespo de Nova Friburgo, Rio de Janeiro.

Nos dias atuais, os movimentos e as lutas pela igualdade já têm mudado muita coisa e o engajamento de famosos ajuda muito. A participação de Karol Conká no Encontro do Orgulho Crespo de São Paulo e a atitude de famosos ao defenderem Taís Araújo e Maju Coutinho de comentários preconceituosos, por exemplo, podem conscientizar melhor as pessoas.

> *Durante toda a infância e adolescência, usava meu cabelo preso com coque, trança ou rabo de cavalo e passava creme e gel fixador para esticar. O medo de não ser aceita na escola me fez alisar o cabelo, me inspirando nas meninas mais populares. Resolvi assumir o cabelo crespo pela primeira vez na praia, incentivada por uma amiga. Fazia anos que eu não mergulhava no mar e ela me falou, com razão, que eu estava ficando neurótica. Senti uma sensação indescritível de liberdade e curti a praia sem me preocupar com o cabelo. Sentia que precisava mudar e decidi que iria começar pelo cabelo. Como meu cabelo estava detonado, por anos usando química e chapinha, fui ao cabeleireiro e pedi para cortar bem curto. Ele fez um corte estilo black power. Pela primeira vez na vida me olhei no espelho e me reconheci! Naquele dia, fiz as pazes com a minha autoestima, decretei a liberdade dos fios e desde então nunca mais alisei. (Depoimento de Nanda Cury).*

A questão, ainda que pareça singela, mereceu até estudos sobre o significado da importância da mudança de atitude. Na pesquisa Beleza Pura, de 1994, verificou-se que o cabelo tem uma marca importante para marcar a diferença no discurso sobre a identidade.

> A busca de cabelos brilhantes permite notar a busca da imagem dos cabelos ocidentais propagados pela mídia [...] Ironicamente, a fase na inovação do cabelo do negro está justamente em um sentido de continuidade com essas imagens, e não na completa ausência ou rejeição delas. Estamos perante um paradoxo em que as distinções entre os cabelos "do negro e do branco", com seus discursos específicos, são no fundo ditos com uma semelhança absoluta. (SANTOS, 2001, p. 56).

Rotina preconceituosa – Onde você guarda o seu preconceito?

Em regra, como dissemos, todas as pessoas são contra o preconceito ou, pelo menos, apregoam isso. Mas será que isso reflete a realidade. Será que todos nós estamos fora do grupo de potenciais preconceituosos? Será que de alguma forma não fazemos algum tipo de distinção? Não teríamos uma forma diferenciada de ver e tratar as pessoas diferentes? E estamos realmente livres dessa tendência humana de distinguir os distintos, de inferiorizar as minorias, de se prevalecer de um status superior?

Qual seria o pior preconceito: aquele evidente e disseminado ou aquele enrustido, dissimulado?

O preconceito está bem mais enraizado nas pessoas do que os nossos olhos podem perceber. Ele está em muitos lugares e circunstâncias e, algumas vezes, não podemos perceber; não queremos enxergar, está camuflado, disfarçado por não ser "politicamente correto", mas talvez apareça no momento em que o nosso filho branco começar a namorar a menina negra; quando tivermos que escolher entre um candidato branco e um negro, seja para uma vaga de emprego ou mesmo para um cargo eletivo; aparecerá várias vezes no nosso grupo social, quando tivermos que compor um par para uma dança, para um trabalho escolar ou mesmo para namorar.

Olha, esta mulata quando dança
É luxo só
Quando todo seu corpo se embalança
É luxo só
Tem um não sei quê
Que faz a confusão
O que ela não tem meu Deus
É compaixão
Eta, mulata quando, ah
Olha, esta mulata quando dança

É luxo só
Quando todo seu corpo se embalança
É luxo só
Porém seu coração quando palpita
E se agita mais ligeiro
Nunca vi compasso tão brasileiro
Eta, samba, cai pra lá
Cai pra cá, cai pra lá, cai pra cá
Eta, samba, cai pra lá
Cai pra cá, cai pra lá, cai pra cá
Mexe com as cadeiras, mulata
Seu requebrado me maltrata
(É Luxo Só – João Gilberto)

As moças negras dificilmente são alvo dos comentários de cobiça dos rapazes. Talvez apenas pelo corpos muitas vezes esguios característica na etnia. É sempre "aquela loirinha" ou "aquela moreninha" – dificilmente admitirão estar interessados daquela negra bonita (ou "gostosa") perante os amigos. Ninguém vai comentar essas coisas, mas nas noitadas sabe-se que muitas vezes os componentes do grupo nem sempre têm sucesso nas investidas. Os mais "coloridos" do grupo acabam sempre por ficar de fora das conquistas. Fica aquela questão: "quem é que vai curtir com o pretinho?".

Preconceito ou preferência?

E no meio artístico? Até alguns anos atrás, não era comum casais inter-raciais na TV. Estariam o preconceito e a discriminação também presentes nessa classe tão especial? Como deve reagir um ator branco, louro, bonitão quando o diretor lhe comunicar que terá que ser o par romântico de uma negra? Ou mesmo quando tiver que beijar a colega negra? Para o nosso conforto, hoje casais inter-raciais têm sido cada vez mais frequentes na TV.

Observem as versões dos BBBs (Big Brother Brasil): os participantes negros sempre ficam fora dos romances do pessoal. Não me lembro de um casal inter-racial nesses programas. No máximo, eram apenas vistos com simpatia: "amiguinhos" da malta. Preconceito ou preferência?

Claro que estamos a falar no aspecto geral. Se considerarmos o aspecto da preferência, sabemos que há pessoas que não só assumem a preferência como chegam a alardeá-la. Artistas como o ator Robert de Niro, a atriz Maria Paula e as cantoras Ivete Sangalo e Simony são alguns dos que já manifestaram preferência pela cor. Outras celebridades como Maria Rita, Isabeli Fontana e Deborah Secco já tiveram como par um representante de cor contrastante. Recentemente, tivemos o casamento do casal formado pelo cantor Thiaguinho e a atriz Fernanda Souza. Talvez possamos dizer que na classe artística ou entre os famosos é bem presente o número de relacionamentos inter-raciais. Jogadores de futebol e músicos negros conseguem vencer quaisquer barreiras para se apresentar com as suas namoradas, de um modo geral de cores e classes sociais bem diferente das deles.

Uma coisa curiosa é a ocorrência de pessoas brancas que têm amigos negros, que é comum se ver em filmes. Lamentavelmente, nem sempre isso reflete a inexistência de preconceitos. Pode, antes, refletir aquela tendência humana de se ter uma referência "secundária" para se sobressair.

Disfarçado, o racismo ainda é a forma mais clara de discriminação na sociedade brasileira, apesar de o brasileiro, de um modo geral, não assumir o seu preconceito.

"A emoção das pessoas, o sentimento inferior delas é que é racista. Quando racionalizam, elas não se reconhecem assim, não identificam em suas atitudes componentes de discriminação", diz Analisa Alcione Araújo, escritora e dramaturga. O brasileiro tem dificuldade de assumir o seu racismo devido ao processo de convivência cordial que distorce o conflito. Devido a isso, por estar dissimulado e hipócrita, é difícil de ser combatido.

Normalmente não se admite publicamente o racismo, apesar do uso de expressões clássicas do tipo "bom crioulo", "negro de alma branca", "é negro, mas é educado", "fulano de tal tem cabelo duro".

Um outro aspecto curioso do comportamento das pessoas quando se refere às diferenças é quando as divergências de posição podem implicar casos extremos de hostilidade – até mesmo uma posição de guerra declarada. Temos registros históricos de que até mesmo divergências religiosas resultaram em sangrentas guerras entre os povos. Trazendo para os dias de hoje, alguns momentos da rivalidade entre torcidas, por exemplo, podem chegar ao ponto da extrema animosidade e troca de hostilidades apenas porque um grupo torce por um clube colocar em questão quem é o melhor. Grupos e gangues podem chegar ao extremo de espancar ou até matar um desconhecido apenas porque naquele momento estão em posições diferentes ou divergentes. Ao focarmos a relação entre torcedores, deveríamos pensar que o que deve prevalecer é uma situação de respeito e tolerância em relação às diferenças de opinião. Do mesmo modo como nos preocupamos com a tolerância que deve existir no contato entre pessoas de diferentes religiões, etnias, orientações sexuais ou condição socioeconômicas, também temos que propagar e fixar esse importantíssimo conceito em relação ao mundo do esporte.

Muito dessa animosidade é resultado daquele conceito presente em nós, de que os diferentes têm que ser necessariamente inferiores, não podem merecer crédito ou simplesmente não podem ser divergentes.

A consequência dessas construções preconceituosas é a manifestação da discriminação, uma ação que pode variar desde a violência física, quando grupos extremistas demonstram todo o seu ódio e intolerância por meio do extermínio de determinada população, até a violência simbólica, manifestada por rejeições provenientes de uma marca depreciativa (estigma) imputada à sua identidade, por não estar coerente com o padrão estabelecido (branco/europeu). De acordo com Goffman, o termo "estigma" é de origem grega e refere-se a sinais corporais: uma marca depreciativa atribuída a um determinado sujeito por não estar coerente com as normas do padrão estabelecido. É o Fator Narciso – quando, muitas vezes, nos apaixonamos pelo que é nosso e buscamos no outro o que nos é familiar, rejeitando-o quando não encontramos a nossa imagem refletida.

Preconceito na escola

A sociedade brasileira caracteriza-se por uma variedade de povos de origens diversas: europeus, asiáticos, índios e negros de origem africana convivem no país, ainda que em segmentos sociais distintos. No entanto em algum momento desse convívio dá-se um contato que acaba por promover a interatividade entre as culturas. Infelizmente, em alguns desses momentos, ocorrem situações de rejeição, exclusão e, portanto, de discriminação. Os primeiros momentos em que isso pode ocorrer é durante o convívio escolar. A escola é responsável pelo processo inicial de socialização e com isso acaba por ser o primeiro espaço onde ocorrem as situações de discriminação e preconceito. Nos primeiros momentos de socialização, inicia-se o processo de valorização ou desvalorização dos atributos individuais, que interferem na construção da identidade das crianças como seres sociais. Será aí que a criança, principalmente a negra, mestiça ou diversa da branca predominante, definirá a sua personalidade, a sua atitude e o seu comportamento perante o grupo social. Por isso, alertamos para que o espaço pedagógico receba mais atenção dos seus agentes, para as situações que podem ocorrer nessa fase. Está no ambiente escolar a oportunidade de manter ou mudar a situação de perpetuação das desigualdades sociais. Merece que repitamos este importantíssimo aspecto: nas primeiras experiências em ambiente escolar será definido todo um futuro de convívio social.

Essa questão também envolve o aproveitamento escolar dos estudantes. A dificuldade de aprendizagem e a evasão escolar podem estar relacionadas com um possível comprometimento da identidade e autoestima devido a atribuições negativas provenientes do seu grupo social.

A Revisão das Diretrizes Curriculares para a Educação Infantil no ano de 2009 reafirmou o que já constava de outras normativas sobre a necessidade de as instituições de atendimento às crianças pequenas assegurarem na sua proposta pedagógica o acesso às contribuições dos povos negros em diferentes instâncias, de modo que se garanta o direito de todas as crianças, independentemente do seu pertencimento racial, a ter acesso a experiências que colaborem na construção das suas identidades positivamente. Esse artigo pretende fornecer subsídios para os professores na forma de reflexões e proposições, no sentido de orientar a prática pedagógica realizada em creches e pré-escolas, para a efetivação de ações que promovam a igualdade racial na educação infantil.

A produção desse documento foi parte de um Plano de Cooperação Técnica entre a Secretaria de Educação Básica (SEB/MEC) e a Universidade Federal de São Carlos (UFSCar), cuja execução foi compartilhada com o Centro de Estudos das Relações de Trabalho e Desigualdades (CEERT), tendo como uma das suas ações a formação da Rede Nacional para a Igualdade Racial na Educação Infantil.

No Brasil, o debate sobre pluralidade cultural e educação enfatiza a diversidade. A chamada "democracia racial brasileira" até pode corresponder a uma realidade quando se fala em integração de vários grupos étnico-raciais na população. Por outra ótica, isso oculta desigualdades sociais que ainda permanecem atuantes.

Embora já saibamos que o acesso à educação infantil tem extrema importância no desenvolvimento de uma criança e que nos primeiros anos de vida as interações vividas são fundamentais na constituição das suas identidades, o pertencimento racial tem sido largamente negligenciado nessas considerações e pouco se tem produzido no sentido de compreender como a ocorrência da desigualdade racial na sociedade brasileira incide sobre a educação oferecida à criança pequena e qual tem sido o papel do Estado como ente protetor da criança.

Nesse sentido, acreditamos que a efetivação da igualdade racial deve ser parte integrante da proposta pedagógica das instituições de educação infantil.

Personagens: a importante e necessária contribuição de negros que se sobressaem

Vamos falar sobre alguns personagens negros que se sobressaíram nos seus campos de atuação ou atividade e a contribuição que deram para a quebra do falado estigma e sentimento de inferioridade. Comecemos por falar sobre essa mulher formidável que, além de tudo, de todo o discernimento, toda a atitude e notoriedade, ainda contribuiu com o seu trabalho na militância contra a discriminação racial. Senhoras e senhores, Angela Davis.

Black is beautiful

Ela adotou o penteado dos rebelados no Quênia e fez do penteado afro um símbolo do orgulho negro. Poucos sabem, mas Angela foi a grande disseminadora do tipo de penteado conhecido como *black power*. O penteado afro foi-lhe dado pela história – ele vem das colônias italianas do Quênia, quando os negros rebelados rejeitaram o cabelo liso europeu e criaram o estilo afro, que, mais tarde, dará a volta ao mundo como um símbolo de orgulho, com o pente a acabar em *black fist* e posto nos cabelos.

"Quem te ensinou a odiar a textura do seu cabelo? Quem te ensinou a odiar a cor da sua pele de tal forma que você passa alvejante para ficar como o homem branco? Quem te ensinou a odiar a forma do nariz e a forma dos seus lábios?"
(Malcolm X)

A América mudou muito desde o tempo em que a menina de 12 anos boicotava um autocarro porque os negros não tinham o direito de andar ao lado dos brancos nos transportes públicos. Angela reconhece os progressos. Na sua juventude, raros eram os negros no ensino superior. Hoje, eles são milhões, "mas a estrada é longa ainda", ela repete. Diante da observação de que uma coisa inacreditável aconteceu – a eleição de um negro para a Presidência dos Estados Unidos –, ela modera o entusiasmo. "Hoje, ninguém na Casa Branca parece preocupar-se com o fato de que 1 milhão de negros estão nas prisões americanas".

"Meu objetivo sempre foi encontrar pontos entre as ideias e derrubar os muros. E os muros derrubados se transformam em pontes"
(Angela Davis)

Angela Yvonne Davis nasceu em 26 de janeiro de 1944. Foi uma professora e filósofa socialista americana, que alcançou notoriedade mundial na década de 1970 como integrante do Partido Comunista dos Estados Unidos, dos Panteras Negras, pela sua militância pelos direitos das mulheres e contra a discriminação social e racial nos Estados Unidos e por ser personagem de um dos mais polêmicos e famosos julgamentos criminais da recente história americana.

Angela nasceu no estado do Alabama, um dos mais racistas do sul dos Estados Unidos, e desde cedo conviveu com humilhações de cunho racial na sua cidade. Leitora voraz quando criança, aos 14 anos participou de um intercâmbio colegial que oferecia bolsas de estudo para estudantes negros sulistas, em escolas integradas do norte do país – o que a levou a estudar no Greenwich Village, em Nova York, onde travou conhecimento com o comunismo e o socialismo teórico e foi recrutada para uma organização comunista de jovens estudantes.

Na década de 1960, ela tornou-se militante do partido e participante ativa dos movimentos negro e feminista, que sacudiam a sociedade americana da época, primeiro como filiada da SNCC de Stokely Carmichael e depois de movimentos e organizações políticas como o Black Power e os Panteras Negras.

Angela Davis candidatou-se a vice-presidente dos Estados Unidos em 1980 e 1984, na campanha de Gus Hall, presidente do Partido Comunista Americano, com votação irrisória. Continuou a sua carreira de ativista política e escreveu diversos livros, principalmente sobre as condições carcerárias no país.

"Quando Obama visitar o Brasil, vai aprender algumas lições", declarou certa Angela Davis. Esperamos que realmente tenha aprendido.

Martin Luther King

Filho de um pastor batista, King seguiu os passos do pai também se transformando em pastor, chegando ainda a se doutorar em Teologia na Universidade de Boston, em 1955.

Principal liderança do movimento negro não violento, Martin Luther King foi a pessoa mais jovem a receber um prêmio Nobel da Paz, em razão da luta pela igualdade racial.

Foi um ativista norte-americano, lutou contra a discriminação racial e tornou-se um dos mais importantes líderes dos movimentos pelos direitos civis dos negros nos Estados Unidos. Recebeu o Prêmio Nobel da Paz de 1964.

A segregação racial no Sul dos EUA remontava ao passado escravista dessa região. Até 1865 – ano em que acabou a Guerra Civil entre o Norte e o Sul –, o trabalho escravo ainda não havia sido abolido nos EUA. A região Sul, eminentemente agrária, valia-se do trabalho escravo negro em suas lavouras. Com o fim da Guerra Civil, houve a abolição da escravidão, e os sulistas passaram a ser incorporados ao sistema federativo estruturado pelo Norte. Todavia a aversão aos negros já estava bastante arraigada na cultura sulista e acabou por resultar nas leis de segregação racial e atos de violência contra negros praticados por seitas como a Ku Klux Klan.

A luta social contra a discriminação social, contra a segregação racial e pelos direitos civis promovida pelo movimento negro e de Luther King nos EUA ocorreu em virtude da discriminação que ocorria nos ônibus do transporte, nas escolas e outros ambientes sociais. Por exemplo, no estado do Alabama, na década de 1850, brancos e negros não podiam usar os mesmos assentos dentro dos ônibus.

A pioneira na luta foi Rosa Parks, que passou a não aceitar essa segregação. Logo em seguida, Luther King aderiu ao movimento. O boicote no transporte coletivo durou 382 dias, período em que Luther King ficou preso, tendo sua casa como alvo de bombas e sendo submetido a abusos pessoais. O resultado foi a decisão da Suprema Corte dos EUA, em 1956, de que a segregação racial em locais públicos nos EUA era ilegal. Era uma vitória do movimento negro na conquista de direitos civis.

Essa proposta de ação, pautada na não violência e na desobediência civil, contrastava com a de outros grupos da luta contra a opressão racial nos EUA, como os Panteras Negras e os muçulmanos negros liderados por Malcom X, que eram adeptos de ações de confrontos violentos contra o Estado.

Em 1954, Martin Luther King assumiu a função de pastor na cidade de Montgomery, no estado do Alabama, local onde ocorriam os maiores conflitos raciais do país. Começou sua luta liderando um movimento contra a segregação nos ônibus, após a prisão de Rosa Parks.

Foi preso mais de 20 vezes. Escreveu cinco livros e inúmeros artigos importantes.

Em 1963, liderou a Marcha sobre Washington, que reuniu 250 mil pessoas, quando faz seu importante discurso, que começa com a frase "I Have a dream" (Eu tenho um sonho), e descreve uma sociedade na qual negros e brancos podem viver harmoniosamente.

Com o famoso discurso "I have a dream" (Eu tenho um sonho), proferido na cidade de Washington D.C., Martin Luther King marcou um dos principais momentos da luta contra a opressão racial nos EUA. Em 1964, aos 35 anos de idade, tornou-se o mais jovem ganhador do Prêmio Nobel da Paz em razão de sua luta contra a segregação e opressão racial nos EUA. A forma de luta pregada por Martin Luther King era pacifista, inspirada nas ações de Gandhi: a desobediência civil.

Trecho

"Eu tenho um sonho: o de que, um dia, nas colinas vermelhas da Geórgia, os filhos dos antigos escravos e os filhos dos antigos senhores de escravos poderão se sentar juntos à mesa da fraternidade".

*

Em 1964, foi criada a Lei dos Direitos Civis, que garantia a tão esperada igualdade entre negros e brancos.

Nesse mesmo ano, Martin Luther King recebeu o "Prêmio Nobel da Paz". Sua luta estendeu-se também nos movimentos contra a Guerra do Vietnã.

A vida de Martin Luther King foi marcada por ameaças de morte, que vinham de pessoas e grupos que defendiam a segregação racial nos Estados Unidos. Em 4 de abril de 1968, ele estava no quarto de um hotel na cidade de Memphis, quando foi assassinado.

Apesar das vitórias alcançadas, o assassinato de Luther King demonstrou que havia ainda muito caminho a trilhar na luta pela igualdade social entre brancos e negros nos EUA e no mundo. Mesmo com o fim precoce, o trabalho de Luther King influenciou as mudanças na legislação norte-americana, por meio das quais as leis discriminatórias foram sendo reduzidas e, no lugar delas, implantadas outras mais igualitárias. Apesar de ter atuado nos Estados Unidos, é uma inspiração no mundo todo.

O homem que venceu Hitler, mas não conseguiu vencer o preconceito

Este episódio também merece ser mencionado.

O fato é quase como uma lenda, não fosse ter sido documentado em fotos e filmes da época.

Ficou conhecido como o homem que desmoralizou Adolf Hitler em plena Alemanha.

O Estádio Olímpico de Berlim lotado ecoava em apoio aos atletas alemães em meio aos gestos de saudações nazistas. Adolf Hitler assistia das arquibancadas de honra ao que acreditava ser o triunfo da raça ariana. A cena retrata a Olimpíada de 1936, os Jogos que entraram para a história não pela confirmação da supremacia branca que o ditador pregava, mas pelos feitos de Jesse Owens, um norte-americano negro que calou Hitler sem usar palavras.

No verão europeu de 1936, Jesse Owens conquistou quatro medalhas de ouro. Os feitos foram nos 100 m, 200 m, 4x100 m e salto em distância e o transformaram na primeira estrela do esporte mundial em uma época que os Jogos Olímpicos tinham um status amador. Foi uma derrota para Adolf Hitler ver um negro triunfar, mas uma vitória para a humanidade – foi um feito tão grandioso que a rua em frente ao estádio de Berlim, hoje, chama-se Jesse Owens.

Apesar de tudo que a cena significou para o esporte e para o mundo, Owens era daqueles que preferia perseguir seus sonhos ignorando o racismo, presente não só naquele Estádio Olímpico de

Berlim, como em seu próprio país, os Estados Unidos, onde uma forte segregação racial reinava. A maior prova disso é que o primeiro dos grandes velocistas nunca reconheceu a mais icônica das cenas daquela Olimpíada: Hitler ignorando o vencedor da prova mais nobre do atletismo, os 100m rasos.

Esse episódio será lembrado como um fato heroico quando um representante da classe reprimida contraria com feitos atléticos a tese racista da supremacia branca pregada pelo "vilão" Adolf Hitler. Só que sabemos que assim as histórias nem sempre são tão bonitas como descritas.

Um ano antes dos Jogos de Berlim, Jesse Owens ganhou os holofotes do mundo do atletismo ao bater os recordes mundiais dos 100 m, 200 m e salto em distância. Em 1936, a grande expectativa era ver o que o norte-americano faria na Alemanha dominada pelo nazismo.

Ainda nos Estados Unidos, pessoas próximas a Owens pediram para que o atleta não atravessasse o Oceano Atlântico até Berlim por causa de Adolf Hitler, que pregava a supremacia ariana. Isso não o fez desistir e, dias antes do início das competições, lá estava o norte-americano negro que entraria para a história.

Após a primeira vitória nos 100 m ao correr a distância em 10s3, Owens converteu o estádio a seu favor. Dali em diante, a cada vez que voltasse, teria seu nome gritado por milhares. Quando corria, era como se nada estivesse acontecendo, nem mesmo a ascensão do líder que levou o mundo à Segunda Guerra Mundial. Para ele, esporte era esporte. "Eu não queria fazer parte da política. E eu não estava em Berlim para competir contra nenhum atleta. O objetivo das Olimpíadas, de qualquer maneira, era fazer o seu melhor", disse em frase reproduzida em seu obituário publicado no jornal americano *The New York Times*.

Depois das vitórias, uma cena que também foi contada e recontada à exaustão. Hitler teria ignorado Jesse Owens e se recusado a cumprimentá-lo. É notório que Hitler não gostou de ver um negro vencendo embaixo do seu nariz, mas para o próprio atleta, isso não ocorreu. "Depois de descer do pódio, passei em frente da tribuna de honra para voltar aos vestiários. Ele me viu e me acenou com a mão.

Eu, feliz, respondi a sua saudação. Jornalistas e escritores relataram sobre uma hostilidade que nunca existiu", explicou em 1970.

Uma das medalhas de Owens mais importantes daqueles jogos de Berlim, no salto em distância, só foi possível graças a um alemão. Carl Ludwig Luz Long se tornou amigo do norte-americano após um gesto que hoje em dia seria facilmente colocado no topo da lista de exemplos de *fair play* e espírito olímpico.

Jesse Owens estava tendo um dia ruim na fase classificatória do salto em distância. Foram dois saltos queimados e a pressão era total para conseguir validar o terceiro ou estaria eliminado. Foi aí que Luz Long entrou em cena e ajudou seu principal rival ao dar a dica para que Owens saltasse atrás de sua marca costumeira para não ter perigo de queimar. Tudo deu certo.

Na final, Jesse Owens venceu saltando 8,06 m. Luz Long ganhou a medalha de prata. "Foi uma atitude de coragem de Luz demonstrar ser meu amigo diante de Hitler", contou o americano anos mais tarde.

Jesse Owens deixou a Alemanha como estrela. Na área dos atletas olímpicos em Berlim, misturavam-se nacionalidades em uma tentativa irreal do próprio Comitê Olímpico Internacional da época demonstrar que todos eram tratados como iguais. Mas negros, brancos e outros não eram tratados de formas iguais. A começar pelo próprio país de Owens governado por Franklin Roosevelt, que não parabenizou o multicampeão e apenas recebeu atletas brancos na Casa Branca.

"Hitler não me esnobou. O presidente dos Estados Unidos sim. Não me mandou um telegrama", declarou Owens.

Uma de suas três filhas, Marlene Owens Rankin, que colaborou com o filme *Raça*, lançado em 2016 sobre a trajetória de Jesse Owens, relata que o pai tinha mágoa de Roosevelt. "Meu pai ficou profundamente magoado pelo fato de Franklin Delano Roosevelt, o presidente americano da época, não o ter recebido na Casa Branca".

Ao desembarcar nos Estados Unidos após a Olimpíada, Owens foi recebido com carreata a céu aberto em Nova York. Mas em um país dominado pela segregação racial, a cor do atleta campeão o fez sofrer racismo. Primeiro, precisou sentar na parte de trás do ônibus que levava outros atletas norte-americanos após o retorno ao país. Depois, em um hotel onde receberia uma homenagem por suas conquistas, foi mandado entrar pelos fundos e utilizar o elevador de serviço. A realidade não seria de glórias.

"Voltei ao meu país de origem e não podia andar na frente do ônibus. Eu tive que ir para a porta dos fundos. Eu não podia morar onde queria", ressentiu-se Owens.

Grada Kilomba

Grada Kilomba é uma escritora, teórica e artista que produz saber descolonial ao tecer relações entre gênero, raça e classe. A sua obra dispõe de formatos e registros distintos, como publicações, leituras encenadas, performances, palestras, videoinstalações e textos teóricos e cria um espaço híbrido entre conhecimento acadêmico e prática artística.

"Desconstruir o racismo e descolonizar o conhecimento. Às vezes podem soar apenas como palavras, mas possuem uma construção teórica imensa"
(Grada Kilomba)

A escritora entende que um mito que precisamos desconstruir é o de que muitas vezes nos dizem que nós fomos discriminados, insultados, violados porque somos diferentes. Esse é um mito que precisa acabar. Segundo ela, os negros não são discriminados por serem diferentes, e sim por se tornarem diferentes em virtude da discriminação.

Grada Kilomba diz ainda que racismo tem a ver com poder, com privilégios. Entende que a população negra não tem poder historicamente. Que o racismo é uma problemática branca e portanto temos que começar pela desmistificação. Dentro de comunidades marginalizadas, pode haver preconceito; isso é uma coisa, mas poder é a definição de racismo.

Bolt

E como não citar o superatleta jamaicano Usain Bolt? Bolt superou todos os limites possíveis no seu desempenho em competições atléticas. Além de ser multicampeão olímpico, mundial e recordista dos 100 metros e 200 metros rasos e revezamento 4×100 metros, o velocista conseguiu construir um império de negócios. Hoje, até mais do que uma estrela olímpica, Bolt é uma marca. Nas competições, ele pode ser chamado de atleta do mundo, pois tem todas as torcidas a seu favor.

Em determinada fase da carreira, entre prêmios e patrocínios, o velocista arrecadou US$ 32,5 milhões (mais de R$ 100 milhões), o que fez dele o 32º atleta mais bem pago do mundo, segundo o ranking elaborado pela revista *Forbes*. Ele chegou a ter acordos comerciais com a Puma, Nissan, Hublot, Visa, Virgin Media e com a japonesa All Nippon Airways. Há também a Optus, uma empresa de telecomunicações australiana, e a Enertor, que vende palmilhas desportivas.

A marca de bebidas isotônicas Gatorade deu nome a uma das suas bebidas em homenagem a ele. Bolt transformou o seu nome em marca registrada, assim como a sua pose Lightning Bolt.

O chefe do departamento de marketing desportivo da Gatorade, Jeff Kearney, explicou à CNN Money o apelo de Bolt.

"Nós temos um elenco incrível de grandes atletas em diversos esportes que são únicos", disse. "Mas a personalidade alegre de Bolt, juntamente com o seu domínio global num esporte no qual a maioria das pessoas pode identificar-se resulta num atleta que fornece a marcas como a Gatorade, um verdadeiro alcance global".

O seu comportamento vivaz e alegre é tão atraente para as marcas americanas que o corredor jamaicano tornou-se estrela em anúncios olímpicos nos Estados Unidos, mesmo sendo um rival da equipe americana.

O porta-voz da americana Track & Field explica que ele tem sido "fantástico para o valor de entretenimento" do esporte. E completa ao dizer que gente de todas as nações gostam de vê-lo competir.

Enfim, Bolt poderia ser verde, azul, vermelho, cinzento, ser de outro planeta e ainda assim seria reverenciado, tamanho o carisma.

Fator Pelé

Edson Arantes do Nascimento – Como falar de preconceito, de negritude, de formas de se impor e de se destacar na sociedade sem falar de Pelé?

Os números são mais realistas, mas as frases e citações que cercam o nome do jogador de futebol eleito atleta do século por nove diferentes questionários dão um tom de realeza e consagração jamais conferidos anteriormente a qualquer pessoa, independentemente da cor ou do segmento social. Que cidadão brasileiro não se enche de orgulho ao ler frases como:

Pensei: ele é de carne e osso como eu. Enganei-me.
(Tarcísio Burgnich, defensor italiano no Mundial de 70)
O maior jogador de futebol do mundo foi Di Stefano.
Eu recuso-me a classificar Pelé como jogador. Ele está acima de tudo.
(Puskas, craque do escrete húngaro dos anos 50)
Pelé é o único que ultrapassa os limites da lógica.
(ex-jogador Johan Cruyff)
Após o quinto gol, eu queria era aplaudi-lo.
(Sigge Parling, central sueco)

E falar de Edson Arantes do Nascimento, o Pelé, é falar não somente do melhor jogador de futebol de todos os tempos, mas também do maior desportista do século.

Em qualquer parte do planeta, ele é reconhecido e venerado por aficionados do futebol. Reis, príncipes, chefes de Estado e até o Papa conhecem as suas extraordinárias qualidades de desportista e ser humano. Pelé não foi somente um jogador excepcional; para o povo brasileiro, Pelé é um mito.

Em 1994 – 36 anos depois de aparecer aos olhos do mundo e ter conquistado pelo Brasil o primeiro dos seus três mundiais de futebol, na Suécia, em 1958 –, o "Rei" foi ratificado por todo o continente europeu como o melhor jogador da história do futebol, título que antes já lhe havia sido dado por toda a América. No entanto, quase 20 anos antes, em 1973, Pelé havia recebido a indicação de "Atleta do Século", o qual foi outorgado em Paris, que superou outras lendas do esporte como Juan Manuel Fangio e Mohammed Ali. Pelé tem, entre outras, todas as condecorações pelo mundo afora, desde a legião de honra concedida pelo General Charles de Gaulle, até a ordem de Lenin.

Em 1977, último ano como jogador profissional, ele foi declarado pela ONU "cidadão do mundo". E em 1980, transformou-se no "atleta do século", distinções que consolidaram definitivamente a sua imagem de desportista.

Se lembrarmos bem, ele nunca foi referência por posições políticas que envolveram questões raciais. O seu comportamento extracampo levou as pessoas a avaliá-lo como figura reacionária ante as questões étnicas e alienada com a questão do preconceito e da discriminação – até por estar fora dessas situações que provavelmente pouco vivenciou, por ser uma estrela do esporte. Dizemos pouco, pois temos informações de alguns episódios. Quando a seleção brasileira conquistou o seu primeiro título mundial, Pelé foi o personagem principal de uma reportagem da revista *Cruzeiro*, na qual ele é comparado à figura folclórica do Saci-Pererê. Na mesma revista, um texto que descreve a passagem dos jogadores brasileiros pela Suécia sugere que uma criança loira se assombraria com a presença negra de Pelé e exclamaria ao ouvi-lo dizer alguma coisa: "Mamãe, mamãe, ele fala!". Pelé, assim, é comparado a um animal, cuja capacidade de falar seria uma surpresa. A descrição desses momentos está na biografia *Pelé: estrela negra em campos verdes*, de Angélica Basthi, um livro que aborda a relação do jogador com a questão racial. Ou seja, até mesmo o "atleta do século", uma das maiores celebridades mundiais, não ficou fora de situações de discriminação racial.

No entanto parece que o maior jogador do século e inspiração para milhões de negros no mundo todo nunca se engajou na luta antirracista e chegou a ser muito cobrado por isso ao longo da carreira. De fato, o cidadão Edson Arantes do Nascimento não se posicionou de modo militante com a bandeira contra a discriminação, mas certamente é indiscutível a contribuição do Negro-Pelé para enaltecer os atributos e as conquistas da raça negra, da qual ele, felizmente para todos nós, pertence.

Ali

Como deixar de falar dessa importante celebridade do mundo dos esportes? A sua figura e a sua importância estão inseridas em tudo o que falamos até então, sobre uma postura diferenciada em relação à discriminação, opressão e exploração.

Muhammad Ali-Haj, nascido Cassius Marcellus Clay Jr., em 1942, na cidade de Louisville, oriundo de uma família humilde, descobriu o boxe na infância por acaso. Aos 12 anos, quando roubaram a sua bicicleta, procurou Joe Martin, um policial que dava aulas num centro de recreação, para reclamar do roubo. Nunca mais viu a bicicleta, mas rapidamente usou as luvas do boxe.

Ele conquistou títulos amadores que lhe abriram caminho até a Olimpíada de Roma, em 1960. Lá, ganhou a medalha de ouro entre os meio-pesados (categoria de peso imediatamente inferior à dos pesados no amadorismo).

Ao voltar aos Estados Unidos, foi acolhido como herói, homenageado por autoridades, e assinou contrato com um grupo de milionários que o patrocinou.

Foi eleito "O Desportista do Século" pela revista americana *Sports Illustrated*, em 1999.

"Comecei a lutar boxe por achar que seria a maneira mais rápida de um negro ser bem sucedido neste país", resposta que costumava dar no início da carreira aos jornalistas que perguntavam a ele por que tinha se tornado boxeador (Remnick, 2000, s/p).

Naquela época, prevalecia o racismo. Os restaurantes, hotéis e cinemas, especialmente os do sul do país, reservavam espaços para que os negros se acomodassem separados dos brancos.

"Flutuar como uma borboleta, mas picar como uma abelha"

(ao descrever como se comportar no ringue)

De personalidade forte, talento indiscutível e discernimento diferenciado, Ali transcendeu todos os limites que poderia haver em relação aos demais da raça negra.

Com a sua impressionante agilidade verbal, ele provocava os adversários sem piedade e questionava o "sistema" americano como poucos. A arrogância era uma das marcas registradas de um atleta que dizia ser o "Rei do Mundo" e jamais se cansava de exaltar a própria beleza.

Mas nem por isso Ali ganhou a antipatia do público, que perdoava os seus exageros graças ao inigualável carisma do ex-boxeador.

"Nunca vi nenhum vietcongue me desrespeitando. É na América que sou insultado"

(ao se recusar a servir na guerra do Vietnã, em 1967 – set. 1997)

Na sua espetacular trajetória de vida, os fatos mais marcantes que mais o notabilizaram foram o momento que se recusou a servir na guerra do Vietnã e a incrível luta com George Foreman, em 1974 – a famosa "Luta na selva".

Em 1967, Ali recusa-se a ir para a Guerra do Vietnã. Alega que nunca havia sofrido racismo de um vietcongue. A sua licença de boxeador, o seu título e o seu passaporte são apreendidos. Inicia batalha na Justiça, e, em 1970, a Suprema Corte revoga a decisão do júri.

Em 1974, na luta conhecida como "Ruble in the Jungle", vence George Foreman, por nocaute no oitavo assalto, e reconquista o cinturão dos pesos-pesados. O combate acontece no Zaire (atual Congo).

"Muhammad Ali era meu amigo, meu ídolo, meu herói"

(Pelé)

"Um homem que lutou por nós"

(Barack Obama)

Em 3 de junho de 2016, Muhammad Ali morreu num hospital de Phoenix, nos Estados Unidos, por problemas respiratórios, aos 74 anos.

Poderia ter conquistado mais como atleta, muito mais, não tivesse sido forçado a ficar inativo durante mais de três dos anos mais produtivos da carreira de um desportista. Mas, graças a esse sacrifício, transcendeu o esporte e influenciou a sociedade americana em questões sociais, políticas e religiosas.

Consideramos Ali um símbolo e um exemplo da rebelação, do discernimento e da discordância de tudo o que possa contrariar o respeito e a igualdade entre as pessoas. Talvez ninguém tenha dado tanta contribuição para ações contra o racismo, os abusos e a repressão quanto ele.

Stevie Wonder

Como não citar Stevie Wonder? Esse homem realmente é um artista maravilhoso, além de ser um cidadão ativista e defensor dos direitos civis.

Stevie Wonder, nome artístico de Steveland Judkins Hardaway, é um compositor, cantor e ativista de causas humanitárias e sociais norte-americano, cego de nascença. Nasceu a 13 de maio de 1950, em Saginaw, Michigan.

Stevie, além de cantar, tocar todos os instrumentos, compõe, é arranjador e produz os seus discos. Talentosíssimo, tem um estilo próprio, marcante e inconfundível, que o guiou pelos 50 anos de carreira.

> *O Stevie é um homem que influenciou meio mundo. É um grande artista, um grande compositor, com música extraordinária, intuitivo, brilhante.*
>
> *(Djavan, músico brasileiro)*

Nascido prematuro, ficou numa incubadora e, devido a um elevado nível de oxigênio, teve uma degeneração na retina e ficou cego permanentemente, após seis semanas do seu nascimento. Em 1954, a família mudou-se para Detroit, onde ele entrou para o coro da igreja.

Stevie Wonder desde cedo tem usado a sua voz e o espaço conquistado nos meios de comunicação para promover um mundo melhor e mais inclusivo, na defesa dos direitos civis e humanos e na melhoria das vidas dos menos afortunados e para os portadores de necessidades especiais. Começou a tocar instrumentos muito cedo, incluindo piano, harmônica, bateria e baixo. Durante a sua infância, foi ativo no coro da igreja.

O pequeno Steve começou a cantar com quatro anos e a gravar com 11, quando assinou um contrato com a Tamia Records e usou o pseudônimo de Little Stevie Wonder. Com 12 anos, Stevie já era um prodígio e maravilhou a crítica com Tribute Uncle Ray, homenageando o seu ídolo Ray Charles, com quem se identificava pela deficiência visual e a excelência musical. Seria o seu mais brilhante sucessor.

Aos 20, consagrou-se como um dos artistas mais talentosos do nosso tempo e rapidamente tornou-se conhecido como um dos mais inovadores e influentes cantores/compositores dos últimos anos. Foi também um dos mais bem-sucedidos artistas da editora discográfica Motown. Com o passar do tempo, passou a cantar músicas que mostravam uma consciência social, possivelmente influenciado pela sua versão do sucesso "Blowin in the Wind" (Bob Dylan). Também se tornou conhecido como compositor, ao escrever músicas para artistas e grupos da Motown, como The Spinners e Smokey Robinson.

Wonder saiu da Motown em 1971 e gravou dois álbuns, que usou para forçar negociações com a editora. Esta concordou em dar-lhe total controle da criação e dos direitos sobre as suas composições. Os dois álbuns, "Where I'm Coming From e Music of My Mind", são considerados clássicos da época. Os álbuns *Talking Book* (1972) e *Innervisions* (1973) continuaram o sucesso popular e de crítica e acrescentaram mais temas políticos à sua música. Isso continuou em *Fulfillingness' First Fi-nale* (1974) e na sua obra maior, *Songs in the Key of Life*.

O álbum seguinte foi a trilha sonora do filme *Journey Through the Secret Life of Plants* (1979). *Hotter Than July* (1980) tornou-se o primeiro disco de platina de Wonder e marcou uma bem-sucedida campanha para que o dia do nascimento de Martin Luther King fosse transformado em feriado nos EUA. O disco também incluía a música "Master Blaster (Jammin')", seu tributo a Bob Marley.

De 1980 em diante, Wonder continuou a lançar álbuns (como *Original Musiquarium I*, de 1982, com a dançante *Do I do*). Foi quando alcançou os seus maiores sucessos. O álbum *Hotter Than July* (1980) recebeu o disco de platina e tornou-se o primeiro álbum de Wonder a atingir platina. O single "Happy Birthday" do álbum foi um veículo bem-sucedido, como dissemos, na sua campanha para estabelecer o aniversário do Dr. Martin Luther King como feriado nacional, assinado pelo presidente Ronald Reagan, em 1983. Em 1982, lançou uma retrospectiva do seu trabalho. Entre outros lançamentos, em 1987 fez um dueto com Michael Jackson no álbum *Bad*, com "Just Good Friends". No álbum de Stevie, os dois cantaram juntos na faixa "Get It no álbum Characters" (1987). E assim foi em toda a sua carreira – uma sucessão de grandes hits e sucessos solo ou em grandes duetos com outros astros. Nessa fase vale a pena citar também "Ebony and Ivory" (1982), lançado com o ex-beatle Paul McCartney, considerado um hino à harmonia racial, e a sua participação no álbum *Luz* (1982), do cantor e compositor brasileiro Djavan, onde tocou harmônica na música "Samurai".

> *"Alguns anos atrás, porém há não muito tempo, existiam aqueles que me diziam, bom, você tem três coisas contra você: você é negro, cego, e pobre. Porém, Deus me disse, Eu vou te tornar rico em inspiração, para que possas inspirar outros e também criar músicas que encorajem o mundo a ser um lugar para todos, de esperança e de positividade. Eu acreditei NELE, e não neles"*
> (Stevie Wonder)

Até 2006, Wonder já havia recebido 25 prêmios Grammy, incluindo o Lifetime Achievement Award. Talvez não haja no show business artista que tenha ganhado tantos prêmios quanto Stevie.

> *"Só porque um homem carece do uso de seus olhos não significa que ele não tem visão"*
> (Stevie Wonder)

Cabe ressaltar que, no meio de tanto sucesso, Stevie sempre procurou intercalar a sua atuação com campanhas assistenciais ou de defesa dos direitos civis – como em 1997, quando colaborou com Babyface na faixa "How Come, How Long", que tratava de violência doméstica, e concorreu ao Grammy, assim como participou também do projeto USA For Africa, na canção "We Are the World" e da campanha para as vítimas da Aids no single "That's What Friends Are For" (1986).

Sem dúvida, tínhamos que incluir o nome de Stevie Wonder, que além do imenso e indiscutível talento, que influenciou legiões de outros artistas, ainda se preocupou com inúmeras causas assistenciais.

Episódio Daniel Alves

Durante um jogo entre o Barcelona e o Villarreal, no dia 27/04/2014, equipes de Espanha, uma banana foi arremessada no campo quando o jogador brasileiro Daniel Alves ia marcar um canto. O lateral agarrou a banana do chão, descascou-a e comeu-a antes de fazer a jogada.

Na saída do relvado, o lateral comentou o gesto. "Estou há onze anos na Espanha e há onze anos é igual. Tem que rir desses atrasados".

Neymar, amigo pessoal e companheiro de equipe de Daniel, logo se solidarizou na internet. O jogador publicou uma foto nas redes sociais em que segura uma banana ao lado do filho. O menino também segura uma banana, só que de pelúcia, na "Somos todos iguais, somos todos macacos. Racismo não!!!" (We are all monkeys, we are all the same. Say no to racism!!). "É uma vergonha que em 2014 exista o preconceito. Tá na hora da gente dizer um chega pra isso! A forma de me expressar para ajudar que um dia isso acabe de uma vez por todas é fazer como o @ danid2ois fez hj !! Se você pensa assim também, tire uma foto comendo uma banana e vamos usar o que eles têm contra a gente a nosso favor. #somostodosmacacos #weareallmonkeys #somostodosmo-nos", escreveu Neymar, lançando a campanha na web.

O movimento logo ganhou inúmeras imagens no Instagram e no Twitter, incluindo a participação de famosos no Brasil como Luciano Huck, Angélica, Michel Teló, Ivete Sangalo, Letícia Spiller e Claudia Leitte. Até a presidente Dilma Rousseff comentou, por meio do Twitter, sobre a reação do lateral direito do Barcelona e jogador da Seleção Brasileira ao ato de racismo:

> O jogador Daniel Alves deu uma resposta ousada e forte ao racismo no esporte. Diante de uma atitude que infelizmente tem se tornado comum nos estádios, Daniel Alves teve atitude. Vamos mostrar que nossa força, no futebol e na vida, vem da nossa diversidade étnica e dela nos orgulhamos. #CopaSemRacismo

O goleiro da equipe do Santos, conhecido por "Aranha", foi chamado de "macaco" por torcedores adversários (Grêmio), que também imitavam o som de um macaco nas arquibancadas. Câmeras de televisão apanharam nitidamente uma torcedora do Grêmio aos berros: "macaco, macaco, macaco", direcionados ao referido goleiro; além de torcedores uniformizados que pulavam, e gesticulavam, imitando o som do mesmo animal. O jogo aconteceu no dia 29/08/2014.

A moça fez isso porque sentiu-se confortável no estádio para tal e não foi a única. Isso acontece a todo momento. Hoje, assim como os gremistas usam um cântico normal para ironizar o maior rival, o corintiano é chamado de "gambá", o são-paulino de "bambi", os palmeirenses de "porco", os atleticanos de "cachorro" e assim por diante. Mas a raiz dessas brincadeiras não deixa de ser discriminatória e ofensiva. Claro que nem sempre o objetivo é a segregação e a discriminação, mas sim atingir a honra subjetiva da vítima. Ofender, inferiorizar, injuriar para diminuir.

Na verdade, vamos tentar entender o que ocorre nessas situações. Talvez nesses casos o que acontece não é exatamente racismo ou discriminação. Seria no caso de alguém ser impedido de entrar no estádio, ou até mesmo a sua contratação ficar limitada, em razão da sua cor, etnia, religião. No entanto com certeza a intolerância e toda a repercussão decorrente desses episódios não deixam de promover o efeito inibidor dessas atitudes. Hoje, na verdade, atitudes dessa natureza, só por envolverem questões ou elementos raciais, já estão ultrapassadas e politicamente incorretas, no mínimo. Curiosamente, no episódio em questão, um dos agentes era negro também. Por outro lado, o humorista Danilo Gentili, com milhões de seguidores do Twitter, agiu totalmente na contramão do trabalho de combate a atitudes racistas ao defender publicamente o seu direito de ofender negros, chamando-os de "macacos": "Alguém pode me dar uma explicação razoável por que posso chamar gay de veado, gordo de baleia, branco de lagartixa, mas nunca um negro de macaco?".

Carmen Sílvia Rial, presidente da Associação Brasileira de Antropologia e professora do Departamento de Antropologia da UFSC, em entrevista ao *Diário Catarinense*, comenta a frequência de casos de racismo em eventos desportivos. Para ela, sempre houve casos de racismo no futebol. O que acontece agora é a maior visibilidade. Sobre a tese da tolerância para manifestações racistas em ambientes desportivos, ela entende que as pessoas se sentem confortáveis para fazê-lo por estarem em grupos. Fazem coisas que não fariam se estivessem sozinhas. Mas isso não pode tornar-se um palco para essas manifestações. Entende que essas ações devem ser combatidas dentro e fora dos campos por meio de campanhas, conscientizações e posturas de intolerância dos jogadores, como tem acontecido. Carmem viu a atitude do Daniel e a campanha de Neymar com grande eficácia simbólica.

"Infelizmente é uma guerra perdida até que se tomem medidas mais drásticas", afirmou Daniel Alves no ano passado sobre atitudes racistas de torcedores na Europa.

Não é, não, Daniel. Talvez você, Neymar e o goleiro Aranha tenham feito muito mais pelo combate à discriminação do que muitos filósofos, abolicionistas e defensores dos direitos humanos nos últimos anos.

O Mundo de Soffia

MC SOFFIA – Aos 11 anos, MC Soffia abala o mundo do rap em SP.

Além de ostentar um *black power*, a pequena cantava sobre a cultura negra e o empoderamento da cor.

É inevitável associar a pequena figura à histórica personagem Angela Davis. Assim como ela, militante contra o racismo desde muito jovem, MC Soffia, de apenas 11 anos, está a abalar o mundo do rap paulista desde o ano passado, quando começou a fazer apresentações ao vivo.

Diretamente da Grande São Paulo, ela responde muito bem à pergunta "Quem é você?" – questionamento feito à personagem do mesmo nome de um dos clássicos da literatura filosófica, O mundo de Sofia.

Nas suas letras, a pequena Soffia Gomes da Rocha Gregório Corrêa incentiva o empoderamento dos negros diante do preconceito, da aceitação da própria imagem, sobre ser criança etc.

Desde a Viradinha Cultural, famoso evento da capital paulista, do ano passado, ela tem conquistado a admiração do público por cantar como criança e exercer a militância como adulta.

"Quando eu era menor já falaram do meu cabelo, já falaram da minha cor. Eu não gosto de ficar lembrando. Eu sempre digo que meu cabelo não é duro, e sim o preconceito das pessoas"
(Mc Soffia)

Nas músicas chega a citar até Dandara, guerreira negra, esposa de Zumbi dos Palmares, que lutou contra a escravatura no Brasil.

Mas a MC não está sozinha nessa trajetória que exige muita força de vontade e enfrentamento a padrões. Para compor as letras, ela conta com a ajuda da mãe e da avó materna.

A mãe, produtora de eventos Kamilah Pimentel, que teve a filha aos 18 anos, fala que "a primeira coisa que falam para uma criança negra é sobre o cabelo dela. Existe uma pressão muito grande na sociedade, que valoriza apenas uma estética, a do cabelo liso, e isso mexe muito com psicológico das crianças e, principalmente, das mulheres", explica.

"O racismo está impregnado na sociedade e algumas atitudes são naturalizadas, por isso muita gente acha normal esta 'obrigação' de se alisar o cabelo crespo, por exemplo", conta a avó, Lúcia da Rocha, que é pedagoga aposentada.

A menina de 11 anos desponta no cenário do hip-hop brasileiro, ainda mais após o sucesso nas redes sociais de um vídeo da websérie *Empoderadas*, no YouTube. Nele, Soffia fala sobre racismo, hip-hop e a valorização da beleza negra. O vídeo contava até então com mais de 20 mil compartilhamentos no Facebook, muitos elogios e relatos de identificação.

"Aceitem seu cabelo, sua cor"
(MC Soffia)

Foi na escola que Soffia descobriu o que era o racismo. As crianças, muitas vezes, ofendiam-na pelo fato de ser negra e ter cabelos crespos. A garota, então, contou à mãe que queria ser branca para não passar mais por aquelas situações. Kamilah acentuou a importância da história africana à filha e também a introduziu na cultura do hip-hop, além de eventos culturais e shows em que havia outras mulheres negras.

E esse é exatamente o recado que Soffia deixa para as meninas negras hoje: que aceitem o seu cabelo, a sua cor. "Fazem a cabeça das crianças falando para elas alisarem o cabelo, falam que são feias porque são negras, zoam elas. Elas não precisam aceitar isso. Aceitem o que são, que a mãe delas as leve em eventos de hip hop, onde também há muitas mulheres negras. No samba-rock, então, há muitas mulheres. Ah, e não ter vergonha de ser da periferia, também".

Minorias que se impõem

Alguns segmentos étnicos, não obstante serem de alguma forma diferentes e segregados, acabam por se impor socialmente. É o que ocorre com os orientais, que por tradição devem dedicar-se aos estudos. Os homossexuais, que acabam por ter atividades relacionadas à estética e à arte. Os árabes, os portugueses e os europeus, com a sua vocação comercial.

A raça negra acabou por ter no esporte e na música uma forma de se destacar no seu meio.

Curiosamente, os judeus, ainda que tenham vivido sob regimes de discriminação e, não raras vezes, de perseguição, conseguiram desenvolver um rico patrimônio cultural e, podemos dizer, até econômico, por todo o mundo. Talvez encontremos nesse povo o mesmo que ocorre com os japoneses – algo como que uma autorreação a situações negativas como catástrofes, perseguições, derrotas etc.

Uma outra coisa comum entre os dois povos é o apego às tradições, crenças e aos valores.

Analisemos agora a situação dos imigrantes italianos no Brasil. Ao contrário dos negros, eles tiveram uma situação privilegiada, favorecida pela política de introdução da mão de obra europeia no Brasil e pela política velada de branqueamento e elevação civilizatória dos habitantes do país.

Podemos enumerar os seguintes fatores para essa crescente mobilidade social dos estrangeiros, em paralelo com a exclusão social dos negros e índios: bagagem cultural, tradição e apego à necessidade de estudo, que caracterizou por muito tempo em especial a colônia japonesa.

E os homossexuais? O que podemos falar desse grupo que também sofre discriminações de toda a ordem no nosso meio?

O homossexual, seja entre homens ou mulheres, é frequentemente estereotipado. Nesse caso, também verificamos preconceito e discriminação de todo o tipo, mas com algumas características próprias.

Há preconceito quando se associa o homossexual com a promiscuidade e a marginalidade. Sabe-se, por exemplo, que a condição de homossexual já impediu o elemento de ser doador de sangue.

É um critério que coloca homossexuais no tal grupo de risco, como se ser gay fosse condição de risco ou de doença. Esse impedimento era decorrente de normas e portarias do Ministério da Saúde, apesar de haver a orientação para não haver discriminação na conduta da triagem. Como argumento de defesa, os profissionais dos centros de coleta de sangue dizem que o doador é inapto não apenas pela orientação sexual, e sim por ter se exposto a situações de risco, independentemente da homossexualidade.

"A orientação sexual não deve ser usada como critério para doadores de sangue", diz nova portaria.

Em 2011, o Ministério da Saúde consolidou um importante passo para o avanço na saúde pública brasileira. Diferentemente dos países da União Europeia e dos Estados Unidos, a regra para a inclusão de homossexuais masculinos foi flexibilizada para aceitar os gays que não tiveram relações sexuais nos últimos 12 meses. "Em outros países eles são banidos completamente", afirma o coordenador de Sangue e Hemoderivados do Ministério da Saúde, Guilherme Genovez.

Segundo a nova portaria do Ministério da Saúde, "a orientação sexual (heterossexualidade, bissexualidade, homossexualidade) não deve ser usada como critério para seleção de doadores de sangue, por não constituir risco em si própria". A inaptidão para doação de sangue por homens que fazem sexo com homens dentro desse prazo segue recomendação da Organização Mundial da Saúde (OMS) e está fundamentada em estudos epidemiológicos que apontam que a epidemia de HIV/Aids ainda é concentrada entre os homossexuais. De acordo com o Ministério da Saúde, a probabilidade de contágio entre os homens que fazem sexo com homens é cerca de 11 vezes maior que entre os heterossexuais.

A Agência Nacional de Vigilância Sanitária (Anvisa) revogou em 2020 a determinação que restringia a doação de sangue por homossexuais do sexo masculino. Segundo a medida agora revogada, homens que mantiveram relações sexuais com outros homens nos últimos 12 meses eram considerados inaptos para doações. O ato, publicado na edição de hoje do *Diário Oficial da União*, cumpre determinação do Supremo Tribunal Federal (STF), que considera o impedimento discriminatório.

Em julgamento realizado em maio, o STF decidiu que a restrição é inconstitucional. Sobre o tema, a maioria do ministros acompanhou o relator, Edson Fachin. Em seu voto, Fachin destacou que não se pode negar a uma pessoa que deseja doar sangue um tratamento não igualitário, com base em critérios que ofendem a dignidade da pessoa humana. O ministro acrescentou que para a garantia da segurança dos bancos de sangue devem ser observados requisitos baseados em condutas de risco e não na orientação sexual para a seleção dos doadores, pois configura-se uma "discriminação injustificável e inconstitucional".

Nesse segmento, verificamos que, além do aspecto da discriminação, há tentativa de inferiorizar e ridicularizar. Assim como se usam as expressões *japa, galego, negro, preto* ou *turco* para estereotipar as pessoas, nesse caso usam-se expressões como *bicha, boiola, viado* (no Brasil) e *paneleiro* (em Portugal) com conotação depreciativa para desdenhar e ofender. São expressões que se usam para descrever um indivíduo com o condão de ridicularizá-lo e, portanto, reduzi-lo à sua condição sexual. Aqui também chama a atenção um outro fenômeno, uma espécie de autorreação, talvez como forma de autoafirmação social. Homossexuais estão presentes em todos os segmentos que envolvem habilidades artísticas. Há um clássico de Vito Russo, *The closet celuloid: homosexuality in the movies*, no qual ele salienta que na constituição da indústria cinematográfica nos Estados Unidos houve participação de significativo contingente de diretores, atores, figurinistas, editores etc. homossexuais.

Realmente, desde os anos 20, gays e lésbicas estão presentes de forma altamente atuante em diversas áreas de produção de filmes, peças teatrais e produções musicais. William J. Mann (romancista, biógrafo, historiador, conhecido pelos seus estudos sobre Hollywood e a indústria cinematográfica americana) também relata no seu trabalho algumas contribuições importantes nesse período.

Alguns nomes de personalidades famosas associadas à homossexualidade, no Brasil e no mundo: Calígula, Nero, Michelângelo, Leonardo da Vinci, Shakespeare, Andy Warhol, Brian Epstein, Elton John, Freddie Mercury, Joan Baez, Cássia Eller, Cazuza, Renato Russo, George Michael, Rudolf Nureyev, Ten-nessee Williams, Virginia Woolf, Mário de Andrade, Richard Chamberlain, Mazaroppi, Montgomery Clift, James Dean, Pedro Almodóvar, Drew Barrymore, Martina Navratilova, Ricky Martin, Rock Hudson. Esses são apenas alguns deles, mas a lista de nomes ligados à homossexualidade é bem mais ex-tensa. Muitos optaram por esconder a sua orientação sexual, mas recentemente, na onda de "sair do armário", algumas celebridades têm se assumido.

Um episódio de novela que merece ser citado foi o capítulo em que a personagem Ivana (Carol Duarte) revelou a todos que é transgênero, na novela *A Força do Querer* (telenovela de Glória Perez – Rede Globo – 2017). A repercussão na internet foi imediata.

Com recorde, a cena rendeu 107 mil mensagens nas redes sociais, um acréscimo de 206% a mais que na terça-feira anterior.

> *"Ivan, aqui você não precisa se preocupar, pode fazer seu nome social"*
> *(Carol Duarte – atriz)*

Isso foi publicado após ir ao ar uma cena em que ele não conseguia emprego porque a aparência não condizia com o nome.

Carol Duarte publicou um texto emocionado no Instagram para marcar a despedida do personagem Ivan, que interpretou em *A Força do Querer*, da Globo. A novela de Glória Perez encerrou com a audiência recorde de 49 pontos no Ibope em São Paulo, número mais alto alcançado desde o fim do grande sucesso *Avenida Brasil*, em 2012, fato atribuído à diversidade de temas tratados no folhetim, como a transexualidade masculina, caso de Ivan. A atriz, caloura na TV, foi elogiada pelo desempenho.

> Ivan, você foi um dos grandes personagens que um ator pode encontrar. Ao longo da sua criação, eu sempre lutei contra mim mesma, para que seu tamanho não fosse o meu, porque você é gigante! Eu estive a serviço da sua grandeza. Fui entendendo qual era a minha medida, só uma atriz. Pedi licença e mergulhei no seu universo e mergulhei de corpo e alma. Só nós sabemos disso. E não imaginávamos como seria quando você surgiu e foi uma explosão! Foi um rasgo em nós dois. Cara, você provocou tantas conversas, tantas discussões! E eu me debati, eu decidi ser crua e ser inteira com você, eu sangrei, me bati, me cortei, foi libertador! Foi uma vida inteira! Vivi uma vida inteira! (Carol Duarte – www.correio.braziliense.com.br – 24/10/2017).

Além de abordar as descobertas e os dilemas de Ivana (personagem da atriz Carol Duarte), que fez a transição de gênero ao longo da novela, a autora deu destaque a Nonato (Silvero Pereira). Ele é uma travesti, que se reconhece pelo nome de Elis Miranda, e a sua história também gira em torno da identidade de gênero.

Apesar do sucesso e da recepção do público, a Associação Nacional de Travestis e Transexuais (Antra) divulgou uma nota que critica a forma como a novela da Globo aborda a personagem Nonato (Silvero Pereira) e as expressões usadas com ela e a personagem Ivana, interpretada por Carol Duarte. Apesar de elogiar a iniciativa de abordar o assunto em horário nobre, a publicação faz algumas ressalvas quanto às nomenclaturas adotadas.

Homofobia – O preconceito contra o homossexual pode demonstrar uma certa vulnerabilidade da heterossexualidade, como uma reação odiosa daquilo que tememos ter ou ser. Por isso, pessoas bem resolvidas brincam com extroversão com a possibilidade de vínculos homossexuais.

No entanto, de qualquer forma, apesar de curiosamente haver uma alardeada imagem do Orgulho Gay, sabemos que na verdade a maioria dos homossexuais prefeririam não ter essa orientação. Entendem que no mínimo é desconfortável, do ponto de vista do contexto social.

Seja biológica ou psiquicamente, todos sabemos que possuímos traços masculinos e femininos que serão desenvolvidos e reforçados perante a tutela de um sistema de valores sociais. Obviamente o sistema vigente condena a prática homossexual e todo o desejo resultante dela, ao lançar o estigma e a culpa no mais alto grau perante uma pessoa.

A raiz do preconceito por alguém que tem uma outra orientação sexual explica-se pela questão da fragilidade sexual, como se disse, mas há a questão da rejeição social também. O preconceito contra o homossexual espelha a incapacidade de lidar com a própria miséria afetiva.

O homossexual masculino é representado, regra geral, como alguém que possui traços ou trejeitos femininos, sendo uma mulher travestida num corpo masculino. Há uma tentativa de se imputar o papel irônico ou de deboche na orientação sexual e desviar a atenção da essência da questão. Na verdade, não há um entendimento concreto em relação ao que ocorre com essa questão da sexualidade. As pessoas na verdade mal se conhecem, no nível sexual.

O grande desafio do homossexual é primeiro aceitar-se. Depois, tentar impor-se na sociedade preconceituosa e exigir respeito e aceitação. O homossexual jamais pediu a bênção coletiva para o seu gozo ou prazer sexual, mas, tão somente, que o seu caráter jamais seja julgado pelo seu desejo.

Sabemos que até mesmo as religiões usam princípios bíblicos para fundamentar essa não aceitação da condição homossexual. Parece que se condena a homossexualidade como se ela realmente fosse uma opção. Ora, ninguém opta por algo que causa tanta consternação. Há que se entender que a homossexualidade é causada por fatores biopsíquicos e pelo histórico pessoal de vida, que conduzem a pessoa para determinada excitação. Para entender essa questão, não podemos comparar a condição humana à natureza de insetos ou outros animais, em que determinado comportamento sexual apenas serve à perpetuação da espécie. O prazer humano é questão totalmente distinta e singular, que serve a objetivos mais vastos do que a simples reprodução de uma espécie.

Muitos gays têm dificuldade em aceitar sua homossexualidade ao ponto de serem homofóbicos.

"É impossível ser gay e não ter algum tipo de homofobia internalizada"

(Klecius Borges)

Mais uma vez, chamamos atenção para a importância das atitudes das celebridades. Sabemos que são personagens que formam opinião e têm seguidores. Assim, quando uma celebridade se assume gay, muitos questionarão "por que não?". A Daniela Mercury, um dos casos famosos mais recentes, é um bom exemplo.

Gays que adoramos

CRÔ – A novela *Fina Estampa* (de Aguinaldo Silva, exibida entre 2011 e 2012 na Rede Globo) tinha uma protagonista, Griselda (Lília Cabral), e uma antagonista, Tereza Cristina (Christiane Torloni), maniqueístas e bem populares. No entanto talvez o grande responsável pelo sucesso desse folhetim tenha sido um personagem coadjuvante: o mordomo Crodoaldo Valério, o Crô, vivido magistralmente por Marcelo Serrado. Crô era um homossexual afetado, espirituoso, com um linguajar e um modo de vestir muito peculiares. E bem caricato. A típica caricatura do gay de programas humorísticos populares. Crô caiu nas graças do público, que o adorava, por ele ser carismático, "do bem", inteligente, queridinho e engraçado. Era um gay fofo. O sucesso do personagem foi tanto que lhe rendeu um filme nos cinemas.

FÉLIX – Em *Amor à Vida*, novela da Globo do autor Walcyr Carrasco, quem chamou mesmo a atenção foi o vilão Félix, o personagem de Mateus Solano. Para quem não acompanhou a novela, Félix, que era rejeitado pelo pai por ser homossexual, saiu do armário, evoluiu de vilão a bonzinho da história, encontrou redenção pelo amor, cuidou do pai doente e ainda deu o primeiro beijo gay da rede televisiva. Tão mau quanto a personagem Carminha (vivida por Adriana Esteves, em 2012, em *Avenida Brasil*), Félix chegou a ser comparado àquela personagem e ganhou uma alcunha: Bicha Má.

A Bicha Má de *Amor à Vida* em nada lembrava o Crô, a não ser pela língua ferina. A novela foi avançando, e lá pela metade Félix já havia tomado o lugar dos protagonistas no interesse do público.

Mergulhando a fundo no melodrama familiar, o autor tenta convencer o telespetador de que Félix mudou, tornou-se uma alma boa e de que merece perdão. Para aumentar ainda mais o amor do público pela "bicha divertida" da novela das nove, Carrasco cria um envolvimento amoroso entre a ex-Bicha Má e Niko (Thiago Fragoso), até então, o único gay bonzinho da novela.

O que tem Crô a ver com tudo isso? Nada. A não ser o fato de Walcyr Carrasco ter decidido fazer com que Félix trilhasse o mesmo caminho que o personagem de Aguinaldo Silva: o da figura gay caricata, carismática e engraçada, querida por todos. Com inteligência e perspicácia, a telenovela *Amor à Vida* abordou a homossexualidade, tema ainda polêmico na nossa sociedade.

Em outros tempos, casais homoafetivos tiveram as suas histórias modificadas por causa da rejeição do público – o caso mais emblemático foi o de *Torre de Babel*, exibida pela Globo em 1998, em que duas personagens foram mortas porque os espectadores não aprovaram o romance lésbico entre elas. O próprio autor da novela, Silvio de Abreu, admite que, se fosse exibida hoje, a história não causaria tanta comoção. "Casais gays são uma constante nas tramas e já não assustam mais ninguém", diz ele, que teve outros homossexuais nas suas obras: Sandrinho (André Gonçalves) e Jefferson (Lui Mendes), de *A Próxima Vítima*. "A princípio, a história deles havia sido vetada até pela emissora", afirma. Não que o fato de Niko e Félix se envolverem tenha peso para mudar a sociedade ou indique que o preconceito está prestes a acabar, mas, de alguma maneira, leva para os milhões de famílias que acompanham a trama diariamente um assunto que, em muitos lares, é considerado tabu. O interessante, no caso de *Amor à Vida*, foi que o romance homossexual parece ter sido a resposta a uma vontade do público, seguida por Carrasco, que não planeava, inicialmente, unir Niko e Félix.

As manifestações, as ações de ativistas, a educação e mesmo a mídia têm contribuído para a reversão de alguns dos problemas que tratamos aqui. É o caso da intolerância se-xual também.

É cada vez mais aceita a união homossexual e, com ela, mais e mais pessoas têm se assumido e vivido a sua verdadeira individualidade e orientação sexual.

Podemos observar isso quotidianamente, mas é mais evidente na TV e entre as celebridades.

Historicamente há vários casos de personalidades ligadas à homossexualidade, como já dissemos e relacionamos alguns, mas tais ficavam no âmbito folclórico, pois até então a homossexualidade transitava na clandestinidade.

Sobre o tema *homossexualidade*, em breve teremos um trabalho específico que está em fase de finalização.

O nazismo contra os homossexuais e o antissemitismo

O que é antissemitismo? O antissemitismo é a forma de preconceito contra povos semitas, principalmente os judeus, e foi manifestada por diversas vezes no decorrer da história.

O antissemitismo manifestou-se de diversas maneiras, impondo uma perseguição muito grande às populações judias.

As questões envolvendo a perseguição aos judeus variam de acordo com o contexto histórico. Muitos historiadores afirmam que tal perseguição durante o período medieval é entendida muito mais a partir de um aspecto religioso.

Durante a Idade Média, os judeus, muitas vezes, tornavam-se bodes expiatórios para explicar determinados acontecimentos e, por isso, eram vítimas de perseguição. Um desses momentos foi a Peste Negra, surto de peste bubônica que atingiu a Europa no século 14 e dizimou um terço da população europeia. Os judeus foram acusados de ser os causadores da peste, e os historiadores relataram vários casos de ataques contra comunidades judias na Europa desse período.

Essa perseguição também se refletia de outras maneiras, com os judeus sendo proibidos de exercer determinados ofícios e ficando reclusos a trechos específicos das cidades onde moravam. Por fim, o antissemitismo presente na Europa durante o período medieval pode ser exemplificado pelo fato de que foram expulsos de diversos países. A Espanha expulsou os judeus em 1492, e Portugal, em 1497.

À medida que as nações modernas consolidavam-se, os judeus ocuparam-se de cargos e funções estatais importantes, e muitos, inclusive, atuavam fornecendo empréstimos para as nações europeias. Nesse período, aconteceu um processo de integração por meio do qual os judeus passaram a se assimilar aos locais onde estavam estabelecidos.

Essa integração aconteceu, em parte, pela importância dos judeus na consolidação do Estado Moderno, pois, além de assumirem postos na burocracia estatal, também eram responsáveis por empréstimos de dinheiro para os monarcas. A difusão de novos ideais baseados na defesa da razão também explicam essa maior integração do judeu na Europa, além do fato de muitos terem aceitado converter-se para o cristianismo.

Por causa dessa integração, muitos judeus abandonaram a sua religião (judaísmo) e passaram a se autoproclamar com a nacionalidade do local em que estavam inseridos. Tal processo de integração também foi acompanhado de inúmeras liberdades civis para os judeus. Esse quadro, no entanto, passou a se alterar durante o século 19.

O antissemitismo moderno surgiu basicamente no começo do século 19 no continente europeu, e suas causas estão relacionadas a questões políticas e econômicas. Ocorreu logo após a conquista da região pelas tropas napoleônicas e está muito relacionado à derrocada da aristocracia prussiana e às transformações que aquela sociedade sofreu.

Essa nova onda antissemita espalhou-se pela Europa. O discurso de ódio contra os judeus disseminou-se por diversas nações do continente.

A famosa escritora Hannah Arendt abordou sobre esse período em suas obras:

> *"O antissemitismo alcançou o seu clímax quando os judeus haviam, de modo análogo, perdido as funções públicas e a influência, e quando nada lhes restava senão sua riqueza"*
> (Hannah Arendt)

O crescimento do antissemitismo nos quadros políticos e na sociedade europeia teve o seu ápice com o surgimento do Partido Nacional-Socialista dos Trabalhadores Alemães ou, simplesmente, Partido Nazista. Um dos elementos centrais do nazismo era o antissemitismo, e Adolf Hitler conseguiu com seu discurso mobilizar uma nação contra os judeus.

O que começou como um discurso tornou-se prática de terror quando os nazistas assumiram o poder na Alemanha, em 1933. Foram decretadas leis antissemitas pelo governo alemão, as quais ficaram conhecidas como Leis de Nuremberg. Essas leis excluíam os direitos de cidadania dos judeus, proibindo-os de se casar com alemães (ditos arianos). A partir dessas leis, a perseguição aos judeus consolidou-se na sociedade alemã, tanto na vida pública quanto na privada.

Holocausto

Essa perseguição e terror extremos contra os judeus na Alemanha levou: ao holocausto ou, na terminologia utilizada pelos próprios judeus, Shoá. O Holocausto foi a política de extermínio promovida pelos nazistas durante os anos da Segunda Guerra Mundial. Os nazistas deram ao programa de extermínio dos judeus o nome de "Solução Final".

O holocausto dos judeus na Europa aconteceu a partir de diferentes etapas: reclusão dos judeus em guetos, campanhas de fuzilamento promovidas pela Einsatzgruppen e aglomeração dos judeus nos campos de concentração. Existiam campos de trabalho forçado e campos de extermínio, entre os quais o mais conhecido foi Auschwitz-Birkenau, responsável pela morte de 1,2 milhão de pessoas. Ao todo, seis milhões de judeus foram mortos pelos nazistas.

Há diversas teses que contrariam a verdadeira motivação dessa perseguição implacável. No século 19, havia um movimento alemão antissemita, que culpava os judeus pela miséria da população que eles julgavam ser originalmente alemã, baseado na mitologia dos árya, povos de origem germânica que teriam fundado os maiores impérios germânicos, como a Prússia.

Fundou-se então uma ideologia antissemita que colocava no crescimento econômico judeu a responsabilidade pela fome e pelas crises alemãs, o que serviu mais tarde para que Hitler perseguisse, prendesse e matasse milhões de judeus, sob a justificativa de uma higienização étnica que livraria a Alemanha de suas mazelas.

Dentro desse discurso nacionalista que se seguiu com essa campanha, foram incluídos na perseguição ciganos, homossexuais, testemunhas de Jeová e comunistas, além dos judeus.

Embora a homossexualidade masculina houvesse sido mantida na ilegalidade na Alemanha durante o período da República de Weimar, conforme o Parágrafo 175 do Código Penal, os ativistas alemães dos direitos dos homossexuais tornaram-se líderes mundiais nos esforços para reformular as atitudes sociais que condenavam a homossexualidade. Muitos na Alemanha consideravam a tolerância aos homossexuais durante a República de Weimar como um sinal da decadência alemã. Os nazistas apresentavam-se como os defensores da moralidade, aqueles que dariam fim ao "vício" da homossexualidade, como forma de ajudar a vencer a luta racial. Assim que assumiram o poder em 1933, os nazistas intensificaram a perseguição contra homossexuais alemães do sexo masculino. A perseguição ia desde a dissolução de organizações homossexuais até o aprisionamento dos que tinham aquela orientação sexual em campos de concentração.

Os nazistas viam os homossexuais masculinos como fracos e efeminados, incapazes de lutar pela nação alemã. Eles percebiam os homossexuais como improváveis geradores de filhos, incapazes de aumentar a taxa de natalidade alemã. Os nazistas acreditavam que as raças inferiores se reproduziam em maiores números do que os "arianos", e qualquer fator que diminuísse seu potencial reprodutivo era considerado um perigo racial.

Heinrich Himmler, chefe das SS, liderou a crescente perseguição contra os homossexuais no Terceiro Reich. As lésbicas não eram consideradas uma ameaça às políticas raciais nazistas e, geralmente, não eram alvos de perseguição. Da mesma forma, geralmente os nazistas não perseguiam homossexuais estrangeiros, a menos que eles mantivessem parceiros alemães ativos. Na maioria dos casos, os nazistas estavam dispostos a aceitar ex-homossexuais na sua "comunidade racial", desde que eles se tornassem "racialmente conscientes" e desistissem do seu estilo de vida.

Em 6 de maio de 1933, estudantes, liderados pelas Tropas de Ataque (Sturmabteilung; as SA), invadiram o Instituto de Ciências Sexuais, em Berlim, e confiscaram o acervo de sua biblioteca. Quatro dias depois, a maior parte daquele acervo de mais de 12 mil livros e 35 mil fotos insubstituíveis foi destruída, juntamente com milhares de outras obras literárias por eles consideradas "degeneradas", em uma queima de livros no centro da cidade de Berlim. O material restante nunca foi recuperado. Magnus Hirschfeld, fundador do Instituto e um dos pioneiros do estudo científico da sexualidade humana, dava palestras na França na época e decidiu não retornar à Alemanha.

A destruição do Instituto foi o primeiro passo para erradicar uma cultura abertamente gay na Alemanha. A polícia fechou bares e casas noturnas destinadas ao público homossexual, como o "Eldorado", e proibiu publicações especializadas, como o Die Freundschaft (Amizade). Nessa primeira fase, os homossexuais começaram a se isolar, com receio dos ataques nazistas, o que terminou por destruir suas redes de apoio. Em 1934, a Gestapo (polícia secreta do estado nazista) ordenou às forças policiais regionais alemãs que criassem e mantivessem listagens com nomes de todos os homens envolvidos em atividades homossexuais. Na verdade, em muitas partes da Alemanha, a polícia já assim o fazia há anos. Os nazistas usaram essas "listas cor-de-rosa" para prender indivíduos homossexuais durante suas ações policiais.

De 1937 a 1939, os anos do ápice da perseguição nazista aos homossexuais, a polícia invadia cada vez mais frequentemente pontos de encontro de homossexuais, apreendendo livros de endereços e criando redes de informantes e agentes secretos para identificar e prender suspeitos de serem homossexuais. Em 4 de abril de 1938, a Gestapo emitiu uma ordem indicando que os homens condenados por homossexualidade poderiam ser presos em campos de concentração. Entre 1933 e 1945, estima-se que a polícia haja prendido cerca de 100 mil homens sob a acusação de homosexualidade. A maioria dos 50 mil homens condenados pelos tribunais por homosexualidade passou por um período em prisões comuns, e de 5 mil a 15 mil deles foram presos em campos de concentração.

Os prisioneiros, marcados com um triângulo rosa para simbolizar sua homossexualidade, eram tratados de forma extremamente cruel nos campos. De acordo com muitos relatos de sobreviventes, os homossexuais estavam dentre os grupos mais abusados nos campos.

Como alguns nazistas acreditavam que a homossexualidade era uma doença que podia ser curada, eles desenvolveram políticas para "curar" os homossexuais de sua "doença" por meio da humilhação e do trabalho árduo. Os guardas ridicularizavam e batiam nos prisioneiros homossexuais assim que eles chegavam, frequentemente separando-os dos outros detentos. Rudolf Hoess, comandante de Auschwitz, escreveu em suas memórias que os homossexuais eram segregados para evitar que a homossexualidade se disseminasse entre os demais detentos e os guardas. As equipes encarregadas dos detalhes do trabalho, na fábrica de foguetes subterrânea Dora-Mittelbau ou nas pedreiras de Flossenbürg e Buchenwald, frequentemente atribuíam tarefas fatais para os homossexuais.

Há informações de que, inclusive, membros do partido ou oficiais nazistas foram assassinados pela sua orientação sexual.

As estimativas sobre o número de homossexuais mortos nos campos varia muito, entre 5 e 15 mil, conforme as fontes consultadas.

Depois da guerra, o sofrimento dos homossexuais nos campos de concentração nazi não foi reconhecido em muitos países, tendo algumas potências aliadas recusado a libertação ou repatriação desses homens. Alguns dos que ficaram presos escaparam e foram de novo presos, baseados em fatos ocorridos durante no período nazi. Apenas nos anos 1980 começaram a surgir governos que reconheceram os homossexuais como vítimas do holocausto, e apenas em 2002 o governo alemão pediu formalmente desculpa à comunidade gay.

Consequências

Um aspecto que não vemos ser muito abordado é a questão do mal que causa a discriminação às pessoas, individualmente.

Uma pessoa que cresce rejeitada, discriminada, mal-amada, apontada, acaba por não desenvolver as suas potencialidades naturais. É a questão da autoestima, da confiança, da segurança, da aceitação social e individual. Isso ocorre também com as pessoas deficientes, obesas ou com deformidades. Esse é um aspecto muito triste da realidade humana e o processo inicia-se desde cedo, quando criança. Como já dissemos, a criança alva, loura e bonita, certamente, será melhor tratada pelo mundo.

Também como já dissemos, a tendência do ser humano desde cedo é de desenvolver-se conforme vai sendo incentivado, mediante elogios pelo sucesso de cada etapa.

Infelizmente, ocorre o contrário com o ser humano que cresce obrigado a sentir-se inferior, feio, rejeitado e discriminado. Conviver com a discriminação, a rejeição e a distinção causa um estrago às vezes irreversível.

É comum algumas pessoas trazerem consigo, no seu comportamento e na sua personalidade, reflexos de toda uma vida de exclusão e discriminação.

Falamos sobre o caso dos homossexuais. Curiosamente, em geral, os homossexuais parecem não ser afetados por este cenário desfavorável. Aliás, em muitos casos verificamos casos de sucesso nas suas atividades.

Nunca é cedo demais para falar à criança afrodescendente sobre negritude, identidade, e também para promover a elevação da sua autoestima, tema central deste livro.

No livro *Gostando Mais de Nós Mesmos*, do Instituto AMMA Psique e Negritude (1999), encontramos o princípio que ilustra bem a questão da importância da atenção à autoestima, quando diz que deve evitar-se o apontamento sistemático de erros, pois o mesmo implica em comprometer o amor-próprio e o autorespeito.

O passado de escravatura e a discriminação racial que o negro brasileiro sofre estão na raiz da baixa autoestima da maioria dos negros e das negras do nosso país. O escritor afro-americano James Baldwin dizia: "nem tudo o que se enfrenta pode ser modificado, mas nada pode ser modificado se não for enfrentado". É preciso, desde a infância, combater o complexo de inferioridade decorrente dessa falta de amor-próprio. Caso contrário, a criança tornar-se-á um adulto inseguro e infeliz, com dificuldade para participar da vida social e de se realizar como cidadão.

O professor Muniz Sodré, da Universidade Federal do Rio de Janeiro, vê por trás das câmeras o que as imagens parecem não mostrar. Diversidade remete também à existência de valores atribuídos a determinadas aparências, gerando estigma, estereótipo, preconceito e discriminação – ou seja, pressupõe julgamento de valor. O diverso e o diferente são definidos a partir da comparação com o que é considerado "a referência", "o universal", que por ser "modelo", é considerado superior.

O preconceito afeta negativamente as pessoas que sofrem essa ação. Há como uma indução à imagem refletida nas ações preconceituosas. Educadores, pais e todos os cidadãos devem atentar-se para essa questão e impedir a ideia de inferioridade, que não reflete a realidade, e a associação de que o mundo branco é bom, bonito e certo, e o negro é feio e errado.

É importante que se registre que os danos recorrentes do preconceito racial e de práticas discriminatórias são suportados atualmente por alguns segmentos étnicos e sociais.

A diferença de oportunidades para os dois grandes grupos populacionais brasileiros é uma das maiores (se não a principal) causas da desigualdade econômica. O problema é que a desigualdade entre negros e brancos não é apenas econômica – é, mais ainda, cultural.

Medidas contra o racismo e a discriminação racial

O que fazer para acabar com a discriminação e o preconceito? Que tal enaltecer cada vez mais as diferenças e os diferentes? Podemos elencar mais alguns expedientes bem positivos:

- medidas das políticas de ação afirmativa – atração de candidatos, empregos especialmente direcionados, programas educacionais e de treinamento, criação de incentivos especiais para estimular o desenvolvimento de pequenas empresas por grupos com baixa representatividade, contratos direcionados e políticas de aquisição, programas para mentores e outros esforços de gerenciamento para tornar acolhedor o local de trabalho ou a instituição educacional aos grupos até então excluídos;
- incentivos para empresas destinarem boa parte das suas vagas às minorias étnicas;
- campanhas sutis, mas ostensivas por parte de todos os meios de comunicação, que enalteçam e destaquem a raça negra, a diversidade racial etc.;
- adequação do sistema pedagógico das escolas à importante inserção do pequeno negro e da pequena negra no seu meio social de modo natural, respeitoso e isonômico – destaque-se essa última medida citada, pois é nessa fase que certamente se definirá se teremos ou não um novo cidadão, seguro, presente e atuante ou, ao contrário, se teremos um ser humano oprimido, desmotivado, hostil e revoltado contra si e contra todos. Se teremos um ser ciente e orgulhoso das suas raízes ou alguém que tentará afastar-se cada vez mais da sua realidade física a fim de ser aceito em seu meio;
- fomentar práticas educativas que visem desfazer estereótipos negativos em relação ao negro, à sua cultura e identidade – dessa maneira, buscou-se incentivar a pesquisa e a reflexão a respeito da importância das relações étnico-raciais e o reconhecimento pela diversidade e cultura africana no Brasil;

- despertar os alunos para o exercício do pensamento crítico e reflexivo, ao se explorar o seu potencial e a sua capacidade de expressão, por meio da escrita;
- instigar nos alunos o gosto pela pesquisa e redação científicas, bem como favorecer os alunos com momentos em que possam compreender e valorizar a história e a cultura afrodescendentes e promover práticas de combate ao racismo e à discriminação racial tão presentes no país e nas realidades escolares;
- apresentar à comunidade representações positivas e esquecidas da identidade negra, usando a literatura como ferramenta de combate ao racismo e a práticas discriminatórias;
- desenvolver nos alunos uma postura de respeito e valorização da cultura e da identidade negras;
- instigar reflexões sobre a Lei 10639/03, bem como utilizar a literatura como mecanismo de combate ao racismo e valorização da cultura afro-brasileira;
- motivar, entre docentes e discentes, a busca por conhecimentos sobre a contribuição cultural afro-brasileira na construção do país, promovendo o respeito pelo negro como ator da história nacional;
- discorrer sobre a importância de reescrever a história brasileira, possibilitando novas leituras do caminho afro-brasileiro.

Entretanto a obrigatoriedade do ensino da história dos negros por si só não é suficiente para extirpar o preconceito e integrar definitivamente o negro na sociedade brasileira. O antídoto para essa desigualdade reside também em propiciar ao negro e ao pardo, tradicionalmente marginalizados na so-ciedade brasileira, o acesso pleno às oportunidades de ensino, trabalho e integração social.

Outro fator que merece ser ressaltado é o Estatuto da Igualdade Racial (Lei nº 12.288/2010), que abrange uma série de direitos e deveres a serem cumpridos por todos os brasileiros. Esse documento tem como propósito corrigir as consequências da discriminação e exclusão social entre as diversas etnias, herança deixada por um passado repleto de atos desumanos, que visavam somente ao lucro de alguns. E é por essas e outras que hoje a imagem do negro é, muitas vezes, vinculada à pobreza, já que o preconceito imposto à sociedade desfavorece o seu desenvolvimento socioeconômico.

O Estatuto da Igualdade Racial, Lei 12.288/10, garante à população negra no seu art. 1º a efetivação da igualdade de oportunidades, a defesa dos direitos étnicos individuais, coletivos e difusos e o combate à discriminação e às demais formas de intolerância étnica. No seu capítulo II do art. 11, também fala do estudo obrigatório da história geral de África e da população negra no Brasil.

Leis que, juntas, têm o poder de, mesmo por obrigatoriedade, transformar com a ajuda dos professores a nossa sociedade.

A Constituição da República Federativa do Brasil já estabelecia, desde a sua promulgação, em 5 de outubro de 1988, no art. 5º, que: "Todos são iguais perante a lei, sem distinção de qualquer natureza, garantindo-se aos brasileiros e aos estrangeiros residentes no país a inviolabilidade do direito à vida, à igualdade, à segurança e à propriedade, nos seguintes termos: [...] XLII – A prática de racismo constitui crime inafiançável e imprescritível, sujeito à pena de reclusão, nos termos da lei".

Somente 22 anos após a promulgação da Constituição, o Congresso Nacional decreta e sanciona o Estatuto da Igualdade Racial, na tentativa de amenizar as desigualdades de gênero e raça, e de fortalecer a identidade nacional brasileira.

Plano Nacional de implantação da Lei 10.639/2003

Foi criado no ano de 2009 o Plano Nacional de implantação da Lei 10.639/2003, pela Subsecretaria de Políticas de Ações Afirmativas, em parceria com o Ministério da Educação. O plano estabelece metas e estratégias para a implantação da Lei. O documento esclarece as responsabilidades dos poderes executivos, legislativos e conselhos municipais, estaduais e federais nesse processo, bem como trabalha com três principais ações: formação de professores, produção de material didático e sensibilização de gestores da educação.

A Lei 10.639/2003, sancionada pelo presidente Luiz Inácio Lula da Silva, em 2003, em seu art. 79-B, inclui no calendário escolar o dia 20 de novembro como o Dia Nacional da Consciência Negra.

A lei deve ser entendida pela sociedade como uma política pública, que busca reparar as dificuldades e perdas dessa cultura.

Houve mudanças importantes em relação à discriminação, preconceitos e racismo. Mas ainda é necessário acabar com o estereótipo criado há quase 500 anos. Sabemos o quanto é difícil acabar com essas marcas, pois é um processo histórico marcado por mais de 300 anos de escravatura. É necessário enxergar além da cor da pele, além do tipo de cabelo. Basta apenas olharmos com igualdade e respeito.

A questão das cotas nas universidades

O sistema de cotas para negros nas universidades é polêmico, gera discussões e divide opiniões.

Dentro dos programas inseridos nas "ações afirmativas" que começaram a ser implementadas na América, a partir do século 20, para compensar a desigualdade histórica entre brancos e negros, foi criada a ideia das cotas para as Universidades. Hoje várias delas estabelecem sistemas de cotas. A Lei 10.639/03 e a política de cotas raciais para ingresso no ensino superior são medidas que visam aproximar a situação atual de um estado de igualdade. Acabou por ter muita discussão em torno da iniciativa.

Sob o ponto de vista econômico, as cotas são de fato eficientes. Ao facilitarem o acesso ao ensino superior, os negros e pardos, em sua maioria nas camadas mais pobres da sociedade brasileira, têm a oportunidade não só de obter uma qualificação que os fará ascender economicamente, como também permite a inclusão dos negros numa área que tradicionalmente é da população branca e abastada. Os programas de acesso ao ensino superior – não só os que envolvem questões raciais – permitem a ascensão econômica e consequentemente social do cidadão. Cada vez mais jovens de baixa renda estão a entrar em cursos universitários, coisa que é facilitada pelos programas tanto de entrada quanto de financiamento. Para a classe média-baixa, já não é tão utópico conquistar um diploma universitário, apesar de a estrutura elitizada do ensino superior brasileiro ainda tornar árdua a luta do pobre na faculdade.

Do modo com que o sistema econômico capitalista do Brasil funciona para aqueles que não nascem em famílias abastadas, o estudo é a forma mais plausível e certeira de alcançar o nível salarial que garante um status econômico minimamente confortável. Facilitar ao negro o acesso ao ensino superior é dar oportunidade aos afrodescendentes de conquistar algo que, por anos a fio, foi exclusividade da população branca e descendente de europeus.

Quanto aos métodos de superação desse racismo, é fato que as cotas não são suficientes. Para alguns, inclusive, não passam de um mecanismo que contribui para criar uma elite negra que consegue "elevar-se" acima das condições extremamente desvantajosas em que ainda ficará a imensa maioria, que leva nas costas os resultados de gerações de desvantagens na sua capacidade competitiva, dentro da sociedade.

Grande parte dos que se posicionam contra a implantação da política de cotas afirma que elas não são justas – a real desigualdade no Brasil é econômica e não racial; logo, as cotas raciais acabariam por favorecer pessoas que não necessitam delas, e o problema da dificuldade de acesso ao ensino superior não seria resolvido. Outros ainda afirmam que as cotas são um tipo de racismo, já que faz diferenciação entre as etnias.

Há também quem defenda uma espécie de compensação ética pelos anos de escravatura – as vagas na universidade seriam o pagamento de uma dívida com bases jurídicas. A ideia de compensação é antiga: em 1823, anos antes da abolição da escravatura, José Bonifácio propôs à Assembleia Constituinte um projeto de lei que abrandava o rigor escravista. De certa forma, a proposta criaria condições para uma integração do negro à sociedade, já não mais como escravo. As compensações propostas foram negadas pelos legisladores da época. Mesmo após a abolição, nada foi feito para preparar os libertos para a vida como cidadãos livres, na primeira metade do século 20 (VIEIRA JÚNIOR, 2007, p. 84). Como já citado, não existe integração e igualdade entre os negros e brancos, e isso deve-se principalmente a uma cultura de marginalização do negro, que se iniciou com o sistema escravista.

Faz sentido afirmar que a desigualdade no Brasil é econômica e não racial, mas afirmar isso é ignorar que a discriminação racial e a marginalização do negro são algumas das razões da desigualdade econômica. A existência das cotas e a facilitação de acesso do negro ao ensino superior seriam um grande passo em direção à integração pela já citada importância de inserir o negro em ambientes tradicionalmente brancos, tendo isso como parte importante de uma tentativa de superar o apartheid econômico entre negros e brancos. Os seus efeitos a longo prazo tendem a aplainar as disparidades econômicas entre as raças, apesar de por si só não serem suficientes para sanar a desigualdade racial, já que, mesmo facilitando o acesso, não são suporte para que se consiga perseverar no curso universitário.

Analisemos de outra forma. Será que essa sistemática também não configura realmente uma manifestação de preconceito? Já não se estaria a classificar os negros como incapazes de ingressar em universidades pelos próprios méritos? Estamos a tratar de uma problemática que envolve a discriminação e o preconceito. O que estaremos a fazer quando estivermos a favorecer este ou aquele grupo?

Claro que o que se quer é corrigir uma realidade histórica de exclusão social, mas não seria melhor aumentar o número de vagas nas nossas universidades federais e estaduais? Acrescente-se a isso uma outra questão. O que acontecerá com eles no mercado de trabalho? Os futuros profissionais não serão classificados como uma subclasse de graduados?

Entendemos que o ideal é oferecer igualdade de condições para esses candidatos ou implementar medidas capacitadoras, de modo que de fato haja igualdade de condições para o acesso dos candidatos.

Alexandra Baldeh Loras, consulesa, é uma das ativistas mais jovens que tratam do tema do racismo. Em entrevista da consulesa ao *Programa do Jô*, da TV Globo, em 2015, ela afirma não concordar com a política de cotas nas universidades, "mas é a única solução" – chamando a atenção para os 127 anos pós-abolição, sem êxito, em diversos aspectos.

A consulesa, que considera a leitura do livro *As minhas estrelas negras*, de Lilian Thuram, um resgate da sua própria autoestima, usa então da sua experiência para dizer que o negro no Brasil precisa ser sacado do clichê ainda presente da associação futebol-samba.

De qualquer forma, tanto a ideia das cotas quanto a lei que preconiza o ensino da cultura afro-brasileira são fatores positivos para integrar de fato o negro à sociedade brasileira e não deixá-lo à margem como acontece hoje. Não basta tomar consciência de que o negro existe – é necessário ver e conhecer de fato as origens históricas desse povo cuja cultura e história foram de suma importância para a construção da nação brasileira.

Por meio do ensino da história do negro, será possível mostrar que o preconceito racial aqui não faz sentido, sendo o Brasil um país de mestiços não só na cor da pele, mas também nos aspectos culturais que foram formados a partir de dezenas de outras culturas diferentes. A história do negro é também a história de todo brasileiro; que essa ligação seja afirmada pela igualdade de direitos práticos entre as raças, coisa que deve ser obrigatoriamente alcançada a longo prazo para que se possa chegar à almejada democracia real no Brasil.

Ainda que a escola deva comprometer-se com essa mudança de olhar sobre a questão do negro, a mídia, obrigatoriamente, necessitaria passar por mudanças, porque na maioria das vezes a forma com que eles mostram às pessoas negras as suas atitudes e a sua cultura prestam um desserviço à construção de uma sociedade sem racismo e discriminações.

E o trabalho proposto aos educadores também será importante para que o quadro seja alterado. Trata-se de um trabalho que mobilizará toda a comunidade escolar. Isso fará com que os alunos construam a sua identidade, que não se sintam mais inferiores, que não tenham vergonha, raiva e que possam enxergar os colegas e as pessoas sem preconceitos ou estereótipos.

Consequentemente, isso diminuirá a perpetuação de ideologias racistas, a formação de indivíduos racistas, a violência no espaço escolar e a permanência das desigualdades raciais.

Autodeclaração

O que é a autodeclaração racial? A autodeclaração racial é um documento assinado pelo participante de um processo seletivo afirmando sua identidade étnico-racial. Segundo a Lei nº 12.711/2012, o instrumento é destinado a candidatos pretos, pardos e indígenas que queiram concorrer às vagas do Programa de Ações Afirmativas.

"A autodeclaração é como a pessoa se percebe em relação à sua cor ou raça. Não é o pesquisador do IBGE que a determina", enfatizou a analista da pesquisa Adriana Beringuy.

A população brasileira que se autodeclara negra ou parda tem aumentado na última década. Segundo a Pesquisa Nacional por Amostra de Domicílios (PNAD) 2014, realizada pelo IBGE, 53% dos brasileiros declararam-se pardos ou negros no ano passado, diante de 45,5% que se disseram brancos. Em 2004, 51,2% dos brasileiros diziam-se brancos diante de 42% de pardos e 5,9% de negros (que totalizam 47,9% de negros e pardos), o que aponta para a predominância da população brasileira que se autodeclarava branca. Foi em 2007 que os números viraram, quando 49,2% se disseram brancos, 42,5% pardos e 7,5% negros (que totalizam 50% de negros e pardos). Desde então, o número de pessoas que se dizem negros ou pardos só faz crescer.

Com alta crescente de autodeclarados pretos e pardos, população branca tem queda de 3% em 8 anos, diz IBGE.

Entre 2012 e 2019, aumentou em 36% a população autodeclarada preta e em 10% a parda. Pardos são maioria no país desde 2015. A população parda aumentou em todos os anos da pesquisa. Foi em 2015 que essa parcela da população passou a ser maioria entre os brasileiros, ultrapassando a de brancos. Em 2019, os pardos eram 46,8% da população brasileira, enquanto os brancos somavam 42,7%.

Adriana Beringuy afirma que essa percentagem não tem relação com o aumento da taxa de natalidade entre os negros e pardos. O fator mais determinante, segundo ela, é a autodeclaração. "Pode ser que também esteja aumentando a miscigenação entre as pessoas", diz. "Mas o que observamos mesmo é a predominância da autodeclaração".

Para Katia Regis, coordenadora da primeira licenciatura do Brasil de estudos africanos e afro-brasileiros, o crescimento da população que se autodeclara negra é o reflexo dos anos de luta do movimento negro e também do acesso à educação. "A população negra que tem mais acesso ao conhecimento efetivo da história africana e afro-brasileira passa a ver-se mais positivamente como negra", diz. Conhecendo a sua história, os negros assumem o orgulho da sua cor.

Por outro lado, chama a atenção também da questão das cotas. Em virtude dos benefícios direcionados aos negros, muitas pessoas estão a declarar-se negras sem que se verifique, pelo menos fisicamente, quaisquer traços da afrodescendência, como foi o caso daquele candidato de pele branca e olhos verdes que foi aprovado por cotas em concurso do Itamaraty. Mathias Abramovic causou polêmica em 2013 ao se declarar negro no concurso, em que passou na primeira fase. Para concorrer dentro das cotas, basta que o candidato se declare "afrodescendente". O edital do processo seletivo não define os critérios para concorrer como afrodescendente. Mais recentemente, Lucas Nogueira Siqueira, também com feições caucasianas, teve a autodeclaração negada, mas conseguiu a sua admissão mediante liminar.

Salvador – Cidade negra

A Bahia é o estado do Brasil onde a cultura afro está mais viva. O legado africano está presente no dia a dia dos baianos, seja na religião, nos ritmos, na comida, na arte ou nas vestes do povo.

Se você é baiano nato, ungido no dendê com leite de coco, como eu, vai saber exatamente o que eu estou falando. Ser baiano é nascer com a alma tatuada de baianidade, e, onde quer que a gente vá, levamos sempre conosco a marca Made in Bahia. Resultado: você sai da Bahia, mas a Bahia não sai de você (Ceiça Schettini – escritora).

Parece que o odioso racismo e a inferiorização tendenciosa e injustificável têm uma trégua em terras baianas.

Em especial em Salvador, os negros são as estrelas. Lá desfilam os seus estilosos *looks* afros, as pessoas querem aproximar-se e interagir com eles, e há uma grande admiração por todo o cenário que inclui a paisagem e as pessoas. Na Bahia, a cultura negra integrou-se e criou uma verdadeira identidade afro-brasileira. Em Salvador, o turista tem a possibilidade de conhecer e vivenciar essa cultura de raiz negra nas suas mais belas manifestações e no quotidiano da vida local.

A Bahia é mesmo diferente. Nela, preto e branco se misturam, originando várias colorações, religiões convivem pacificamente, Bahia e Vitória vão juntos ao Estádio, pobres e ricos pulam carnaval de rua, turistas são recebidos com hospitalidade (Ceiça Schettini – escritora).

Trazidos de vários pontos de África, entre os séculos 16 e 19, os negros chegaram à Bahia na condição de escravos e trouxeram na bagagem os seus costumes e as suas crenças. Com mais de 80% da população afrodescendente, Salvador é considerada a cidade mais negra do mundo fora do continente africano, ainda que haja diversas controvérsias quanto a isso, ao se considerarem os números absolutos de população negra de estados como São Paulo, Rio de Janeiro, Ceará e Maranhão.

A minha impressão inicial é de que eu estou muito orgulhoso de ver essas pessoas negras, bonitas, mas por outro lado estou triste de ver que negros e negras, aqui, têm uma autoridade política tão reduzida. O destino de negros e negras, aqui, parece estar nas mãos de pessoas brancas, que têm pouca compreensão do negro, da negra e de sua cultura. Então, para concluir, eu diria que tenho sentimentos ambíguos em relação à Bahia. Estou intensamente orgulhoso e, ao mesmo tempo, profundamente triste (neurocientista Carl Hart).

Infelizmente esse evidente predomínio cultural não se traduz em melhores condições de vida para os negros. Mesmo constituindo a maior parcela da população de Salvador, negros e negras continuam a acumular os piores índices de analfabetismo, saúde, moradia, educação e emprego. No mercado de trabalho, a desigualdade é enorme. Os negros ainda são os que ocupam os piores cargos e recebem os menores salários, isso quando não estão desempregados. Estudo recente do Departamento Intersindical de Estatística e Estudos Socioeconômicos (Dieese) revelou a desigualdade no mercado de trabalho em Salvador. Segundo a pesquisa, o salário médio dos negros chega a ser 36,1% a menos do que os trabalhadores não negros.

> *"Por que Salvador, cidade de população predominantemente negra, nunca teve um prefeito, governador ou senador negro?"*
> (Spike Lee)

Além desse aspecto negativo, infelizmente também não se verifica uma representatividade proporcional da comunidade negra nos postos de gestão pública de todas as esferas administrativas.

Racismo hoje

Felizmente podemos afirmar que o cenário social em relação à discriminação obteve sensíveis mudanças. E mudanças intrínsecas, na cabeça das pessoas. Dos grupos. Dos pais. Dos amigos. Da sociedade como um todo. Então, está tudo resolvido? Claro que não. Assim como em relação às outras questões, como a corrupção, ainda há muito a se fazer.

No entanto vejamos uma outra forma de ver o problema da discriminação. Trata-se de uma visão de recusa do enquadramento de "vitimismo". Realmente, a forma de se analisar a questão muda totalmente no momento em que se opta por não aceitar que as condições desfavoráveis subjetivas interfiram no que se pode fazer, com o que se pode reagir. Vejam a forma com que o ator Morgan Freeman analisou a questão. Ele reconhece que o preconceito existe, é real, e todos sabemos disso, mas nenhum negro deve perder o seu tempo para atribuir o seu sucesso ou fracasso à sua cor. Nem Morgan Freeman, Don Lemon (Prêmio Emmy de Notícias e Documentários) ou Mellody Hobson (graduada pela Universidade de Princeton Mellody, com diplomas honorários da Universidade de Howard, Colégio de Santa Maria e da University of Southern California, Presidente da Ariel Investments e do Conselho de Administração da Dreamworks Animation) devem o que alcançaram na vida ao fato de serem negros, senão às próprias competências.

Freeman, ao rejeitar a postura vitimista e demonstrar por si próprio o quão bom um negro pode ser numa profissão, já deu uma gigantesca contribuição na luta contra o racismo. Ele está anos-luz à frente dos seus detratores.

Na verdade, dadas as devidas proporções, equivale à atitude do atleta Daniel Alves, ao ridicularizar a tentativa de inferiorizá-lo.

Considero muito positivo que existam negros como Morgan Freeman e Ben Carson, que fogem do discurso comum, pois, mesmo sem fazer qualquer juízo de valor sobre a opinião de ambos, o simples fato de haver outros pontos de vista abre novas possibilidades. Não nos parece haver muitos casos de posturas assim, mas acabamos por tentar entender posturas como a de Pelé, por exemplo. Não do fato de parecer quase que negar a sua raça, mas de atitudes que preferem reconhecer os seus méritos e a capacidade acima de posturas discriminatórias alheias.

Morgan Freeman chegou a declarar dubiamente, em entrevista a Mike Wallace (lendário jornalista da CBS e do programa *60 Minutes*), em 2012, que a melhor solução para acabar com o racismo é a de "parar de falar sobre ele".

Se, quando jovem, Freeman tivesse adotado um discurso vitimista e acomodado, ao invés de procurar melhorar como ator e como homem, certamente não teria chegado onde chegou. Seria, talvez, mais um articulista rancoroso e bitolado.

O futuro – Imaginem o Brasil do futuro, no qual "exista apenas uma raça", como chegou a publicar o jornal britânico *The Guardian*, num artigo do historiador Timothy Garton Ash. Quem sabe o Brasil caminhe para realmente se tornar uma verdadeira "democracia racial".

Isso é mais que um simples sonho. É quase a redenção do ser humano, que finalmente deixará a odiosa tendência de se impor e de prevalecer sobre o diferente. Afinal, é esse o espírito sempre apregoado em todos os Estatutos Legais, na Declaração de Direitos e, em especial, nas nossas Escrituras Sagradas.

"Amai-vos uns aos outros assim como eu vos amei" (João 15,17). "Amais-vos cordialmente uns aos outros com amor fraternal, preferindo-vos em honra uns aos outros" (Romanos 12.9).

Encerremos com a muito apropriada letra da música de...

VALMIR BENÍCIO

John Lennon:
Imagina
Imagina que não existem países
Não é difícil fazê-lo
Nada para matar ou por morrer
E nenhuma discriminação
Imagina todas as pessoas
A viver em paz
Tu podes achar que eu sou um sonhador
Mas não sou o único
Desejo que te juntes a nós.
(John Lennon)

REFERÊNCIAS

ABREU, Alice R. P.; JORGE, Angela F.; SORJ, Bila. Desigualdade de gênero e raça: o informal no Brasil em 1990. Colóquio Internacional Brasil, França e Quebec. **Estudos Feministas,** Rio de Janeiro, ano 2, n. especial, 2º semestre, p. 153-177, 1994.

ADES, L. **Em nome da honra:** reações a uma situação de humilhação. 1999. 128 p. Dissertação (Mestrado em Psicologia) – Instituto de Psicologia, Universidade de São Paulo, São Paulo, 1999.

ADLER, Laure. **A Vida cotidiana:** os bordéis franceses –1830/1930. Tradução de Kátia Maria Orberg e Eliane Fitippaldi Pereira. São Paulo: Companhia das Letras/Círculo do Livro, 1991. 217p.

AFFIOTI, H. Exploração sexual de crianças *In*: AZEVEDO, M. A.; GUERRA, V. N. A. (org.). **Crianças vitimizadas:** a síndrome do pequeno poder. São Paulo: Iglu. 1989. p. 49-95.

AFPESP. **Muito Além do Arco-Íris:** Amor, sexo e relacionamentos. Folha do Servidor público. Edições GLS. Edição Mensal, n. 253, dez., 2013. Disponível em: www.afpesp.org.br. Informativo impresso oficial da AFPESP.

AGIER, Michel. **Antropologia da cidade:** lugares, situações, movimentos. São Paulo: Editora Terceiro Nome, 2011.

AGIER, Michel; GUIMARÃES, Antonio Sérgio Alfredo. Técnicos e Peões: A Identidade Ambígua. *In*: GUIMARÃES, Antonio Sérgio Alfredo, AGIER, Michel; CASTRO, Nadya Araujo (org.). **Imagens e identidades do trabalho.** São Paulo: Hucitec/ORSTOM, 1995. p. 39-74.

ALCÂNTARA, Maria Emilia Mendes. **Responsabilidade do Estado por atos legislativos e jurisdicionais.** São Paulo: Revista dos Tribunais, 1988. 79p.

ALMEIDA, M. H. T. O Estado no Brasil contemporâneo: um passeio pela história. *In*: MELO, C.; SÁEZ, M. (orgs.). **A democracia brasileira:** balanço e perspectivas para o século 21. Belo Horizonte: Editora UFMG, 2007.

ALTHUSSER, Louis. **A favor de Marx.** Rio de Janeiro: Zahar, 1979.

ALVES, Carine Alves da Silva. **A ética do Juiz de Direito.** Artigo científico. Dezembro. 2012.

AMMA – PSIQUE E NEGRITUDE; QUILOMBHOJE. **Gostando Mais de Nós Mesmos.** São Paulo: Ed. Gente, 1999.

AMMANN, Safira B. Mulher: trabalha mais, ganha menos, tem fatias irrisórias de poder. **Serviço Social e Sociedade,** São Paulo, v. 55, p. 84-104, nov. 1997.

ANTUNES, Ricardo. **Adeus ao Trabalho?** Ensaio sobre as metamorfoses e a centralidade do mundo do trabalho. São Paulo/Campinas: Cortez/Editora da Unicamp, 1998.

ASSIS, Araken de. **Manual da execução.** 12. ed. São Paulo: Revista dos Tribunais, 2009.

AULETE, J. C. **Dicionário Contemporâneo da Língua Portuguesa.** Rio de Janeiro: Delta, 1974.

AZEVEDO, Thales de. **As elites de cor numa cidade brasileira:** um estudo de ascensão social, classes sociais e grupos de prestígio. Salvador: Edufba, 1996.

AZEVEDO, Thales de. **As elites de côr:** um estudo da ascensão social. São Paulo: Companhia Editora Nacional, 1955. (Série V, v. 282).

BACELAR, J. A. **A família da prostituta.** São Paulo: Ática, 1982.

BACELAR, Jeferson. **A hierarquia das raças:** negros e brancos em Salvador. Rio de Janeiro: Pallas, 2001.

BACELAR, Jeferson. **Etnicidade:** ser negro em Salvador. Salvador: Pemba/Ianamá, 1989.

BÄCHTOLD, Felipe. 10 dos 46 governadores eleitos em período alvo da Lava Jato já foram presos. **Folha de S.Paulo,** 24 fev. 2020. Disponível em: https://www1.folha.uol.com.br/poder/2020/02/10-dos-46-governadores--eleitos-em-periodo-alvo-da-lava-jato-ja-foram-presos.shtml. Acesso em: 15 abr. 2021.

BAIRROS, Luiza. Pecados no "Paraíso Racial": o negro na força de trabalho da Bahia, 1950-1980. *In*: BAIRROS, L.; REIS, J. J. (org.). **Escravidão e invenção da liberdade:** estudos sobre o negro no Brasil. São Paulo: Brasiliense, 1988, p. 289-323.

BARBALHO, Alexandre. Cidadania, minorias e mídia: ou algumas questões postas ao liberalismo. *In*: PAIVA, Raquel; BARBALHO, Alexandre (org.). **Comunicação e cultura das minorias.** São Paulo: Paulus, 2005.

BARCELLOS, Ana Paula. **Ponderação, racionalidade e atividade jurisdicional.** Rio de Janeiro: Renovar, 2005.

BARDWICK, J. M. **Mulher, sociedade transição:** como o feminismo, a liberação sexual e a procura da autorrealização alteraram nossas vidas. São Paulo: DIFEL, 1981.

BARRETO, Margarida Maria Silveira. **Uma jornada de humilhações.** Dissertação (Mestrado em Psicologia) – Pontifícia Universidade Católica de São Paulo, São Paulo, 2000.

BARRUCHO, Luis. Governo Bolsonaro deve ou não priorizar o Mercosul. **BBC News.** Disponível em: https://www.youtube.com/watch?v=1gFM-7FNNBI. Acesso em: 14 abr. 2021.

BARSTED, Leila A. L. Em busca do tempo perdido: mulher e políticas públicas no Brasil 1983-1993. **Revista Estudos Feministas,** Rio de Janeiro: CIEC/ECO/UFRJ, n. especial, 2º sem., p. 38-54, 1994. Disponível em: Doi.org/10.1590/%25x.

BASTIDE, Roger. **As religiões africanas no Brasil, contribuição a uma sociologia das interpenetrações das civilizações.** v. 2. Tradução de Maria H. Capellato e Olívia Krähenbuhl. São Paulo: Pioneira, 1971.

BATCHELOR, Mary. **A Bíblia em foco.** São Paulo: Melhoramentos, 1995.

BATISTA, A.; PIMENTEL, R.; SOARES, L. E. **Elite da tropa.** Rio de Janeiro: Objetiva, 2011.

BELELI, I.; OLIVAR, J. M. N. Mobilidade e prostituição em produtos da mídia brasileira. *In*: PISCITELLI, A.; ASSIS, O. de; OLIVAR, M. N. **Gênero, sexo, amor e dinheiro:** mobilidades transnacionais envolvendo o Brasil. Campinas: Pagu/Núcleo de Estudos de Gênero, 2011.

BENÍCIO, Valmir P. **Nós nosso mundo e nosso comportamento.** Itália: Garcia Edizioni, 2012.

BENTO, Maria Aparecida Silva. Branquitude e poder: a questão das cotas para negros. *In*: SANTOS, Sales Augusto dos (org.). **Coleção educação**

para todos: ações afirmativas e combate ao racismo nas Américas. Brasília: Ministério da Educação, 2005. p. 165-177.

BENTO, Maria A. S.; CARONE, Iray (org.). **Psicologia social do racismo**: estudos sobre branquitude e branqueamento no Brasil. Petrópolis: Vozes, 2002.

BERND, Zilá. **O que é negritude**. São Paulo: Brasiliense, 1988.

BETTO, Frei. **Mulher, uso e abuso**. Conselho Social e Econômico, Nações Unidas, 1992 – Relatório do Trabalho de Grupo na Violência contra a Mulher. Viena: Nações Unidas; Ipas, 2001.

BOFF, Leonardo. **Ética e moral**: a busca dos fundamentos. 9. ed. São Paulo: Vozes, 2014.

BOSCOV, I. Recorde de contravenção. **Revista Veja**, São Paulo, n. 2.030, out. 2007.

BOURDIEU, P. **A dominação masculina**. Tradução de Maria Helena Kuhner. Rio de Janeiro: Bertrand Brasil, 2012.

BRANDÃO, Ana Paula. **Modos de fazer**: caderno de atividades, saberes e fazeres. Rio de Janeiro: Fundação Roberto Marinho, 2010. Il. A Cor da Cultura. Caderno de textos: a cor da cultura estatuto da igualdade racial. Lei nº12.288 de 20 de julho de 2010. Presidência da República SEPPIR/PR. Brasília, 2011.

BRUSCHINI, Cristina. Maternidade e trabalho feminino: sinalizando tendências. *In*: **Reflexões sobre gênero e fecundidade no Brasil**. Estados Unidos: FHI/Family Health International, out. 1995. (Projeto de Estudos da Mulher: Brasil).

BRUSCHINI, Cristina. O trabalho da mulher brasileira nas décadas. **Revista Estudos Feministas**, Rio de Janeiro: CIEC/ECO/UFRJ, n. especial, 2º sem. p. 179- 199, 1994. Disponível em: Doi.org/10.1590/%25x.

CALAMANDREI, Piero. **Eles, os juízes, vistos por nós, os advogados**. 3. ed. Lisboa: Clássica, 1960.

CALDEIRA, Teresa Pires do Rio. A presença do autor e a pós-modernidade em antropologia. **Novos Estudos**, São Paulo, n. 21, p. 134-157, 1988.

CALDEIRA, T. P. R. **Cidade de muros**: crime, segregação e cidadania em São Paulo. São Paulo: Editora 34, 2000.

CALIL, Lea E. S. **Um novo desafio no combate ao assédio sexual no trabalho:** a manutenção do emprego. Disponível em: http://www.mundosfilosoficos.co.br/lea2.htm. Acesso em: 15 nov. 2021.

CAPELA, Gustavo Moreira. **O direito à prostituição:** aspectos de cidadania. Dissertação (Mestrado em Direito) – Universidade de Brasília, Brasília, 2013.

CAPPELLETTI, Mauro. **Juízes irresponsáveis?** Tradução de Carlos Alberto Álvaro de Oliveira. Porto Alegre: S. A. Fabris, 1989.

CARNEIRO, G. P.; MOISÉS, J. A. Democracia, desconfiança política e insatisfação com o regime: o caso do Brasil. *In*: MOISÉS, J. A. (org.). **Democracia e confiança:** por que os cidadãos desconfiam das instituições públicas? São Paulo: Editora da Universidade de São Paulo, 2010.

CARREIRA, Denise; SOUZA, Ana L. S. **Indicadores da qualidade na educação:** relações raciais na escola. São Paulo: Ação Educativa, 2013.

CARVALHO, Amilton Bueno. O juiz e a jurisprudência:um desabafo crítico. **Revista de Estudos Criminais**, ITEC, Porto Alegre, n. 7, p. 13-18, 2002.

CASTRO, Ricardo Vieira Alves. Representações Sociais da prostituição na cidade do Rio de Janeiro. *In*: SPINK, Mary (org.). **O Conhecimento no cotidiano:** as representações sociais na perspectiva da psicologia social. São Paulo: Brasiliense, 1993. 311p.

CASTRO-GOMEZ, Santiago. **Discriminação e desigualdades raciais no Brasil.** Rio de Janeiro: Graal, 1979.

CAVALLEIRO, Eliane. **Do silêncio do lar ao silêncio escolar:** racismo, preconceito e discriminação na educação infantil. Dissertação (Mestrado em Educação) – Faculdade de Educação, Universidade de São Paulo, São Paulo-SP, 1998.

CHANLAT, J. F. (coord.). **O indivíduo na organização:** dimensões esquecidas. v. 2. São Paulo: Atlas, 1993. p. 195-229.

CHAVES, Antonio. **Direito à vida e ao próprio corpo:** intersexualidade, transexualidade, transplantes. 2. ed. rev. e ampl. São Paulo: Revista dos Tribunais, 1994. p. 93.

COELHO, W. N. B. **A cor ausente:** um estudo sobre a presença do negro na formação de professores no Estado do Pará, 1970-1989. Belo Horizonte: Mazza; Belém: Unama, 2006.

COGO, Denise; BRIGNOL, Liliane. Redes sociais e os estudos de recepção na internet. **Matrizes**, v. 4, n. 2, p. 75-92, 2011.

COSTA, Fernando Braga. **Homens invisíveis:** relatos de uma humilhação social. São Paulo: Globo, 2004.

COSTA, Silvia G. **Assédio sexual:** uma versão brasileira. Porto Alegre: Artes e Ofícios Editora, 1995.

COTES, Paloma *et al.* Crime e desemprego. **Revista Época**, 5 abr. 2004. Disponível em: http://revistaepoca.globo.com/Epoca/0,6993,EPT708468-1653,00.html. Acesso em: 31 mar. 2020.

COUTO, Matheus O. **A pia e a cruz:** a demografia dos trabalhadores escravizados em Herval e Pelotas (1840-1859). Passo Fundo: Editora Universidade de Passo Fundo, 2011. (Coleção Malungo).

COUTO, V. R. Nem Eva, nem santa, "eu nasci pra ser quenga": marcas que rasgam vidas, dilaceram almas: gênero, poder e subjetividade na prostituição feminina em Pouso Alegre, MG, 1969-1982. *In*: XVIII ENCONTRO REGIONAL ANPUH MG. Jul. Mariana, 2012.

CRAIG, W. L. **Does God Exist?** 1998. Disponível em: www.reasonablefaith.org. Acesso em: 15 abr. 2021.

CRENSHAW, Kimberlé. Documento para o encontro de especialistas em aspectos da discriminacão racial relativos ao gênero. **Revistas Estudos Feministas**, v. 10, n. 1, p. 171-188, 2002.

CUNHA, Manuela Carneiro. **Antropologia do Brasil:** mito, história e etnicidade. São Paulo: Brasiliense/Edusp, 1989.

CUNHA, Olivia M. dos Santos. **Corações Rastafari:** lazer, política e religião em Salvador. Dissertação (Mestrado em Antropologia Social) – Universidade Federal do Rio de Janeiro, 1991.

CUNHA, Olivia M. Gomes. Fazendo a "coisa certa": rastas, reggae e pentecostais em Salvador. **Revista Brasileira de Ciências Sociais**, São Paulo, n. 23, p. 120-137, out. 1993.

DAMÁSIO, António. **Sem perder a humanidade jamais.** Rio de Janeiro, 2012. Entrevista concedida a Thiago Camelo, abr. 2012.

DA MATTA, Roberto. **Carnavais, malandros e heróis:** para uma sociologia do dilema brasileiro. Rio de Janeiro: Guanabara, 1990.

DAVIES, Frank Andrews. Identidades de sucesso: breve reflexão sobre os empresários negros. **Revista do Programa de Pós-Graduação em Sociologia da USP,** São Paulo, v. 16, n. 2, p. 75-94, 2009.

DAVIES, Frank Andrews. **Negros empresários, empresários negros:** reflexões sobre identidades e racionalidade no Brasil. Dissertação (Mestrado em Sociologia) – Universidade Federal do Rio de Janeiro, Rio de Janeiro, 2010.

DEJOURS, Christophe. **A banalização da injustiça social.** Rio de Janeiro: Editora Fundação Getúlio Vargas, 1999.

DEL PRIORE, Mary. Viagem pelo imaginário do interior feminino. **Revista Brasileira de História,** v. 19, n. 37, set. 1999.

DIAS, Aguiar. **Da responsabilidade civil.** v. 1. 6. ed. Rio de Janeiro: Forense, 1979.

DIAS FILHO, Antonio Jonas. As mulatas que não estão no mapa. **Cadernos Pagu,** v. 6, n. 7, p. 51-66, 1996.

DIAS, Lucimar Rosa. Educação Infantil: construção de uma educação antirracista. **PUC-viva Revista,** v. 1, p. 90-103, 2006.

DIAS, Lucimar Rosa. **No fio do horizonte:** educadoras da primeira infância e o combate ao racismo. Tese (Doutorado em Educação) – Faculdade de Educação da Universidade de São Paulo, São Paulo, 2007.

DIAS, Lucimar Rosa. Quantos passos já foram dados? A questão de raça nas leis educacionais: da LDB de 1961 à Lei 10.639. **Revista Eletrônica Espaço Acadêmico,** v. 38, p. 1-16, 2004.

DIAS, Lucimar Rosa. Questões sobre a educação na África e a educação antirracista brasileira: reflexões. **Revista Eletrônica Espaço Acadêmico,** v. 60, p. 60, 2006.

DICIONÁRIO Online de português. **Humilhação.** 2020. Disponível em: https://www.dicio.com.br/humilhacao/. Acesso em: 14 jul. 2020.

DINIZ, Maria Helena. **Curso de Direito Civil Brasileiro**: responsabilidade civil. v. 7. São Paulo: Saraiva, 2001.

DÓRIA, Palmério. **Honoráveis Bandidos**. São Paulo: Geração Editorial, 2009.

ESTANQUE, E. **A Tropa de elite**: mitologias e realidades. contribuições para um estudo de caso: os comandos. 1986. Disponível em: https://estudogeral.sib.uc.pt/jspui/bitstream/10316/11686/1/A%20Tropa%20de%20Elite%2c%20Mitologias%20e%20Realidades.pdf. Acesso em: 14 abr. 2021.

FACCHINI NETTO, Eugênio. "E o juiz não é só de direito..." (ou "a função jurisdicional e a subjetividade"). *In*: ZIMERMANN, David; COLTRO, Antônio Carlos Mathias (coord.). **Aspectos psicológicos na prática jurídica**. Campinas: Milennium, 2002. p. 397-413.

FERNANDES, Cláudio. Governo Collor. **Mundo Educação**. Disponível em: https://mundoeducacao.uol.com.br/historiadobrasil/governo-collor-mello.htm. Acesso em: 15 abr. 2021.

FERNANDES, Florestan. **A integração do negro na sociedade de classes**. v. 21. São Paulo: Ática, 1978.

FERNANDES, Yuri. Prostituição e pandemia: terei que aceitar 20 ou 30 reais, preciso comer. **Projeto Colabora**, 27 mar. 2020. Disponível em: https://projetocolabora.com.br/ods8/prostituicao-e-pandemia-terei-que-aceitar-20-ou-30-reais-preciso-comer/. Acesso em: 14 abr. 2021.

FERRARETTO, Luiz Artur. **Rádio**: o veículo, a história e a técnica. Porto Alegre: Sagra Luzzato, 2001.

FIGARI, Carlos. **@s Outr@s Cariocas**: interpelações, experiências e identidades homoeróticas no Rio de Janeiro. Séculos XVII ao XX. Belo Horizonte: UFMG/Iuperj. 2007.

FIGUEIREDO, Angela. **A classe média negra não vai ao paraíso**: trajetórias, perfis e negritude entre os empresários negros. Tese (Doutorado em Sociologia) – Iuperj, Rio de Janeiro, 2003.

FIGUEIREDO, Angela L. S. **Novas elites de Cor:** estudos sobre os profissionais liberais de Salvador. São Paulo: Annablume, 2002.

FIGUEIREDO, Angela. **Beleza pura:** símbolos e economia ao redor do cabelo do negro. Trabalho de Conclusão de Curso (Monografia em Ciências Sociais) – Universidade Federal da Bahia, Salvador, 1994.

FIGUEIREDO, Angela. Velhas e novas "Elites Negras". *In*: MAIO, M. C.; BOAS, G. V. (org.). **Ideais de modernidade e sociologia no Brasil:** ensaios sobre Luiz Aguiar Costa Pinto. Porto Alegre: Universidade Federal do Rio Grande do Sul, 1999. p. 109-124.

FORMENTI, Lígia. Bolsonaro diz ser responsável apenas pelo que ocorre no Executivo. **UOL**, 8 nov. 2019. Disponível em: https://noticias.uol.com.br/ultimas-noticias/agencia-estado/2019/11/08/. Acesso em: 15 abr. 2021.

FORTES, Alejandro. Capital social: origens e aplicações na sociologia contemporânea. **Sociologia, problemas e práticas**, n. 33, p. 133-158, 2000.

FOUCAULT, M. **A História da sexualidade:** a vontade de saber. v. 1. 10. ed. São Paulo: Editora Graal, 1990.

FOX, Robin. As condições da evolução sexual. *In*: ARIÈS, Philippe; BEJIN, André (org.) **Sexualidades ocidentais:** contribuições para a história e para a sociologia da sexualidade. São Paulo: Brasiliense, 1985.

FREIRE, P. **Pedagogia da autonomia:** saberes necessários à prática educativa. São Paulo: Paz e Terra, 1998.

FREITAS, Eduardo de. A prostituição de crianças no mundo. **Brasil Escola**. Disponível em: https://brasilescola.uol.com.br/geografia/a-prostituicao-criancas-no-mundo.htm. Acesso em: 10 jun. 2020.

FREITAS, R. S. **Bordel, bordéis:** negociando identidades. Petrópolis: Vozes, 1985.

FREUD, S [1913]. **Totem e Tabu.** Tradução de Órizon Carneiro Muniz. Rio de Janeiro: Imago, 2005. 168 p.

FREUD, S [1932]. Novas conferências introdutórias sobre a psicanálise – conferência XXXII: feminilidade. *In*: FREUD, S. **Obras completas.** v. 22. Rio de Janeiro: Imago, 1974.

FREUD, S. Realidade psíquica e sofrimento nas instituições. *In*: KAËS, R. *et al.* (org.). **A instituição e as instituições**. São Paulo: Casa do Psicólogo, 1991.

FREYRE, Gilberto [1933]. **Casa-grande & senzala**. Introdução à História da Sociedade Patriarcal no Brasil. 30. ed. São Paulo: Record, 1995.

FRY, Peter. Estética e política: relações entre "raça", publicidade e produção da beleza no Brasil. *In*: GOLDEMBERG, Miriam. **Nú & Vestido**: dez antropólogos revelam a cultura do corpo carioca. Rio de Janeiro: Record, 2002. p. 303-326.

FRY, Peter. O que a Cinderela Negra tem a dizer sobre a "Política Racial" no Brasil. **Revista USP**, n. 28, p. 122-135, dez. 1995.

FRY, Peter. Politicamente correto num lugar, incorreto noutro? **Estudos Afro-Asiáticos**, Rio de Janeiro, v. 23, 1992.

FRY, Peter. O debate que não houve: a reserva de vagas para negros nas universidades brasileiras. **Revista eletrônica dos alunos do IFCS/UFRJ**, v.1, n. 1, p. 93-108, 2002.

GALLARDO, J. S. P. **Educação Física**: contribuições à formação profissional. 4. ed. Ijui: Unijui, 2004.

GAUER, Gabriel J. Chittó. **Transcendendo a dicotomia razão vs. Emoção, memória, punição e justiça**: uma abordagem interdisciplinar. Porto Alegre: Editora Livraria do Advogado, 2011, p. 9-16.

GEERTZ, Clifford. **A Interpretação das culturas**. Rio de Janeiro: Zahar, 1978.

GIDDENS, A.; BECK, U.; LASH, S. **Modernização reflexiva**: política, tradição e estética na ordem social moderna. São Paulo: Unesp, 1997. p. 73-134.

GIDDENS, Anthony. **Modernidade e identidade**. Rio de Janeiro: Jorge Zahar, 2002.

GODINHO, Adriano Marteleto. **Direito ao próprio corpo**: direitos da personalidade e os atos de limitação voluntária. Curitiba: Juruá, 2014. p. 53.

GOFFMAN, Erving. Estigma: notas sobre a manipulação da identidade deteriorada. Tradução de Márcia B. M. L. N. *In*: GALLARDO, J. S.

P. **Educação Física:** contribuições à formação profissional. 4. ed. Ijui: Unijui, 2004.

GOFFMAN, Erving. **Estigma:** uma análise sobre a situação da pessoa estigmatizada. Tradução de Márcia B. M. L. N. 4. ed. Rio de Janeiro: Livros Técnicos e Científicos, 1988.

GOLDSCHMIDT, Guilherme. **A penhora on line no Direito Processual Brasileiro.** Porto Alegre: Livraria do Advogado, 2008.

GONÇALVES, José A. A. **Desemprego no BRASIL:** causas e soluções. Trabalho de Conclusão de Curso (Monografia em Ciências Econômicas) – Universidade Estadual do Oeste do Paraná, Paraná, 2000.

GONÇALVES, Carlos Roberto. **Responsabilidade Civil.** 10. ed. rev., atual. e ampl. São Paulo: Saraiva, 2007. p. 532.

GONZÁLEZ, R. S. Democracia, cultura e experiências participativas na América Latina. *In*: BAQUERO, M. (org.). **Cultura(s) política(s) e democracia no século XXI na América Latin.** Porto Alegre: UFRGS, 2011.

GRECO FILHO, Vicente. **Direito Processual Civil Brasileiro.** v. 3. 21. ed. São Paulo: Saraiva, 2012.

GRILLO, S. V. C. Polifonia e transmissão do discurso alheio no gênero reportagem. **Estudos Linguísticos XXXIV**, Campinas, n. 34, p. 1164-1169, 2005.

GUEDES, Andreia. **Mulher:** como conciliar a carreira e a família com Sucesso. Consultora em RH da SEC Talentos Humanos, 2016.

GUIMARÃES, Antonio S. A. **Raça, classe e democracia.** São Paulo: Editora 34, 2002.

GUIMARÃES, Antônio Sérgio Alfredo. Cor, Classe e Status nos Estudos de Pierson, Azevedo e Harris na Bahia: 1940-1960. *In*: MAIO, M. C.; SANTOS, Ricardo V. **Raça, Ciência e Sociedade.** Rio de Janeiro: Centro Cultural Banco do Brasil, 1996. p. 143-158. (no prelo).

HANCHARD, Michael. Cinderela Negra? Raça e Esfera Pública no Brasil. **Public Culture,** n. 7, p. 165-85, 1994.

HASENBALG, Carlos. **Discriminação e desigualdades raciais no Brasil.** Rio de Janeiro: Graal, 1979.

HELENE, Diana. A invenção do Jardim Itatinga: o planejamento urbano e a Prostituição. *In*: REUNIÃO BRASILEIRA DE ANTROPOLOGIA, 28A., 2012, São Paulo.

HERNANDEZ, L. L. **A África na sala de aula:** visita à história contemporânea. São Paulo: Selo Negro, 2005.

HERKENHOFF, João Baptista. Ética dos magistrados: a sociedade exige uma conduta exemplar. **Revista Consultor Jurídico**, mar. 2010.

HIRATA, H. Mundialização, divisão sexual do trabalho e movimentos feministas transnacionais. **Cadernos de crítica feminista**, p. 80-107, 2009.

HOBBES, Thomas. **Leviatã, ou matéria, forma e poder de um estado eclesiástico e civil.** Tradução de Rosina Angina. São Paulo: Martin Claret, 2014.

HOUAISS, A. **Minidicionário da Língua Portuguesa.** Rio de Janeiro: Objetiva, 2010

HUGHES, Donna. O comércio "Natasha": O mercado sombrio transnacional do tráfico de mulheres, **Journal of International Affairs.** 2000.

IHARA, Rafael. Desembargador que rasgou multa e humilhou guarda municipal em Santos já ameaçou colega no estacionamento do TJ-SP. **G1**, 2020. Disponível em: https://g1.globo.com/sp/sao-paulo/noticia/2020/ 07/20 /desembargador-que-rasgou-multa-e-humilhou-guarda-municipal-em-santos-ja-ameacou-colega-no-estacionamento-do-tj-sp.ghtml. Acesso em: 15 abr. 2021.

KADANUS, Kelli. Dez ex-governadores presos por suspeita de irregularidades. **Gazeta do Povo,** 17 nov. 2017. Disponível em: https://www. gazetadopovo.com.br/politica/republica/dez-ex-governadores-que-foram-presos-por-suspeita-de-irregularidades-3w6gv9v24vgwclbf0dun55qtr/. Acesso em: 15 abr. 2021.

KAËS, René. Prefácio: Psicanálise, instituição. *In*: KAËS, René et al. **A instituição e as instituições:** estudos psicanalíticos. Tradução de Joaquim Pereira Neto. São Paulo: Casa do Psicólogo, 1991. p. 15-18.

KELLERMANN, Bruno N.; AZEVEDO, Gabriela G. **Brasil – África:** conexão histórica. Trabalho apresentado na disciplina História IV. curso Eletrotécnica IFSul. Campus Pelotas. 2012.

LADEIRA, Francisco Fernandes. Relação entre classe e cor: algumas considerações sobre a ascensão social do negro no Brasil. **Consciência. Org**, 9 jul. 2009. Disponível em: http://www.consciencia.org/relacao-classe-cor-a-ascensao-social-negro-no-brasil. Acesso em: 18 out. 2021.

LADEIRA, Pedro. Teori afasta Eduardo Cunha do mandato na Câmara. **Folha de S.Paulo**, 16 abr. 2016.

LANDES, Ruth. **A cidade das mulheres**. Tradução de Maria Lúcia do Eirado Silva. Rio de Janeiro: Civilização Brasileira, 1967.

LASPRO, Oreste Nestor de Souza. **A responsabilidade civil do juiz**. São Paulo: Revista dos Tribunais, 2000.

LAZARO, L. **O herói que o Brasil merece precisa**. Uma crítica do filme Tropa de Elite. 2018. Disponível em: universidades.com.br/resenha-tropa-de-elite-critica/. Acesso em: 14 abr. 2021.

LÁZARO, Natália. Desembargador que humilhou guarda acumula processos de abusos de autoridade. **Metrópole**, 20 jul. 2020. Disponível em: https://www.metropoles.com/brasil/desembargador-que-humilhou-guarda-acumula-processos-de-abusos-de-autoridade. Acesso em: 15 abr. 2021.

LAZARSFELD, P. F.; MERTON, R. K. Comunicação de massa, gosto popular e organização da ação social. *In*: LIMA, L. (org.). **Teoria da cultura de massa**. Rio de Janeiro: Paz e Terra, 1982. p. 105-127.

LEACH, Edmund Ronald. Cabelo mágico. *In*: MATTA, Roberto. **Antropologia**. São Paulo: Atica, 1983. (Coleção Grandes Cientistas Sociais).

LEE, Paula. **Alugo o meu corpo**. São Paulo: Editora Planeta, 2008.

LEITE, Gabriela. **Filha, mãe e avó puta**. São Paulo: Editora Objetiva, 2009.

LIEBMAN, Enrico Tullio Comentários a Acórdão. *In:* RT 138 (1942), p. 163-165.

LIMA, Ari. A legitimação do intelectual negro no meio acadêmico brasileiro: negação de inferioridade, confronto ou assimilação intelectual. **Afro Ásia**, n. 25/26, p. 281-312, 2001.

LIMA, Ari. O Fenômeno timbalada: cultura musical Afro-Pop e juventude baiana negro mestiça. *In*: SANSONE, L.; SANTOS, J. T. **Ritmos em trânsito**: sócio antropologia da música baiana. Salvador: Dynamis Editorial/Programa a Cor da Bahia/Projeto Samba, 1998. p. 161-180.

LIMA, Ari; CERQUEIRA, Felipe de Almeida. A identidade homossexual e negra em Alagoinhas. **Bagoas**, v. 1, n. 1, p. 269-286, jul./dez. 2007.

LIMA, Isabella; STEIL, Juliana. Corregedor nacional de justiça intima desembargador que humilhou guardas em SP a prestar esclarecimento sobre conduta. **G1**, 19 jul. 2020. Disponível em: https://g1.globo.com/sp/santos-regiao/noticia/2020/07/19/ministro-intima-desembargador-que-humilhou-guardas-em-sp-a-prestar-esclarecimentos-sobre-conduta.ghtml. Acesso em: 18 abr. 2021.

LIMA, Márcia. **Serviço de "branco" e serviço de "preto"**: um estudo sobre "cor" e trabalho no Brasil urbano. 2001. Tese (Doutorado em Sociologia e Antropologia) – UFRJ, Rio de Janeiro, 2001.

LINS, Daniel Soares. O corpo prostituído. **O Povo**, Fortaleza, fev. 1996.

POLICIAL fala sobre a sua rotina de trabalho. **Folha do Litoral**, 2020. Disponível em: https://folhadolitoral.com.br/editorias/dia-do-trabalho/policial-fala-sobre-sua-rotina-de-trabalho/. Acesso em: 15 nov. 2020.

LOPES, Mônica Sette. **A equidade e os poderes do juiz**. Belo Horizonte: Del Rey, 1993.

LOPES, Mônica Sette. **O problema da justiça**. São Paulo: Martins Fontes, 1993.

LORENZI, M. **Prostituição infantil no Brasil e outras infâncias**. Porto Alegre: Tché, 1987.

LUCINDA, Maria da Consolação. **Subjetividades e fronteiras**: uma antropologia da manipulação da aparência. Dissertação (Mestrado em Antropologia) – Universidade Federal do Rio de Janeiro, Rio de Janeiro, 2004.

MACHADO, Elielma Ayres. **Ritmo da cor**: raça e gênero no Bloco Agbara Dudu. Rio de Janeiro: Coordenação Interdisciplinar de Estudos Culturais, Escola de Comunicação. 1996. (Série Papéis Avulsos, v. 49).

MACHADO, L. A vida secreta das prostitutas veteranas que trabalham em parque histórico de São Paulo. **BBC News Brasil**, São Paulo, 13 ago. 2018. Disponível em: https://www.bbc.com/portuguese/brasil-45133657. Acesso em: 14 abr. 2021.

MAIO, Marco Chor. **A história do Projeto Unesco**: estudos raciais e ciências sociais no Brasil. Rio de Janeiro: Ipri, 1997.

MAIO, Marco Chor. O 'Projeto Unesco de relações raciais' e as trocas intelectuais e políticas Brasil-EUA. **Interseções**, v. 6, n. 1, p. 123-142, 2004.

MAIO, Marcos Chor. O projeto UNESCO e a agenda das Ciências Sociais no Brasil dos Anos 40 e 50. **Revista Brasileira de Ciências Sociais**, v. 14, n. 41, p. 141-158, out. 1999.

MALUF, Mariana; MOTT, Maria L. Recônditos do Mundo Feminino. *In*: SEVCENKI, Nicolau (org.). **História da vida privada no Brasil**: República: da Belleépoque à Era do Rádio. São Paulo: Companhia das Letras, 1999. p. 368-421.

MARINONI, Luiz G.; ARENHARDT, Sérgio C. **Curso de Processo Civil**: execução. 2. ed. São Paulo: Revista dos Tribunais, 2008. v. 3.

MARINONI, Luiz G.; ARENHARDT, Sérgio C. **Curso de Processo Civil**: execução. v. 3. 5. ed. São Paulo: Revista dos Tribunais, 2013.

MARTINS, Águeda Passos Rodrigues. **O Judiciário no sistema de controle estatal**. Fortaleza: Centro de Estudos Sociais Aplicados, Departamento de Direito Aplicado, 1988.

MARTINS, C. **A mulher na sociedade atual**. Porto Alegre: Movimento, 1984.

MATTOSO, Jorge E. L. **A desordem do trabalho**. São Paulo: Scritta, 1995.

MAUÉS, Maria Angélica Motta. Da 'Branca senhora' ao 'negro herói': a trajetória de um discurso racial. **Estudos Afro-Asiáticos**, n. 21, p. 119-130, 1991.

MAZZARIOL, Regina Maria. **Mal necessário**: ensaio sobre o confinamento da prostituição na cidade de Campinas. Dissertação (Mestrado em Antropologia) – Universidade Estadual de Campinas, Campinas, 1976.

MCDOWELL, Josh. **Evidências que exigem um veredito**. v. 2. [*S. n*]: Editora Candeia, 2005.

MELO, Karine. Anvisa revoga resolução que proibia doação de sangue por homens gays. **Agência Brasil**, 8 jul. 2020. Disponível em: https://agenciabrasil.ebc.com.br/justica/noticia/2020-07/anvisa-revoga-resolucao-que-proiba-doacao-de-sangue-por-homens-gays. Acesso em: 15 nov. 2021.

MELO, Osvaldo Ferreira de. **Fundamentos da política jurídica**. Porto Alegre: Fabris editor, 1994.

MENDONÇA, Martha; SEGADILHA, Bruno. O sucesso do galã negro. **Revista Época**, v. 666, fev. 2011. Disponível em: http://revistaepoca.globo.com/Revista/Epoca/0,,EIT1186-16091,00.html. Acesso em: 15 nov. 2021.

MERTON, Robert K. Estrutura burocrática e personalidade. *In*: CAMPOS, Eduardo (org.). **Sociologia da burocracia**. 4. ed. Rio de Janeiro: Zahar, 1966.

MEZZAROBA, Orides; MONTEIRO, Cláudia S. **Manual de metodologia da pesquisa no Direito**. 5. ed. São Paulo: Saraiva, 2009.

MIGNOLO, Walter. **Preconceito de marca**: as relações raciais em Itapetinga. São Paulo: Edusp, 1998.

MINAYO, M. C. S. A violência na adolescência: um problema de saúde pública. **Cadernos de Saúde Pública**, v. 1, p. 278-291, 1990.

MIRANDA, André; TINOCO, Dandara. Assassinato cometido por homônimo. As injustiças da justiça brasileira. **O Globo**, 16 jan. 2015. Disponível em: http://oglobo.globo.com/brasil/as-injusticas-da-justica-brasileira-18541969. Acesso em: 31 mar. 2020.

MOISÉS, J. A. A Confiança e seus efeitos sobre as instituições democráticas. *In*: MOISÉS, J. A. (org.). **Democracia e confiança**: porque os cidadãos desconfiam das instituições públicas? São Paulo: Universidade de São Paulo, 2010. p. 9-20.

MOISÉS, J. A. Breves conclusões preliminares. *In*: MOISÉS, J. A. (org.). **Democracia e confiança**: por que os cidadãos desconfiam das instituições públicas? São Paulo: Universidade de São Paulo. 2010, p. 297-302.

MOISÉS, J. A. Cultura política, instituições e democracia: lições da experiência brasileira e democracia. *In*: MOISÉS, J. A. (org.). **Democracia e confiança**: por que os cidadãos desconfiam das instituições públicas? São Paulo: Editora da Universidade de São Paulo, 2010. p. 77-121.

MONTEIRO, Jorge Aparecido. **O empresário negro**: histórias de vida e trajetórias de sucesso em busca da afirmação social. Rio de Janeiro: Produtor Editorial Independente, 2001.

MOREIRA, Diva; BATISTA SOBRINHO, Adalberto. Casamentos inter-raciais: O Homem Negro e a Rejeição da Mulher Negra. *In*: COSTA, Albertina de Oliveira; AMADO, Tina (org.). **Alternativas escassas**: saúde, sexualidade e reprodução na América latina. Rio de Janeiro: Editora 34, 1994.

MOREIRA, Marilda Maria da Silva. **Trabalho, qualidade de vida e envelhecimento**. Dissertação (Mestrado em Saúde Pública) – Escola Nacional de Saúde Pública, Fundação Oswaldo Cruz, Rio de Janeiro, 2000.

MOREIRA, Marilda M. S. Assédio sexual feminino no mundo do trabalho: algumas considerações para reflexão. **Serviço Social em Revista – UEL**, v. 4, 2002. Disponível em: https://www.uel.br/revistas/ssrevista/c_v4n2_marilda.htm. Acesso em: 15 nov. 2021.

MOTTA, Felipe M. P.; BARBOSA, Klaus B. **Memória da série radiofônica "UFC: a sigla que fez da luta um fenômeno de popularidade"**. Trabalho de Conclusão de Curso (Monografia em Comunicação Social) – Universidade de Brasília, 2013.

MOURA, Roberto. **Tia Ciata e a pequena África no Rio de Janeiro**. 2. ed. Rio de Janeiro: Biblioteca Carioca, 1995.

MUNANGA, Kabengele. **Rediscutindo a mestiçagem no Brasil**: identidade nacional versus identidade negra. Belo Horizonte: Autêntica, 2004.

NERY JUNIOR, Nelson; NERY, Rosa Maria de Andrade. **Código de Processo Civil comentado**. 16. ed. rev. atual. e ampl. São Paulo: Revista dos Tribunais, 2016.

NICHOLSON, Linda. Interpretando o gênero. **Revista Estudos Feministas – CIEC/ECO/UFRJ**, Rio de Janeiro, v. 8, n. 2, p. 9-41, 2º sem. 2000.

NOGUEIRA, Oracy. **Tanto preto quanto branco**: estudo de relações raciais. São Paulo: T. A Queiroz, 1985.

NORRIS, P. **Critical citizens**: global support for democratic government. New York: Oxford University Press, 1999.

OLIVEIRA, Fabiana; ABRAMOWICZ, Anete. Infância, raça e "paparicação". **Educação em Revista**, Belo Horizonte, v. 26, n. 2, p. 209-226, ago. 2010.

OLIVEIRA, Fabiana. **Um estudo sobre a creche:** o que as práticas educativas produzem e revelam sobre a questão racial? Dissertação (Mestrado em Educação) – Universidade Federal de São Carlos, Faculdade de Educação, São Carlos, 2004.

OLIVEIRA, Lucia Lippi. **A sociologia do guerreiro.** Rio de Janeiro: Ed. UFRJ, 1995.

OLIVEIRA, Sirleide Aparecida. **O pagode em Salvador:** produção e consumo nos anos 90. Dissertação (Mestrado em Sociologia) – Programa de Pós-Graduação em Ciências Sociais, Universidade Federal da Bahia, Faculdade de Filosofia e Ciências Humanas, 2001.

OLIVEIRA, Vanessa de. **O diário de Marise:** a vida real de uma garota de programa. São Paulo: Editora Matrix, 2006.

OLIVEIRA, Vanessa de; TOIGO, Reinaldo Bim. **Como seduzir clientes.** São Paulo: Editora Matrix, 2017.

OLIVEN, Ruben George. Por uma Antropologia em Cidades Brasileiras. *In*: VELHO, Gilberto (org.). **O desafio da cidade:** novas perspectivas da antropologia brasileira. Rio de Janeiro: Editora Campus, 1980.

OSORIO, Rafael Guerreiro. **A mobilidade social dos negros no Brasil.** Brasília: IPEA, 2004.

OTERO, Paulo. Disponibilidade do próprio corpo e dignidade da pessoa humana. *In*: CORDEIRO, Antonio Mezenes *et al.* (org.). **Estudos em honra do Professor Doutor José de Oliveira Ascensão.** Coimbra: Almedina, 2008. p. 108-109

PAIXÃO, Marcelo Jorge de Paula. **Destino manifesto:** estudo sobre o perfil familiar, social e econômico dos empreendedores/as afrobrasileiros/as dos anos 1990. Relatório final de pesquisa (Projeto BRA/01/013). Rio de Janeiro: PNUD, 2003.

PAIXÃO, Marcelo Jorge de Paula; ROSSETTO, Irene; MONTOVANELE, Fabiana; CARVANO, Luiz N. (org.). **Relatório anual das desigualdades raciais no Brasil:** 2009 –2010. Rio de Janeiro: Garamond, 2010.

PAIXÃO, Marcelo J. P. **Desenvolvimento humano e relações raciais.** Rio de Janeiro: DP&A, 2003.

PASSARELLI, Vinícius. Cabral, Cunha e Dirceu: relembre outros presos pela Lava Jato. **Estadão**, 12 jun. 2019. Disponível em: https://politica.estadao.com.br/noticias/geral,cabral-cunha-e-dirceu-relembre-outros-presos-pela-lava-jato,70002866343. Acesso em: 15 abr. 2021.

PASTORE, José; ROBORTELLA, Luiz C. **Assédio sexual no trabalho:** o que fazer? São Paulo: Makron Books, 1998.

PENA, Sérgio D. J.; BORTOLINI, Maria Cátira. Pode a genética definir quem deve se beneficiar das cotas universitárias e demais ações afirmativas? **Estudos Avançados**, v. 18, n. 50, p. 31-50, 2004.

PEREIRA JUNIOR, Luiz Costa. **A apuração da notícia:** métodos de investigação na imprensa. 2. ed. Petrópolis: Vozes, 2009.

PICCOLO, Gustavo Martins. **Educação infantil:** análise da manifestação social do preconceito na atividade principal de jogos. 2008. Dissertação (Mestrado em Ciências Humanas) – Universidade Federal de São Carlos, São Carlos, 2008.

PIERSON, Donald. **Brancos e prêtos na Bahia**. 2. ed. São Paulo: Companhia Editora Nacional, 1971.

PINHO, Osmundo de A. A "fiel" a "amante" e o "jovem macho sedutor": sujeitos de gênero na periferia racializada. **Saúde e Sociedade**, v. 16, p. 133-145, 2007b.

PINHO, Osmundo de A. **Descentrando o Pelô:** narrativas, território e desigualdades raciais no Centro Histórico de Salvador. Dissertação (Mestrado em Antropologia) – Universidade Estadual de Campinas. Departamento de Antropologia, Campinas, 1996.

PINHO, Osmundo de A. Etnografias do Brau: corpo, masculinidade e raça na reafricanização em Salvador. *In*: MELO, Hildete Pereira de; PISCITELLI, Adriana; MALUF, Sônia Weidner; PUGA, Vera Lucia (org.). **Olhares Feministas**. v. 10. Brasília: Secad/Unesco, 2006. p. 345-372.

PINHO, Osmundo de A. Lutas Culturais: Relações Raciais, Antropologia e Política no Brasil. **Sociedade e Cultura**, v. 10, p. 81-94, 2007a.

PINHO, Osmundo de A. Só se vê na Bahia: a imagem típica e a imagem crítica do Pelourinho Afro-Baiano. *In*: CAROSO, Carlos; BACELAR, Jeferson (org.). **Brasil:** um país de negros? Rio de Janeiro: Ed. Pallas, 1999. p. 87-112.

PINHO, Osmundo Araújo. **Deusa do ébano:** a construção como uma categoria nativa da reafricanização em Salvador. *In:* ENCONTRO ANUAL DA ANPOCS, 26., 2002, Caxambu (MG), mimeo. **Anais [...].**

PIRES, José Maria *et al.* **O grito de milhões de escravas:** a cumplicidade do silêncio. Rio de Janeiro: Vozes, 1983. 218 p.

PRAVAZ, S. **Três estilos de mulher:** a doméstica, a sensual, a combativa. Rio de Janeiro: Paz e Terra, 1981.

RAGO, Margareth. **Os prazeres da noite:** prostituição e códigos da sexualidade feminina em São Paulo (1890-1930). São Paulo, Paz e Terra, 1991. 322 p.

RAGO, M. **Os prazeres da noite:** prostituição e códigos de sexualidade feminina em São Paulo. Rio de Janeiro: Editora Paz e Terra, 1991.

RAMALHO, N. A estigmatização do trabalho sexual: contributos de Michel Foucault na análise do poder e controlo sobre a sexualidade. **Intervenção Social,** n. 39, p. 165-185, 2012.

RAMOS, Alberto G. **A redução sociológica.** 3. ed. Rio de Janeiro: UFRJ, 1996.

RAMOS, Alberto G. **Introdução crítica à sociologia brasileira.** Rio de Janeiro: Editora UFRJ, 1995.

RAMOS, Arthur. **Prefácio.** *In:* Estudos Afro-Brasileiros. 1º Congresso Afro-Brasileiro realizado em Recife. 1934, v. II. Fundação Joaquim Nabuco. Recife 1988(1935).

R. DOUT. Jurisp., Brasília, n. 52, p. 11-48, 1996.

REIS, Clóvis. Taxonomia dos gêneros jornalísticos no rádio: proposta de uma nova tipologia. **Comunicação & Sociedade,** v. 32, p. 51-70, 2010.

REIS, Marcus Valério Xavier. **É a Bíblia fruto de uma inteligência sobrehumana?** Modificado e aperfeiçoado em Janeiro de 2004, e Agosto de 2005.

REMNICK, David. Livro "O Rei do Mundo", Companhia de Bolso, 2011.

REZENDE, Maria Alice (org.). **Coletânea sempre negro:** educação, cultura e literatura afro-brasileira – contribuições para a discussão da questão racial na escola. Rio de Janeiro: Quartet Editora, 2007. v. 1 e v. 2.

RIBEIRO, Carlos Antonio C. Mobilidade social passada e futura: correlações com opiniões políticas, percepções sobre conflito e sobre chances de vida. *In*: SCALON, M. C. (org.). **Imagens da desigualdade**. Belo Horizonte: UFMG, 2006.

RIBEIRO, Paulo Silvino. Prostituição Infantil: uma violência contra a criança. **Brasil Escola**. Disponível em: https://brasilescola.uol.com.br/sociologia/prostituição -infantil.htm. Acesso em: 14 abr. 2021.

RITTO, C. O 'caveira' que virou jornalista. Veja, 18 dez. 2010. Disponível em: http://veja.abril.com.br/noticia/brasil/o-caveira-que-virou-jornalista. Acesso em: 14 abr. 2020.

ROBERTS, N. **As prostitutas na história**. Tradução de M. Lopes. Rio de Janeiro: Rosa dos Tempos, 1992.

ROCHA, Eloísa A. C.; KRAMER, Sônia (org.). **Educação infantil**: enfoques em Diálogo. Campinas: Papirus, 2011. (Série Prática Pedagógica).

ROCHA, José Albuquerque. **Estudos sobre o Poder Judiciário**. São Paulo: Malheiros, 1995.

RODRIGUES, Arakcy Martins. Prefácio à Edição Brasileira. *In*: KAËS, René *et al*. **A instituição e as instituições**: estudos psicanalíticos. Tradução de Joaquim Pereira Neto. São Paulo: Casa do Psicólogo, 1991. p. 11-13.

ROJEK, Chris. **Celebridade**. Rio de Janeiro: Rocco, 2008.

ROSA, Waldemir. **Homem preto do gueto**. Dissertação (Mestrado em Antropologia) – Universidade de Brasília, Brasília, 2006.

ROSEMBERG, Fúlvia. Raça e Educação inicial. **Cadernos de pesquisa**, n. 77, p. 25-34, 1991.

ROSSIAUD, J.; SANCHO, C. S. **A prostituição na Idade Média**. Rio de Janeiro: Paz e Terra, 1991.

RUIZ, Erasmo Miessa. **Freud no "divã" do cárcere**: Gramsci analisa a psicanálise. Campinas: Autores Associados, 1998. 112 p.

SABÓIA, A. L.; SABÓIA, J. Brancos, pretos e pardos no mercado de trabalho no Brasil. *In*: ZONINSEIN, J.; FERES JÚNIOR, J. (org.). **Ação afirmativa no ensino superior brasileiro**. Belo Horizonte: Editora UFMG, 2008. p. 81-104.

SAFFIOTI, Heleieth I. B. O trabalho da mulher no Brasil. **Perspectivas – Revista de Ciências Sociais**, São Paulo, v. 5, p. 115-135, 1982.

SALLUM JÚNIOR, Brasílio. O governo e o impeachment de Fernando Collor de Mello. *In*: FERREIRA, Jorge; DELGADO, Lucília de Almeida N. **O Brasil Republicano:** o tempo da Nova República – da transição democrática à crise política de 2016. Rio de Janeiro: Civilização Brasileira: 2018. p. 163-192.

SANSONE, Livio. **Negritude sem etnicidade.** Rio de Janeiro: Salvador: Ed. Pallas/EdUFBA, 2007.

SANSONE, Livio. O local e o global na afro-Bahia contemporânea. **Revista Brasileira de Ciências Sociais**, v. 10, n. 29, 1995.

SANSONE, Lívio. Os objetos da identidade negra: consumo, mercantilização, globalização e a criação de culturas negras no Brasil. **Mana**, v. 1, n. 6, p. 87-119, 2000.

SANSONE, Livio. Pai preto, filho negro: cor e diferença de gera-ção. **Estudos Afro-Asiáticos**, n. 25, p. 73-98, 1993.

SANTOS, Jocélio Teles. **O dono da terra:** o caboclo nos candomblés da Bahia. Salvador: Sarah Letras/ Programa a Cor da Bahia, 1995.

SANTOS, Jocélio Teles. O negro no espelho: imagens e discursos nos salões de beleza étnicos. **Estudos Afro-Asiáticos**, n. 38, p. 49-66, dez. 2000.

SILVA, Adriano. Mulher de 40. **Revista Superinteressante.** 2007. Disponível em: https://elciana-descobrindoquemsou.blogspot.com/2011/05/mulher-aos-40-anos.html. Acesso em: 10 nov. 2017.

SILVA, Carlos Benedito Rodrigues. Black soul: aglutinação espontânea e identidade étnica. *In*: SILVA, Carlos Benedito Rodrigues. Ciências Sociais. **ANPOCS**, v. 2, 1984.

SILVA, Daniel Neves. Governo Collor. **Brasil Escola.** Disponível em: https://brasilescola.uol.com.br/historiab/governo-collor.htm. Acesso em: 22 jun. 2020.

SILVA, Gabriela N. **As muitas faces da prostituição:** uma abordagem histórica sobre o controle da sexualidade a partir de Foucault. São Paulo: Revista dos Tribunais, 2005.

SILVA, K. A. T.; CAPPELLE, M. C. A. O trabalho na prostituição de luxo: análise dos sentidos produzidos por prostitutas em Belo Horizonte-MG. **Environmental & Social Management Journal/ Revista de Gestão Social e Ambiental**, São Paulo, Edição Especial, p. 23-39, dez. 2017. Disponível em: doi.org/10.24857/rgsa.v0i0.1391. Acesso em: 31 mar. 2020.

SILVA, Lúcia H. O. Associativismo negro: Federação paulista dos homens de cor (1910-1936). *In*: ENCONTRO ESCRAVIDÃO E LIBERDADE NO BRASIL MERIDIONAL, 7., 2015, Curitiba. Curitiba: UFPR, 2015. p. 1-13.

SILVA, Octacílio Paula. **Ética do magistrado à luz do Direito Comparado**. São Paulo: Revista dos Tribunais, 1994. p. 281-282.

SILVA, Vera Lúcia Neri. **Os estereótipos racistas nas falas de educadoras infantis**: suas implicações no cotidiano educacional da criança negra. Dissertação (Mestrado em Educação) – Universidade Federal Fluminense, 2002.

SILVEIRA, Marly de Jesus. **Educação, diferenças e desigualdade**: a contribuição da escola neste enfrentamento. Tese (Doutorado em Educação) – Faculdade de Educação, Universidade de São Paulo, São Paulo, 2002.

SIMMEL, G. Algumas reflexões sobre a prostituição no presente e no futuro. *In*: GEORG, S. **Filosofia do amor**. São Paulo: Martins Fontes, 2001.

SOARES, Reinaldo da Silva. **Negros de classe média em São Paulo**: estilo de vida e identidade negra. Tese (Doutorado em Antropologia Social) – Faculdade de Filosofia, Letras e Ciências Humanas, Universidade de São Paulo, São Paulo, 2004.

SOARES, Vera. Movimento Feminista: paradigmas e desafios. **Estudos Feministas**. Rio de Janeiro: CIEC/ECO/UFRJ, n. especial, p. 11-24, 2º sem. 1994.

SODRÉ, Muniz. **Antropológica do espelho**: uma teoria da comunicação linear e em rede. Petrópolis: Vozes, 2002.

SODRÉ, Muniz. **Invenção do contemporâneo**: a ignorância da diversidade, 2007. Disponível em: institutocpfl.org.br/a-ignorancia-da-diversidade----muniz-sodre/. Acesso em: 11 out. 2021.

SOUSA, Francisca I. Entrevista. *In*: SOUSA, Francisca I. **Prostituição**: família, maternidade e cidadania. Fortaleza: Universidade Aberta/Fundação Oemócrito Rocha, 1996.

SOUSA, Francisca I. O turismo e a prostituição. **O Povo**, Fortaleza, fev. 1996.

SOUZA, A.; CROSO, C. **Igualdade das relações étnico-raciais na escola:** possibilidades e desafios para a implementação da Lei n. 10639/2003. São Paulo: Ação Educativa/CEAFRO/CEERT, 2007.

SOUZA, Elizenda Sobreira Carvalho de; ARAGÃO, Wilson Honorato. Pensando as cotas raciais no vestibular das universidades públicas. **Revista Thema**, Pelotas, v. 8, n. especial, p. 6-17, 2011.

SOUZA, Gabriel. **Os negros de camadas médias no Rio de Janeiro:** um estudo sobre identidades sociais. Dissertação (Mestrado em Ciências Sociais) – Universidade Estadual do Rio de Janeiro, Rio de Janeiro, 2004.

STOCO, Rui. **Tratado de responsabilidade civil:** doutrina e jurisprudência. 7. ed. rev. atual. e ampliada. São Paulo: Revista dos Tribunais, 2007.

SURFISTINHA, Bruna. **O doce veneno do Escorpião.** São Paulo: Editora Panda Books, 2005.

SURFISTINHA, Bruna. **O que aprendi com Bruna Surfistinha:** lições de uma vida nada fácil. 1. ed. São Paulo: Editora Panda Books, 2006.

TAVARES, Camila. Sexo e namoro. **Terra**, 28 abr. 2004. Disponível em: https://www.terra.com.br/mulher/sexo/2004/04/28/000.htm. Acesso em: 14 nov. 2021.

TEIXEIRA, Maria Aparecida da S. Bento. **Resgatando a minha bisavó:** discriminação racial e resistência nas vozes de trabalhadores negros. Dissertação (Mestrado em Psicologia Social) – Pontifícia Universidade Católica de São Paulo, São Paulo, 1992.

TESSARI, Olga Inês. A embalagem da mulher objeto. **Folha de S.Paulo**, out. 1980. Disponível em: www.ajudaemocional.com. Acesso em: 15 nov. 2021.

TESSARI, Olga Inês. **O que motiva uma pessoa a assediar a outra? Como funciona essa relação entre assediador e assediado?** Disponível em: https://www.olgatessari.com/assedio-sexual-no-trabalho-2/. Acesso em: 14 out. 2021.

THOMPSON, John A. **A Bíblia e a arqueologia.** São Paulo: Editora Vida Cristã, 2004.

TORRALBA, Karla. O homem que superou Hitler. **Uol**, São Paulo, 2020. Disponível em: https://www.uol.com.br/esporte/reportagens-especiais/jesse-owens-calou-hitler-mas-foi-obrigado-a-correr-contra-animais-para-comer/index.htm#tematico-1. Acesso em: 15 abr. 2021.

TRAJANO FILHO, W. **Fantropológico**. Brasília: Editora Universidade de Brasília/Tempo Brasileiro, 1988.

VASCONCELOS, A. A prostituição de meninas e adolescentes no Recife. **Tempo e Presença**, v. 258, p. 22-23, 1991.

VAZ, Henrique C. de Lima. **Antropologia filosófica**. 11. ed. São Paulo: Loyola, 2011. p. 181.

VECHIATO JÚNIOR, Walter. **Penhora e expropriação**. São Paulo: Juarez de Oliveira, 2008.

VIANA, Hildegards. **A Bahia já foi assim**. São Paulo: Edições GRD, 1978.

VIEIRA, Hamilton. **Tranças**: a nova estética negra. *In*: LUZ, Marco Aurelio. **Identidade negra e educação**. Salvador: Ianamá, 1989. p. 81-87.

VIEIRA JÚNIOR, Jorge A. Rumo ao multiculturalismo: a adoção compulsória de ações afirmativas pelo Estado brasileiro como reparação dos danos atuais sofridos pela população negra. *In*: SANTOS, Sales Augusto dos (org.). **Coleção educação para todos**: ações afirmativas e combate ao racismo nas américas. Brasília: Ministério da Educação, 2005, p. 83-101.

WEBER, Max. A Objetividade do Conhecimento nas Ciências Sociais. *In*: COHN, Gabriel (org.). **Weber**. São Paulo: Ática, 1986. (Coleção Grandes Cientistas Sociais)

YÚDICE, George. A Funkificação do Rio de Janeiro. *In*: HERSCHMANN, M (org.). **Abalando os Anos 90**: Funk e Hip-hop – globalização, violência e estilo cultural. Rio de Janeiro: Rocco, 1997.